KB263596

교회학교 부흥을 위한

# 교사교육의 새로운 패러다임

교회학교 부흥을 위한
## 교사교육의 새로운 패러다임

초판 1쇄 찍은 날 · 2007년 3월 16일 | 초판 1쇄 펴낸 날 · 2007년 3월 20일

**지은이** · 박상진 | **펴낸이** · 김승태

**편집장** · 김은주 | **편집** · 최선혜, 이덕희, 방현주 | **디자인** · 이훈혜, 이은희, 정혜정
**영업** · 변미영, 장완철, 김성환 | **물류** · 조용환, 엄인휘

**등록번호** · 제2-1349호(1992. 3. 31.) | **펴낸 곳** · 예영커뮤니케이션
**주소** · (110-616) 서울 광화문우체국 사서함 1661호 | **홈페이지** www.jeyoung.com
**출판사업부** · T. (02)766-8931 F. (02)766-8934 e-mail: jeyoungedit@chol.com
**출판유통사업부** · T. (02)766-7912 F. (02)766-8934 e-mail: jeyoung@chol.com
**제작** 예영 B&P · T. (02)2249-2506~7
**인쇄** 삼덕정판 · T. (02)465-4598

copyright©2007, 박상진

ISBN 978-89-8350-421-0 (03230)

## 값 8,500원

교회학교 부흥을 위한
# 교사교육의 새로운 패러다임

박상진 지음

예영커뮤니케이션

## :: 제3부 교회학교 교사교육의 대안으로서 리더십 모델 · 139

한국교회의 가장 심각한 위기는 교회학교의 위기이다. 교회학교의 침체는 단지 교회학교만의 문제가 아니다. 한국교회의 '신앙의 대잇기' 위기라고 할 수 있다. 한국교회의 가장 중요한 사명은 신앙의 대를 이어가는 것이다. 우리 믿음의 선조들은 그 가난과 핍박 속에서도 우리 세대에게 신앙을 전수하여 주었는데, 우리가 과연 우리의 다음 세대에 신앙을 제대로 전수할 수가 있을 지에 대해 의문이 제기되고 있다. 혹자는 다음 세대에도 저절로 전 국민의 사분의 일 정도는 기독교인이 될 것이라고 생각한다. 그것은 오해요 지나친 낙관론이다. 교회학교 교육에 대해 관심을 갖고 기도하며 투자하고 노력하지 않는다면 서구 기독교의 몰락을 우리도 경험할 수가 있다. 그렇기 때문에 진정한 한국교회의 부흥은 교회학교의 부흥에 달려있다. 내일의 부흥, 다음 세대의 부흥이 기약되지 않는 부흥은 사실은 부흥이 아닌 것이다.

다음 세대의 부흥이 누구에게 달려있는가? 교회학교 교사이다. 교육의 질은 교사의 질에 달려있고, 교회학교의 부흥은 교사의 부흥에 달려있다. 어떻게 복음적인 열정과 사랑으로 충만하고, 영성과 전문성을 갖춘 교사를 양성할 수 있을까? 좋은 교사는 태어나는 것이 아니라 교육과 훈련을 통해 형성되어진다. 하나님이 기뻐하시는 교사를 양성하고 교육하는 일은 교회의 핵심적 사명이다. 왜냐하면 교사다운 교사가 교회학교를 부흥시킬 수 있고, 교회학교를 부흥시키는 것이 한국교회와 민족의 부흥을 가능케 하는 열쇠가 되기 때문이다. 이 책은 바로 이 부분에 초점을 맞추고 있다. 전통적인 교사교육으로는 교사의 부흥과 교회학교의 부흥을 기대할 수 없다. 교회학교의 부흥을 위해서는 교사교육의 새로운 패러다임이 요청된다. 단지 학교식 교사를 추구하는 스승모델로는 다음 세대의 부흥을 기대할 수 없다. 이 책은 이러한 교회학교 부흥을 가능케 하는 교사교육의 새로운 패러다임으로 독자들을 초대한다.

이 책은 소망교회(담임 김지철 목사)가 지원하는 연구비에 의해 수행되어졌고, 장로회신학대학교가 개최하였던 '소망신학포럼'에서 발표되었던 연구물을 단행본으로 출간한 것이다. 모든 영광을 하나님께 돌리고 소망교회 김지철 목사님과 교우들께 깊은 감사를 드린다. 그리고 장로회신학대학교의 총장님과 교수님들, 그리고 함께 기독교교육의 여정을 동행하는 사랑하는 가족들과 모든 동역자들, 기독교교육학도들에게 감사를 드리고, 지금도 이름 없이 빛도 없이 교회학교에서 교사로 묵묵히 수고하시는 모든 분들께 이 책을 바친다.


2007년 3월 광나루에서
박상진

:::제1부 한국교회 교회학교의
침체현상과 교사교육

한국교회는 선교 120주년을 맞이하기까지 괄목할만한 성장을 이루었다. 그러나 최근의 한국교회는 그 성장이 정체되는 경향을 보이고 있다. 통계청이 발표한 2005년 '인구주택총조사'에 따르면, 우리나라 총 인구 4천7백28만명 가운데 53.1%에 해당하는 2천4백97만명이 종교인구인데, 기독교(개신교) 인구는 전체의 18.3%에 해당하는 8백76만명인 것으로 나타났다.[1]

이는 불교가 22.8%인 것에 비해 상대적으로 낮은 수치일 뿐만 아니라, 1995년을 기준으로 할 때, 천주교가 무려 74.4% 증가하고, 불교가 3.9% 증가한 것에 비해, 기독교는 오히려 -1.6% 감소한 통계치이다.

이러한 교회성장 둔화 현상은 거의 모든 교단에서 나타나고 있는데 무엇보다 우려할만한 상황은 교회학교의 침체 현상이다. 앞으로의 한국교회의 모습은 이미 자라나는 세대가 속해 있는 교회학교의 모습에서 예시될 수 있고, 교회학교의 침체는 머지않은 장래에 한국교회의 위기를 초래할 수 있기 때문이다. 교회학교의 침체는 두 가지 현상으로 나타나게 되는데, 하나는 교회학교 학생수 감소라는 양적 현상이고 다른 하나는 교회교육의 무기력이라는 질적 현상이다. 이 두 가지는 사실상 분리될 수 없는 것으로서 질적인 교육의 무기력이 양적 감소를 일으키고, 양적 감소는 다시금 질적 저하의 원인이 되는 상호작용적 관계라고 할 수 있다.

그러면 어떻게 이런 교회학교의 침체 현상을 극복하고 영적 부흥을 이룩할 수 있을 것인가? 교회학교 학생수의 감소 현상으로 특징지어지는 교회학교 침체의 원인은 무엇이며, 교회학교의 활성화를 위해서는 어떤 변화가 필요한가? 이에 대한 응답으로서 필자는 교회학교의 영적 침체 현상을 한국교회의 위기로 인식하고, 이러한 상황을 극복하고 교회학교의 영적 부흥을 이룰 수 있는 주체로서 교사에 주목하며, 그런 교사를 양성하는 교사교육의 새로운 방안을 모색하고자 한다. 이를 위해 먼저 교회학교의 침체 현상을 분석하고,

---

1) 통계청, '인구주택총조사', 2006. 5.

그 한 원인으로서 교사요인을 밝히며, 종래의 전통적인 교사교육의 문제점과 한계성을 드러내고, 이를 극복하고 교회학교의 영적 부흥을 이룰 수 있는 대안적 교사교육으로서 리더십 모델을 제시하려고 한다. 본 연구의 모델을 그림으로 나타내면 〈도표1〉과 같다.

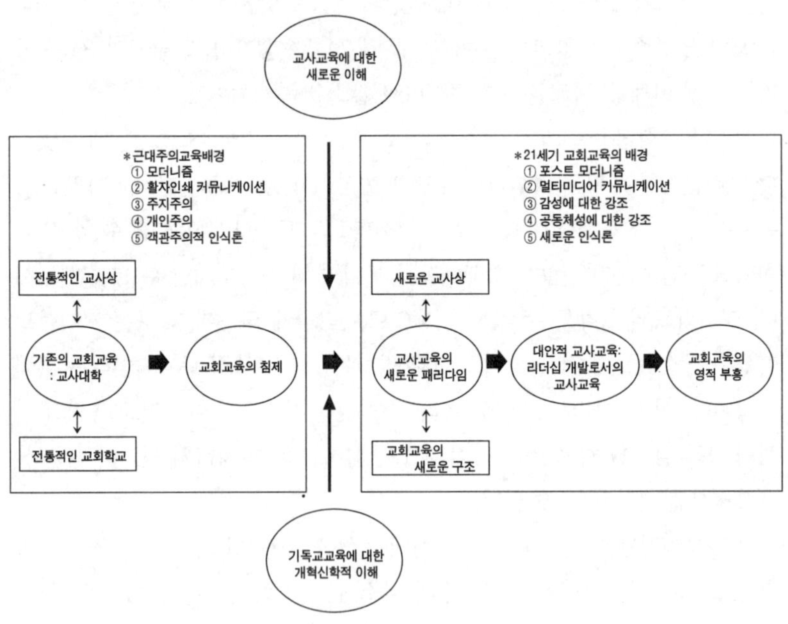


〈도표1〉 교사교육의 패러다임 전환

이 책에서 '교회학교의 영적 부흥' 이라고 할 때, '영적 부흥' 의 의미를 이해할 필요가 있다. 웹스터 사전은 "부흥하다"(revive)라는 단어를 다양한 의미로 정의한다. 첫째, "죽었거나 혹은 외견상으로는 죽은 것이 틀림없는 상태에서 생명을 회복시키는 것" 둘째, "무기력한 상태로부터 활력을 되찾는 것" 셋째, "태만과 망각과 몽매함 또는 쇠퇴의 상태로부터 회복되는 것" 그

리고 넷째, "신앙에 대한 새롭고 적극적인 관심" 등이다.[2]

이 중에서 종교적인 부흥은 마지막 네 번째의 정의에 해당된다고 할 수 있다. 그렇다면 영적 부흥은 무엇을 통해 일어날 수 있는 것인가? 영적 부흥을 가져다 주는 첫째 요소는 바로 하나님의 말씀이다. 찰스 피니(Charles Finney)는 바로 이 점에 유의해서 부흥이 "하나님의 말씀에 대한 새로운 복종을 시작하는 것 이상도 이하도 아니다"라고 정의를 내렸고, 패커(J. I. Packer)는 "부흥은 성령에 의한 하나님의 사역으로서 하나님의 말씀을 통하여 영적으로 죽은 자들을 그리스도에 대한 믿음으로 살아나게 하고 잠자는 그리스도인의 내적 삶을 갱신시킨다"고 하였다. 이 부흥을 의미하는 말들의 기본적인 개념은 항상 그 무엇인가가 진정한 본성과 목적으로 돌아간다는 것이다.[3]

그런 의미에서 로이드 존스는 부흥은 회심자를 증가시키는 전도나, 교회에 즐거움과 열심과 안정된 재정 상태를 가져오는 그런 부흥 이상의 것을 의미한다고 주장한다. 진정한 부흥의 추구는 결코 그러한 성장이나 양적 팽창에 대한 관심만이 아니라 본질적으로 참된 부흥은 교회로 하여금 신약 성경에 제시된 모습으로 회복되게 하는 바로 '그 원동력' 이라고 할 수 있다.[4]

이러한 부흥의 개념에 근거할 때, 교회학교의 부흥은 일차적으로 본래의 신앙교육으로의 회복을 의미한다고 볼 수 있다. 제도화되거나 형식화되는 것이 아니라 하나님과의 생명력 있는 관계가 회복되며 복음의 능력이 경험되는 교회교육의 모습으로 돌아가는 것이다. 이러한 진정한 본성과 본래의 목적으로 돌아갈 때 외적, 양적 부흥은 자연스럽게 동반되어지는 것이다. 이 글에서 형식화되고 학교화 된 전통적인 교사교육에서 복음적 개혁신학의 요구에 부응하는바 교사교육의 본래 자리인 '신앙을 위한 교사교육' 으로 변화

---

2) *Webster's Dictionary*, Random House, 1996.
3) 윙키 프레트니, 권혁재 역, 『기독교부흥운동사』(서울: 나침반사, 1997), 18.
4) 김재권, 『로이드 존스의 부흥』(서울: 생명의 말씀사, 1988), 11.

되어야 함을 주장하는 것은 이런 참된 부흥을 추구하기 때문이다. 따라서 교회학교의 영적 부흥 또는 영적 침체라는 말을 쓸 때 '영적' 이라는 개념이 '양적' 인 것을 배격한다고 생각하지는 않는다. '양적' 인 것만을 추구하는 것이 본래의 '부흥' 의 의미가 아니라는 것이지 '질적' 인 것만 부흥인 것은 아니다. 진정한 부흥은 '양적' '질적' 부흥을 모두 포함하는 것이다. 모든 '양적' 부흥이 '영적' 부흥을 의미하는 것은 아니지만 '영적' 부흥은 '양적' 부흥을 동반하게 되어 있다. 본 연구에서는 현상적으로 파악할 수 있는 '양적' 부흥은 교회학교 학생수를 지표로 사용하였고, '질적' 부흥은 개혁신학이 추구하는 본래적 교회교육의 회복이라는 관점에서 접근하였다.

## Ⅰ. 교회학교의 침체현상과 교사요인

이 장에서는 한국교회 교회학교의 학생수 감소현상을 통계적으로 파악하고, 교회학교 해당 연령의 인구 추이와 비교, 분석하고 『교회교육백서』를 비롯한 기존의 통계자료를 분석하여 교회학교 학생수의 감소현상의 원인이 무엇인지를 진단한다. 그리고 교회학교 침체현상과 교사요인의 관계를 규명하여 교사교육의 중요성을 드러냄으로써 전통적 교사교육의 한계성을 분석하고 그 대안 모색을 지향하는 본 연구의 필요성을 밝힌다.

### 1. 교회학교의 학생수 추이분석

최근의 교회학교 학생수의 추이는 어떠한가? 교회학교 학생수가 감소하고 있다면 어느 정도 감소하고 있으며, 그 원인은 무엇인가? 과연 인구감소현상으로 인한 자연감소가 원인인가? 아니면 다른 원인이 있는가? 이 절에서는 이러한 질문들에 답하려고 한다. 먼저 교회학교의 실태를 파악하기 위해, 최근 몇 년간의 교회학교 학생수의 추이를 분석해 보자. 본 교단(대한예수교장로회 통합)의 경우 매년 총회에 보고되는 통계위원회의 교세통계 보고서를 통해 교회학교 학생수의 증감을 분석할 수 있다. 본 연구에서는 1997년 현황부터 2002년 현황(2003년 제88회 총회 시에 보고된 통계, 즉 2002년 12월 31일 현재)을 분석하였다. 교회학교 학생수의 추이를 유치부(영아부, 유아부 포함), 아동부(유년부, 초등부, 소년부 포함), 중ㆍ고등부, 청년대학부로 나누어 살펴보면 다음과 같다.

<표1> 본 교단 교회학교 유치부 학생수 추이(1997년–2002년)

| 년도 | 학생수 | 증감율(%) |
|---|---|---|
| 1997 | 98,003 | (전년도대비) |
| 1998 | 109,755 | 12.0 |
| 1999 | 124,333 | 13.3 |
| 2000 | 126,428 | 1.7 |
| 2001 | 117,476 | −7.1 |
| 2002 | 115,981 | −1.3 |

자료: 대한예수교장로회 총회보고서, 1998–2003.
(유치부의 경우, 1999년부터는 영아부, 유아부, 유치부로 나누어 학생수를 보고하도록 하였다.[5])

〈도표 2〉에서 알 수 있듯이 모든 교회학교 부서들이 동일한 증감현상을 보이고 있는 것은 아니다. 유치부의 경우를 보면 2000년도가 되기까지는 증가 추세를 보이다가 최근에 감소하는 경향을 보이고 있고, 청년대학부의 경우는 일관된 경향을 보이기보다는 증가와 감소가 반복되는 경향이 있는데 최

---

5) 1999년도의 영아부(영) 학생수는 16,142 유아부(유)는 27,111 유치부(치)는 81,080 이며, 2000년도는 (영) 16,115 (유) 23,381 (치) 86,932 이다. 2001년도는 (영) 14,671 (유) 22,431 (치) 80,374 이고, 2002년도는 (영) 12,506 (유) 22,705 (치) 80,770 이다.

<표2> 본 교단 교회학교 아동부 학생수 추이(1997년-2002년)

| 년도 | 학생수 | 증감율(%) |
|---|---|---|
| 1997 | 269,244 | (전년도 대비) |
| 1998 | 270,620 | 0.5 |
| 1999 | 263,898 | -2.5 |
| 2000 | 277,523 | 5.2 |
| 2001 | 265,024 | -4.5 |
| 2002 | 261,940 | -1.2 |

자료: 대한예수교장로회 총회보고서, 1998-2003.

(아동부의 경우, 1999년부터는 유년부, 초등부, 소년부로 나누어 학생수를 보고하도록 하였다.[6])


<표3> 본 교단 교회학교 중·고등부 학생수 추이(1997년-2002년)

| 년도 | 학생수 | 증감율(%) |
|---|---|---|
| 1997 | 251,166 | (전년도 대비) |
| 1998 | 238,030 | -5.2 |
| 1999 | 190,040 | -20.2 |
| 2000 | 197,871 | 4.1 |
| 2001 | 186,847 | -5.6 |
| 2002 | 171,103 | -8.4 |

자료: 대한예수교장로회 총회보고서, 1998-2003.

---

6) 1999년도 유년부(유)의 학생수는 80,252 초등부(초)는 78,154 소년부(소)는 105,492 이며, 2000년도는 (유) 78,632 (초) 89,202 (소) 109,689 이다. 2001년도는 (유) 76,293 (초) 83,837 (소) 104,894 이고, 2002년도는 (유) 76,198 (초) 85,795 (소) 99,947 이다.

| 년도 | 학생수 | 증감율(%) |
|---|---|---|
| 1997 | 117,335 | (전년도 대비) |
| 1998 | 130,984 | 11.6 |
| 1999 | 119,633 | -8.7 |
| 2000 | 145,837 | 21.9 |
| 2001 | 129,498 | -11.2 |
| 2002 | 127,290 | -1.7 |

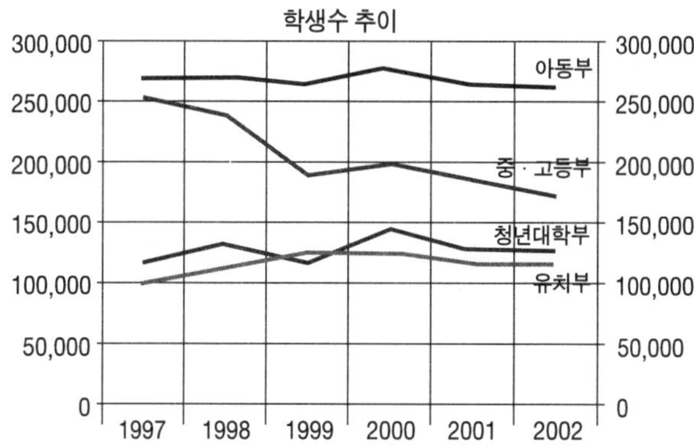


〈도표2〉 본 교단 교회학교 학생수 추이(1997년-2002년)

근의 추이는 역시 감소현상을 보이고 있다. 아동부는 2000년도를 제외하고 는 거의 정체 내지 감소하는 경향을 나타내고 있으며, 중·고등부의 경우 가 장 심각한 감소현상을 보이고 있다.

교회학교 학생수의 연도별 추이를 분석할 때, 두 가지 중요한 현상에 주목하게 된다. 하나는 최근 2년동안 어느 한 부서도 예외없이 모든 부서가 감소하고 있다는 사실이다. 유치부는 2001년에 7.1% 감소하였고 2002년에도 1.3% 감소하였다. 아동부는 2001년에 4.5% 감소하였고 2002년에도 1.2% 감소하였다. 중·고등부의 경우는 '격감'이라는 표현이 어울릴 것이다. 2001년도에 5.6% 감소하였고 2002년에는 8.4%나 격감하였다. 청년대학부의 경우도 예외가 아니다. 2001년도에 11.2%나 격감하였고, 2002년도에도 1.7% 감소현상을 나타내 보이고 있다. 또 한 가지 중요한 현상은, 교육부서 중에 특별히 감소하는 부서가 있는데 가장 심각한 부서가 중·고등부이고 그 다음이 아동부라고 할 수 있다. 일반적으로 교회학교의 가장 중심을 이루는 부서라고 할 수 있는 아동부와 중·고등부의 학생수 감소가 가장 두드러진 것이다. 중·고등부의 경우는 1997년도를 기준으로 할 때, 2002년도의 학생수는 31.9%나 감소하였고, 아동부의 2002년도 학생수는 1997년도를 기준으로 할 때, 2.7%가 감소한 수치이다.

이러한 교회학교 학생수의 감소현상은 매년 꾸준히 증가하고 있는 교회수나 목사수, 그리고 세례교인수 및 전체교인수와 비교해 볼 때 그 심각성은 보다 현저히 드러난다. 본 교단의 최근 5년간 교회수, 목사수, 교인수의 추이는 우측의 〈표5〉와 같다.

요컨대 오늘 한국교회(특히 본 교단의 경우)는 교회수는 매년 2-3%로 증가하고, 목회자의 수도 4-7%씩 증가하고 있는데, 전체교인수는 정체되어 있다. 2002년에 드디어 전체교인수의 증가율이 0.0%로 나타나고 있는데, 실제 증가한 교인수가 589명으로서 이는 거의 완전한 정체현상이라고 보아야 할 것이다. 결과적인 현상으로만 파악할 때, 6,928개 교회에서 10,535명의 목사님들이 한 해동안 증가시킨 교인수가 589명임을 인정할 수 밖에 없는데, 이는 오늘 한국교회의 현주소를 웅변적으로 말해주고 있다. 그러나 그보다도 더 심각한 것은 바로 자라나는 세대인데, 한국교회의 교회학교 학생수는 모든 부서에서 감소하고 있으며, 특히 중·고등부는 격감하고 있다. 교회

<표5> 본 교단 교회수, 목사수, 교인수 추이(1997년-2002년)

| 년 도 | 교회수 | 증감율(%) | 목사수 | 증감율(%) | 세례교인수 | 증감율(%) | 전체교인수 | 증감율(%) |
|---|---|---|---|---|---|---|---|---|
| 1997 | 6,061 | 2.8 | 8,077 | 7.4 | 1,075,425 | 4.1 | 2,188,209[7] | -0.1 |
| 1998 | 6,270 | 3.4 | 8,593 | 6.4 | 1,100,847 | 2.4 | 2,207,966 | 0.9 |
| 1999 | 6,494 | 3.6 | 8,996 | 4.7 | 1,155,900 | 5.0 | 2,245,326 | 1.7 |
| 2000 | 6,621 | 2.0 | 9,601 | 6.7 | 1,211,741 | 4.8 | 2,283,107 | 1.7 |
| 2001 | 6,793 | 2.6 | 10,145 | 5.7 | 1,262,256 | 4.2 | 2,328,413 | 2.0 |
| 2002 | 6,928 | 2.0 | 10,535 | 3.8 | 1,327,953 | 5.2 | 2,329,002 | 0.0 |

의 건물은 증가하고 제도적 구조는 확장되고 있으나 새로 믿는 사람의 수는 오히려 정체되거나 감소하는 불행한 현상을 보이고 있는 것이다.

## 2. 교회학교 학생수 감소요인 분석

교회학교 학생수의 추이와 교회학교 해당 연령 인구의 추이는 어떤 관계가 있을까? '앞에서 살펴본 교회학교 학생수의 감소가 출산율 저하로 인한 자연적인 인구감소현상보다 적은 수치라면 이는 그리 심각한 현상은 아니지 않은가?' 라는 반응이 나올 수도 있다. 물론 혹자는 인구가 아무리 감소한다 할지라도 교회학교는 성장하고 활성화되어야 한다고 주장할 수도 있지만, 그래도 교회학교 학생수 감소가 인구감소의 범주 내에 머무른다면 그것은 자연현상이므로 교회지도자들은 그나마 자위할 수 있다.

그러면 우리나라 인구통계를 살펴보자. 우리나라 전체인구는 남한의 경우

---

7) 1998년에 보고된 총회보고서에 의하면 1997년 전체교인수는 2,244,944 명이지만 2002년도에 보고된 제86회기 총회보고서에서 이를 수정하여 2,188,209 명으로 확정하였다.

2003년 현재 47,925,318 명으로서 매년 그 증가율이 둔화되고 있기는 하지만 여전히 증가하고 있는 추세이다. 그러나 인구의 연령별 분포를 살펴볼 때는 연령대에 따라서 매우 큰 차이를 보이고 있다. 영, 유아의 인구수는 매우 빠른 속도로 감소하고 있는데 비하여 노인의 인구수는 매년 급증하고 있는 것이다. 본 연구에서는 교회학교에 해당하는 연령대인 0세에서 29세까지의 인구수 추이를 1997년부터 2003년까지 분석하였다. 이를 도표로 나타내면

〈표6〉 우리나라 연령대별 인구수 추이(1997년-2003년)

| 년 도 | 0-4세 | 증감율(%) | 5-9세 | 증감율(%) | 10-14세 | 증감율(%) |
|---|---|---|---|---|---|---|
| 1997 | 3,524,075 | -1.0 | 3,269,997 | 2.6 | 3,439,030 | -5.9 |
| 1998 | 3,452,808 | -2.0 | 3,367,330 | 3.0 | 3,271,379 | -4.9 |
| 1999 | 3,349,173 | -3.0 | 3,459,152 | 2.7 | 3,164,569 | -3.3 |
| 2000 | 3,259,783 | -2.7 | 3,521,464 | 1.8 | 3,129,982 | -1.1 |
| 2001 | 3,161,001 | -3.0 | 3,535,918 | 0.4 | 3,163,082 | 1.1 |
| 2002 | 3,048,362 | -3.6 | 3,500,255 | -1.0 | 3,243,956 | 2.6 |
| 2003 | 2,957,167 | -3.0 | 3,422,250 | -2.2 | 3,339,316 | 2.9 |

| 년 도 | 15-19세 | 증감율(%) | 20-24세 | 증감율(%) | 25-29세 | 증감율(%) |
|---|---|---|---|---|---|---|
| 1997 | 4,031,766 | 2.0 | 4,077,566 | -4.0 | 4,424,219 | 1.8 |
| 1998 | 4,060,624 | 0.7 | 3,938,084 | -3.4 | 4,441,047 | 0.4 |
| 1999 | 3,999,155 | -1.5 | 3,853,441 | -2.1 | 4,418,353 | -0.5 |
| 2000 | 3,842,432 | -3.9 | 3,854,382 | 0.0 | 4,352,913 | -1.5 |
| 2001 | 3,622,701 | -5.7 | 3,931,424 | 2.0 | 4,215,329 | -3.2 |
| 2002 | 3,406,677 | -6.0 | 4,012,443 | 2.1 | 4,049,342 | -3.9 |
| 2003 | 3,237,329 | -5.0 | 4,040,269 | 0.7 | 3,913,811 | -3.3 |

〈표6〉과 같다.

먼저 이 도표에서 전체적인 현상으로 파악할 수 있는 것은 교회학교에 해당하는 연령의 인구수가 줄어들고 있다는 사실이다. 연령대별로 편차가 있지만 거의 모든 연령대에서 감소현상을 보이고 있다. 가장 극심한 감소현상을 보이고 있는 연령대는 0-4세인데, 이 경우는 1997년부터 2003년 현재까지 계속 감소하고 있음을 알 수 있다. 그래서 드디어는 200만대로 그 인구가 감소하게 되었다. 그리고 고등부 연령대라고 할 수 있는 15-19세의 경우도 1999년 이후부터는 계속 감소현상을 보이고 있다. 교회학교 중고등부 학생수의 격감원인이 이러한 인구감소현상과 무관하지 않음을 알 수 있는 부분이다.

이러한 인구감소현상은 근본적으로 출산율 저하에 기인하고 있다. 과거 60년대, 70년대에 우리가 경험했던 '차고 넘치는 교회학교'는 당시 높은 출산율이 한 원인이었음을 부인할 수 없을 것이다. 1970년대 초만 하더라도 출산율은 4.5%를 상회하였다. 이는 한 가정당 아이들이 네 다섯 명씩 되었다는 말이다. 그러나 그 이후 계속 감소하기 시작하여, 1970년대 중반부터는 3.0%이하로 떨어지게 되었고, 최근에는 1.17%까지 감소하여 사회적인 이슈로 대두되고 있는 정도이다. 1971년부터 1976년까지의 출산율 추이와 1997년부터 2002년까지의 출산율 추이를 표로 나타내면 〈표7〉과 같다.

이러한 전반적인 교회학교 해당 연령대의 감소현상이 교회학교 학생수의 감소에 영향을 미치고 있음을 부인할 수 없다. 이러한 현상으로부터 우리가 공감해야 하는 것은 전체적으로 인구감소가 이루어지고 있는 오늘날에 '교회학교 성장'이라는 척도만으로 교역자나 교사를 판단하는 것은 무리라고 하는 것이다. 우리는 성인목회든 교회학교 사역이든 '성장'이 결코 쉽지 않은 시대를 살고 있다. 더욱 심각한 것은 0-4세의 인구가 격감하는 현상이 시사하듯이 향후 교회학교는 더 '성장'이 어려운 시대를 맞이하게 될 것이라고 하는 것이다.

그런데 좀 더 자세히 살펴보면 교회학교 학생수의 감소현상은 꼭 해당 인

〈표7〉 우리나라 출산율 추이(1971년–2002년)

| 년 도 | 출산율 (%) |
|---|---|
| 1971 | 4.54 |
| 1972 | 4.14 |
| 1973 | 4.10 |
| 1974 | 3.81 |
| 1975 | 3.47 |
| 1976 | 3.05 |
| … | |
| 1997 | 1.54 |
| 1998 | 1.47 |
| 1999 | 1.42 |
| 2000 | 1.47 |
| 2001 | 1.30 |
| 2002 | 1.17 |

자료: "인구동태건수 및 동태율 추이," 통계청, 2003

구수의 감소현상에만 연유하는 것이 아님을 알 수 있다. 아동부와 중고등부에 초점을 맞추어 해당 연령의 인구수 추이와 교회학교 학생수 추이를 분석해 보자. 아동부에 해당되는 연령이라고 할 수 있는 5–9세의 인구추이를 살펴보면 최근 2년간은 약간 감소하기는 했지만 1997년과 대비해 볼 때 2002년의 인구수는 7.0% 증가한 수치이다. 그러나 아동부 교회학교 학생수는 1997년에 269,244명이었으나 2002년에는 261,940명으로 2.7% 감소한 것으로 나타나고 있다(〈도표3〉 참조).

간단히 말해서 아동부에 해당되는 인구수는 약간 증가했으나 교회학교 학생수는 인구증가율에도 못 미칠 뿐만 아니라 반대로 감소한 것이다. 중 · 고

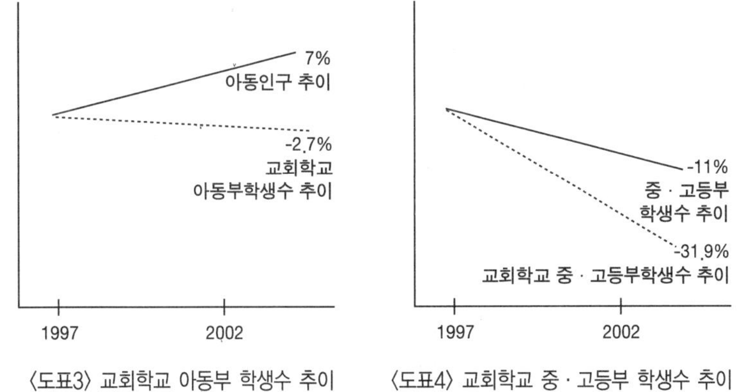



〈도표3〉 교회학교 아동부 학생수 추이　　〈도표4〉 교회학교 중 · 고등부 학생수 추이

등부의 경우를 분석해 보면 해당 연령이라고 할 수 있는 10세부터 14세, 15세부터 19세의 인구수가 1997년에 비해 2002년도에는 평균 11.0% 감소하였다. 그런데 교회학교 중 · 고등부 학생수는 1997년에는 251,166명이었던 것이 2002년에 171,103명으로 감소하여 무려 31.9%나 격감하였다. 이는 중 · 고등부 해당 연령의 인구감소보다 훨씬 큰 폭으로 중 · 고등부 학생수가 감소하고 있음을 보여준다(〈도표4〉 참조). 이러한 통계는 교회학교 학생수의 감소현상이 단지 인구감소라는 요인에 의한 것만은 아님을 보여준다.

### 3. 교회학교 학생수 감소와 교사교육

교회학교 학생수 감소라는 교회학교 침체현상과 교사요인은 어떤 관계가 있을까? 총회교육부에서 발간한 『교회교육백서』[8]에 의하면, 교회학교 학생수의 감소요인 중에서 가장 중요한 요인으로 '교사' 요인을 들고 있다. 『교회교육백서』는 한국교회 교회교육의 실태를 파악하기 위한 것으로서 전국 521

---

8) 박상진 외, 『교회교육백서』 (서울: 한국장로교출판사, 2003)

개 교회를 표집하여 조사하였는데, 교회학교 증감의 요인으로서 교사가 48%로서 가장 높게 나타났으며, 그 다음이 주변환경(47%), 프로그램(42%) 등이고, 이에 비해 교회시설(17%), 학부모(16%)는 교회학교 학생수 증감에 크게 영향을 미치지 않는 것으로 인식되고 있다(〈표8〉 참조).

　이를 지역특성별로 분석하면 의미있는 결과를 얻을 수 있는데, 서울을 비롯한 도시지역의 경우에는 교회학교 학생수 증감요인으로서 교사(66%)가 가장 큰 비중을 차지하는 반면, 농,어촌의 경우는 주변환경(65%)을 제일 중요한 요인으로 들고 있다. 이는 농(어, 산)촌사회가 지닌 지역적, 환경적, 구조적 영향으로 더 이상 교회학교가 성장할 수 없음을 토로하는 반응이라고 할 수 있다(〈표9〉 참조). 따라서 일반적인 경우(주변 환경의 영향을 배제한다면) 교

〈표8〉　교회학교 학생수 증감요인

| 증감요인 | 교사 | 프로그램 | 학부모 | 학생자신 | 교회시설 | 주변환경 | 기타 |
|---|---|---|---|---|---|---|---|
| 응답교회 | 248 | 218 | 82 | 167 | 90 | 246 | 78 |
| 응답률(%) | 48 | 42 | 16 | 32 | 17 | 47 | 15 |

〈표9〉　지역 특성별 교회학교 학생수 증감요인

(단위: %)

| 구분 | 교사 | 프로그램 | 학부모 | 학생자신 | 교회시설 | 주변환경 | 기타 |
|---|---|---|---|---|---|---|---|
| 서울 | 66 | 51.1 | 24.5 | 34 | 30.9 | 38.3 | 11.7 |
| 광역시 | 52.7 | 47.3 | 16.2 | 32.4 | 25.7 | 39.2 | 10.8 |
| 중소도시 | 56 | 49.7 | 13.7 | 35.4 | 16.6 | 39.4 | 9.7 |
| 농촌 | 29.6 | 27.5 | 14.8 | 28.2 | 7.7 | 64.8 | 22.5 |
| 어촌 | 22.7 | 31.8 | 0 | 22.7 | 4.5 | 54.5 | 18.2 |
| 산촌 | 8.3 | 8.3 | 16.7 | 25 | 8.3 | 50 | 50 |
| 합 | 48 | 42 | 16 | 32 | 17 | 47 | 15 |

사요인이 교회학교 학생수 증감에 가장 큰 요인이라고 할 수 있다. 그리고 프로그램도 결국 교역자나 교사에 의해 짜여지는 것을 생각하면 교사요인의 비중은 더 높아지게 된다.

유진 로엘케파튼(Eugene C. Roehlkepartain)은 그의 책 *The Teaching Church: Moving Christian Education to Center Stage* 에서 교사가 교회학교 활성화에 가장 중요한 요인이 된다고 주장하면서, 교사를 모래시계의 좁은 목에 비유하고 있다. "교사는 모래시계의 좁은 목과 같다. 모든 것이 그들을 통해 간다. 그들이 효과적이면 학습은 자유롭게 지속적으로 흐르지만, 그들이 제 기능을 발휘하지 못하면 학습은 막히거나 방해받게 된다."[9] 그는 오직 효과적인 교사를 통해서 기독교 신앙이 가장 적절하게 커뮤니케이션 되기 때문에 어떤 다른 프로그램보다 교사요인이 교회교육에 있어서 중요함을 강조하고 있다.

이제까지의 논의를 통해 교사요인이 교회학교 학생수 감소현상의 중요한 원인일 뿐아니라 교회교육 활성화의 중요한 요인으로서 지목될 수 있다면, 교회학교의 부흥을 생각할 때 자연스럽게 교사교육의 문제를 생각하지 않을 수 없다. 교사는 태어나는 것이 아니고 만들어지는 것이고 교육을 통해서 양성되는 것이기 때문이다. 소명감이 있고 헌신적인 교사를 양성하는 것은 단지 교사의 변화만이 아니라 학생들의 변화를 가져오며, 나아가 교회학교를 활성화시키고 부흥시킬 수 있는 것이다. 그렇다면 교회학교의 부흥을 위한 가장 중요한 과제는 교사를 양성하는 교사교육임을 깨닫게 된다. 어떻게 하면 학생들을 변화시키고 교회학교를 부흥시키는 교사로 양성할 수 있을 것인가? 이러한 교사교육의 변화가 교사의 변화를 가져오고, 결국 교회학교의 변화와 부흥을 가져올 수 있기 때문에 교사교육은 교회학교 부흥의 열쇠라고 해도 과언이 아닐 것이다.

---

9) Eugene C. Roehlkepartain, *The Teaching Church: Moving Christian Education to Center Stage* (Nashville: Abingdon Press, 1993), 100.

∷ 제2부 교사 교육의 이론적 배경과 한국교회
교회학교 교사교육 현황분석 및 평가

　교사교육을 침체해가는 교회학교의 부흥을 위한 중요한 변화요인으로 지목한 제1부의 논의에 이어서, 제2부에서는 한국교회 교회학교 교사교육의 현황을 분석하려고 한다. 이를 위해 먼저 일반 교육학과 기독교교육학에 나타난 교사교육의 이론적 배경을 살펴보고, 교회학교 교사와 교역자를 대상으로 한 설문조사를 통해 한국교회 교회학교 교사교육의 현황을 분석하고 이를 기초로 이제까지의 전통적인 교회학교 교사교육을 평가하려고 한다.

## II. 교사교육의 이론적 배경 -교사상을 중심으로-

　한국교회 교회학교 교사교육의 현황에 대한 설문조사를 분석하기 이전에, 이 설문조사 내용을 구성하는 중심개념인 교회학교 '교사상'에 대한 이론적 배경을 살펴보자. 교사교육은 교육내용이 어떤 교사상을 지니느냐에 따라 그 방향이 정해진다. 모든 교사교육에는 추구하는 교육의 목적이 있는데, 과연 어떤 교사상을 추구하느냐에 따라 교사교육은 전혀 다른 양상을 띨 수 있는 것이다. 교회학교 교사교육도 교사상이 어떤 모습이냐에 따라 달라진다. 교회학교 교사상에 대한 논의는 학문적으로 충분히 이루어졌다고 보기 어렵다. 일반 교육학에서 '교육지도자상'이나 일반 학교의 '교사상'이 '교사론'이라는 분야에서 다루어지고 있으며 교육행정 분야에서 지도력 이론에 근거하여 교육지도자의 특성을 유추하고 있는 정도이며, 기독교교육학 분야에서의 학문적인 논의는 더 빈약한 실정이다. 여기에서는 먼저 일반 교육학에서 논의하는 교사상을 살펴보고 이와 관련하여 기독교교육학에서의 교사상을 파악함으로 교회학교 교사교육의 이해를 돕고자 한다. 일반 교육을 담당하는 교사와 기독교교육을 담당하는 교사는 많은 차이점이 있지만, 교육이라는 본질적인 기능과 교사라는 정체성에 있어서 공통점이 있기 때문에 일반 교육학의 논의도 교회학교 교사교육에 대해 중요한 통찰을 줄 수 있을 것이다.

　이 장에서는 먼저 일반 교육학의 교사상을 파악하고 그 다음에 교회학교 교사상을 살펴본 후에, 이를 바탕으로 교회학교 교사교육에 있어서의 전문성과 영성을 논의하고자 한다.

## 1. 교사상

일반 교육학에서 교사상(像)에 관한 논의는 다양한 접근을 통해 이루어져 왔다. 교사직, 교사의 자질, 교사의 역할, 교사의 특성 등의 주제에 관한 논의가 모두 교사상과 관련된 탐구라고 할 수 있다.

### 1) 교사의 역할

역할(role)이란 사회의 어떤 지위에 있는 사람에게 사회구성원으로부터 기대되는 행동유형을 말하는데, 교사의 역할이란 교사라는 직업과 신분, 지위에 있는 사람에게 일반적으로 요구되어지는 역할을 의미한다. 정태범은 교사의 역할을 크게 '의미있다고 생각되는 교육내용을 가르치는 역할,' '아동이나 청소년의 사회화를 도와주는 역할,' 그리고 '교육의 수준과 능력을 판단하고 평가해주는 역할' 등으로 요약할 수 있다고 말한다.[10] 풀리아스(E. V. Pullias)는 그의 저서 『교사의 다면성』(A Teacher is Many Thing)이라는 책에서 좀 더 구체적인 교사의 역할들을 열거하고 있는데, 그는 "① 교사는 한 안내자이다. ② 교사는 가르치는 자이다. ③ 교사는 혁신자이다. ④ 교사는 한 표본이다. ⑤ 교사는 한 탐색자이다. ⑥ 교사는 상담자이다. ⑦ 교사는 창조자이다. ⑧ 교사는 권위자이다. ⑨ 교사는 비전을 제시해 주는 자이다. ⑩ 교사는 과업을 되풀이해 주는 자이다. ⑪ 교사는 깨우쳐 주는 자이다. ⑫ 교사는 설화자이며 또 배우이다. ⑬ 교사는 학생으로 하여금 현실을 직면케 해주는 자이다. ⑭ 교사는 평가자이다."라는 14가지의 규범적 역할을 제시하고

---

10) 정태범 외, 『교사론』(서울: 교육과학사, 2003), 69.

있다.[11]

정범모는 그의 책 『교육과 교육학』에서 교사의 역할을 교수자, 교육과정 계획자, 평가자, 집단활동 지도자, 사회 연락자, 행정 참여자, 사례연구자, 사무자 등으로 구분하고 있어서 단지 교수하는 역할 외에 다양한 역할을 지니고 있음을 주장하고 있고,[12] 김정규, 권낙원은 실제적인 차원에서 교사의 다양한 역할을 제시하고 있는데, 수업의 역할, 학급경영의 역할, 생활지도 및 상담의 역할, 평가의 역할, 사회화의 역할, 잡무수행의 역할, 개인성장을 위한 역할 등의 일곱 가지로 분류하고 있다.[13]

이상과 같은 다양한 교사의 역할에 관한 논의는 몇 가지로 범주화할 수 있는데, 일반적으로 교육의 중요 요소로 보는 교재(교육내용), 학생, 교사, 그리고 환경 등의 요소와의 관계에서 발생하는 역할로 파악할 수 있다. 먼저, 교재와 관련하여 교사는 가르치는 역할, 연구하는 역할, 교육과정을 계획하는 역할을 들 수 있다. 둘째, 학생과 관련하여 학습지도의 역할, 생활지도와 상담의 역할, 학급을 경영하는 역할을 들 수 있을 것이다. 셋째, 교사와 관련하여 교사로서 자기를 지속적으로 개발하는 자기성숙의 역할과 다른 교사들과 공동체적으로 교육하는 팀웍의 역할, 그리고 교육행정 개선의 역할을 들 수 있다. 마지막으로 환경과의 관계에서 교사는 교실환경을 비롯한 교육환경 개선의 역할, 학부모와 가정과의 관계 증진의 역할, 그리고 넓게는 사회화와 사회개혁을 위한 비전제시의 역할 등을 들 수 있다.

---

11) E. V. Pullias and J. D. Young, *A Teacher is Many Thing* (Seoul: Pan Korea Book, 1973), 122. 교사의 역할은 교사의 주된 역할이라고 할 수 있는 '가르치는 역할' (teaching role) 외에 부수적인 역할이라고 할 수 있는 '촉진적 역할' (facilitating role)이 있는데, 레들(Redle)과 바덴버그(Wathenberg)는 교사의 다양한 촉진적 역할을 다음과 같이 열거하고 있다. ① 사회의 대표자 ② 판정자 ③ 재원 ④ 조력자 ⑤ 심판 ⑥ 탐정 ⑦ 동일시의 대상 ⑧ 불안의 억제자 ⑨ 자아의 보존자 ⑩ 부모의 대리인 ⑪ 적대감의 표적 ⑫ 친구 ⑬ 애정의 대상(E. J. Thomas & B. J. Biddle, *Role Theory: Concepts and Research* (John Wiley and Sons, 1966), 5).

12) 정범모, 『교육과 교육학』(서울: 배영사, 1980), 12.

13) 김정규, 권낙원, 『교사와 교육』(서울: 형설출판사, 1988), 28-33.

2) 교사의 자질

　교사의 역할이 '사회적인 상황 안에서 교사에게 갖게 되는 기대' 라고 한다면 교사의 자질은 보다 교사 개개인의 소양이나 능력과 관련된다. 교사의 자질을 천부적으로 타고난 기질이나 품격으로 보느냐 아니면 후천적으로 획득된 교사직에 관련된 능력으로 보느냐에 따라 다른 접근이 가능하겠지만, 교사의 자질은 외적 상황과 상호작용하여 교사의 교수행위를 결정하게 된다. 정태범은 교사의 자질요소의 범주로서 전통적 측면, 행동주의적 측면 및 인본주의적 측면으로 분류하고 이를 설명하고 있다. ① 전통적 측면에서 자질의 요소로서는 교과지도력(교양, 교직이론, 교과지식, 교과조직력, 교육방법과 기술, 설명능력), 학생의 이해력(아동에 대한 사랑, 아동발달 이해), 교직에 대한 태도(교직에 대한 신념과 열성, 친절한 태도, 연구적 자세, 협동적 자세, 공정성, 성실성, 관용적 태도), 개인적 태도(다양한 취미, 비판적 판단력, 원만한 인격, 외모) 등을 들 수 있다. ② 행동주의적 측면에서 자질의 요소로서는 수업능력(수업계획, 진단 및 평가능력), 교과능력(교과에 대한 지식, 목표설정능력, 교과조직능력), 촉진능력(의사소통, 인간관계, 동기유발) 등을 들 수 있다. ③ 인본주의적 측면에서 자질의 요소로서는 아동에 대한 태도(긍정적 지각, 존중, 사랑), 자신에 대한 긍정적 태도(수용적 태도, 진실한 태도, 공감적 이해) 등을 들 수 있다.[14]

　이러한 자질들을 통합하여 영역별로 재분류하면, 교직에 대한 태도, 아동에 대한 태도, 교과에 대한 태도, 수업능력, 촉진능력, 자신에 대한 태도 등으로 나눌 수 있다. 교직에 대한 태도에는 교직에 대한 신념, 열성, 친절성, 협동적 자세, 연구적 자세, 비판적 판단 능력 등이 포함되며, 아동에 대한 태도에는 아동에 대한 사랑, 아동발달의 이해, 아동에 대한 긍정적 지각, 존중 등이 포함된다. 교과에 대한 능력에는 교과지식, 목표설정, 교과조직 능력 등이 포함되고, 수업능력에는 수업계획능력, 설명 및 질문능력, 진단 및 평가능력, 생활지도능력 등이, 그리고 촉진능력에는 의사소통, 인간관계, 동기

---

14) 정태범 외, 『교사론』, 83.

유발 등이 포함된다. 마지막으로 자신에 대한 태도에는 긍정적 지각, 관용적 태도, 다양한 취미, 진실한 태도, 수용적 태도 등이 포함될 수 있다.[15]

교사자질에 대한 보다 과학적인 연구는 1960년대부터 시작된 CBTE(Competence-Based Teacher Education)로 일컬어지는 연구인데, 슐만(L. S. Shulman)은 교사자질의 구성요소를 교육학적 지식, 교과내용 지식, 교과교육학적 지식으로 구분하였다. 교과내용 지식이 가르치는 내용에 관한 지식, 교육학적 지식이 가르치는 방법에 관한 지식이라면 교과교육학적 지식은 특정 교과의 내용을 가르치는 방법과 기술에 관한 지식이라고 할 수 있다. 그런데 슐만은 그 동안 비교적 소홀히 다루어온 '교과교육학적 지식'의 중요성을 강조하였다. 이러한 CBTE 접근의 대표적인 연구라고 할 수 있는 '플로리다 주 안'을 보면 교사자질을 일차적으로 '의사소통 기술, 기본적 지식, 전문적 기술, 행정적 기술, 대인 관계적 기술' 등의 5개 범주로 분류하고, 이를 23개 '필수적 일반적 자질'(essential generic competencies)로 나누고, 이를 다시 117개 하위자질(sub-competencies)로 분류하고 있다.[16] 결국 교사의 역할과 마찬가지로 교사의 자질은 교사의 행동요소만큼이나 많이 진술될 수 있는데, 교사는 이런 다양한 역할과 자질을 갖출 것을 요청받고 있다.

### 3) 교사상

교사상은 교사에 대한 이미지로서 두 가지 의미를 지닌다. 하나는 현재 교사들이 갖는 이미지로서, 교사의 있는 모습 그대로를 의미하고, 다른 하나는 '추구해야할 바람직한 교사의 모습'으로서 '되어져야할' 교사의 모습을 의미하는데, 여기에서는 후자에 초점을 맞추어 논의하려고 한다. 이러한 교사상은 사회적 상황과 문화적 상황에 따라 다르며 그 사회와 문화가 어떤 가치를 지니고 있느냐에 따라 다를 수 밖에 없다.

---

15) *Ibid.*, 84.
16) 길병휘 외, 『교사교육: 반성과 설계』(서울: 교육과학사, 2004), 54-61.

고전적인 교사상에 관한 연구로는 하아트(F. W. Hart)의 연구를 들 수 있는데 그는 고등학교 학생 10,000명에게 질문지를 던져 가장 좋아하는 교사상을 그리게 하고, 그 빈도수가 많은 순서에 따라 다음과 같이 10가지의 특성으로 그 순위를 매겼다.[17] ① 교과 학습의 과제를 명료하고도 충분히 설명하고 교수·학습에 사례를 많이 들어준다. ② 유쾌하고 행복스럽고 온유하며 쾌활하고 유머가 있고, 농담을 할 줄 안다. ③ 학급 집단의 일원으로 인간적이고 사람을 잘 따르게 하고 친하기 쉬워야 한다. ④ 학생들을 좋아하고 학생들의 문제에 흥미를 갖는다. ⑤ 공부에 흥미와 욕망을 불러일으키고 학급의 학습활동을 즐겁게 만든다. ⑥ 학급활동에 관심을 갖고 잘 도와주어야 한다. ⑦ 공평하고 편애하지 않는다. ⑧ 무뚝뚝하지 않고 짓궂지 않고 까다롭지 않고 말을 많이 않고 비꼬지 않는다. ⑨ 배운 것이 많다. ⑩ 사람을 좋아하는 인성을 갖는다. 쿰스(A. W. Coombs)는 바람직한 교사상을 보다 체계적인 분류에 의해서 제시하고 있는데, 교과목, 학생, 교사자신, 학습목표와 과정, 교수방법 등에 있어서 탁월한 교사를 들고 있다. 첫째는 교과목에 풍부한 지각이 있는 교사, 학생과 동료교사를 잘 아는 교사, 교사 자신에 대한 긍정적 지각을 지닌 교사, 학습목표와 과정에 대한 풍부한 지각이 있는 교사, 그리고 적절한 교수방법에 대한 지각이 있는 교사 등이다.[18]

우리나라에서 이루어진 이상적 교사상에 관한 타당하고 신뢰성 있는 연구로는 한국교육개발원의 교사상 연구를 들 수 있다. 이 연구에서는 이상적인 교사의 모습을 설문조사를 통해 분석하였는데, 이상적인 교사의 모습을 묻는 질문에 대하여 한국인들은 '교육자로서 신념을 지닌 교사'(32.5%)와 '학생에 대하여 깊은 관심과 사랑을 지닌 교사'(32.5%) 그 다음으로 '인생에 대한 자세를 가르쳐 주는 교사'(16.8%)를 바람직한 교사상으로 보고 있으며,

---

17) F. W. Hart, *Teachers and Teaching* (New York: MacMillan Co., 1934).
18) A. W. Coombs, "The Personal Approach to Good Teaching" in R. T. Hyman ed., *Contemporary Thought on Teaching* (New Jersey: Prentice-Hall, 1971).

'담당교과에서 뛰어난 실력을 지닌 교사'(7.6%), '예절과 질서를 중시하는
엄격한 교사'(5.5%), '요령 있게 수업지도를 하는 교사'(5.1%)형에 대해서는
소수만이(18%미만) 바람직한 교사상으로 선택을 하고 있다.[19]

<표10> 이상적인 교사상에 대한 가치의식의 분포(%)

| | 교사 | 학부모 | 학생 | 전체 |
|---|---|---|---|---|
| 담당과목의 실력 | 7.7(4) | 7.2(5) | 7.8(4) | 7.6(4) |
| 교육자로서의 실력 | 34.8(2) | 33.5(1) | 29.2(2) | 32.5(2) |
| 예절, 질서지도 | 2.7(5) | 10.4(4) | 3.3(6) | 5.5(5) |
| 요령있는 수업지도 | 1.3(6) | 6.6(6) | 7.5(5) | 5.1(6) |
| 학생에 대한 깊은 관심·사랑 | 35.3(1) | 30.6(2) | 31.5(1) | 32.5(1) |
| 인생자세의 지도 | 18.2(3) | 11.6(3) | 20.6(3) | 16.8(3) |
| 계 | 100.0 | 100.0 | 100.0 | 100.0 |

( )안은 집단 내에서의 중요도 순위임

　　교사상은 그 사회와 문화적 풍토와 분리될 수 없으며, 어떤 입장에서 보느
냐에 따라 다른 교사상을 갖게 된다. 교사가 생각하는 교사상과 학부모가 생
각하는 교사상은 동일하지 않으며, 또한 학생들이 이상적으로 생각하는 교
사상은 교사의 그것과 동일하지 않다. 그러면서 교사의 어떤 역할과 자질을
강조하느냐에 따라 다른 교사의 이미지를 갖게 되는데 일반적으로 교사의
주된 역할과 자질로 생각하는 '잘 가르치는 교사'이면서도 '학생을 사랑하
는 교사'의 이미지를 지닌 교사상을 추구하고 있다.

---

19) 이종재 외, 『한국인의 교직관』(한국교육개발원 연구보고 RR-142, 1981), 106-109.

## 2. 교회학교 교사상

교회학교 교사상에 대한 연구는 일반 교육의 교사상 연구에 비교해 볼 때
매우 빈약하다. 그러나 직접적으로 교회학교 교사를 연구 대상으로 하고 있
지 않는다고 할지라도 '종교교육자' 또는 '기독교교육자'를 대상으로 하는
연구에서 다루는 '교육자상'은 '교사상' 연구로 간주될 수 있으므로 이들도
논의에 포함시키도록 할 것이다.[20] 이 절에서는 교회학교 교사의 역할, 교사
의 자질을 중심으로 교회학교 교사상을 파악하려고 한다.


### 1) 교회학교 교사의 역할과 자질

러스벌트(R. E. Rusbuldt)는 교회학교 교사의 역할을 7가지로 설명하고 있
는데, 조직자(organizer), 의사소통자(communicator), 계획자(planner), 촉진
자(facilitator), 창조자(creator), 해석자(translator), 동기부여자(motivator) 등
이다.[21] 조직자로서 교사는 교육을 위한 행정적인 기능을 수행하는 것을 의
미하며, 의사소통자로서 교사는 언어적, 비언어적 의사소통을 일방적으로가
아닌 쌍방적으로 감당하는 것을 의미한다. 교사는 송신자이고 학생은 수신
자이며, 교과는 메시지이며 교육방법은 미디어가 되는데 교사는 가장 효과
적인 방식을 택하여야 한다. 계획자로서 교사는 교육활동을 미리 의도적이
고 효과적으로 준비하는 기능을 말하며, 촉진자로서 교사는 관찰, 경청, 격
려, 인내를 통해 학습자를 촉구하며 자극하는 기능을 수행한다. 창조자로서
교사는 학생들을 획일적인 방식이나 틀에 얽매이도록 하는 것이 아니라 새

---

20) 종교교육자(Religious educator) 또는 기독교교육자(Christian educator)라는 개념 안에는 교회
학교 교사가 포함되며, 종교교육사(Director of Religious Education) 또는 기독교교육사
(Director of Christian Education)는 교사보다 더 전문적인 교육자를 의미하지만 한 학급(분반)
을 단위로 생각하면 교사는 종교교육사가 갖는 대부분의 기능을 수행하기를 요청받고 있다.
21) R. E. Rusbuldt, *Basic Teacher Skills: Handbook for Church School Teachers* (Judson Press,
1981), 25-50.

로운 시도를 격려하는 역할을 수행한다. 해석자로서 교사는 성서이야기나 전통을 오늘의 시대와 학생들의 삶의 자리에 맞게 해석하는 기능을 감당하며, 동기부여자로서 교사는 학생들로 하여금 스스로 지속해서 하나님의 말씀을 배우고 자라가도록 동기를 유발하는 역할을 수행한다.[22]

김희자는 『교사론』에서 교회학교 교사의 자질에 대하여 자세히 논의하고 있는데, 교사의 자질을 교사와 하나님, 학생, 교재의 관계의 차원으로 보았다. 김희자는 구체적으로 교사의 자질을 네 가지 요소로 설명하고 있는데, 첫째 영적인 요소, 둘째 지적인 요소, 셋째 인격적인 요소, 그리고 넷째 신체적 요소 등이다.[23] 첫째, 교사의 자질에는 영적인 요소가 있어야 한다. 교회학교 교사는 무엇보다 영적으로 '중생한 자' 이어야함을 강조하는데, 김희자는 "무엇보다도 교회학교 교사는 중생한 자여야 한다. 중생하지 않은 자는 하나님에 대해서(about God) 객관적으로 가르칠 수 있지만 개인적, 주관적으로 알게 되는 하나님의 지식(of God)은 가르칠 수 없다"고 말한다. 또한 교사의 영적인 요소로서 '가르침의 소명과 은사' 를 말하는데, 교회학교 교사는 하나님과의 관계에서 소명을 받은 자이며 가르치는 은사를 받은 자이어야 한다는 것이다.

둘째, 교사의 자질에는 지적인 요소가 있어야 한다. 교회학교 교사가 지녀야하는 지적인 요소로는 무엇보다 교사가 가르치는 즐거움을 누릴 수 있어야 한다고 지적한다. 그리고 가르치는 전문가가 되어야 함을 주장하는데, 교사의 전문성을 개발하기 위해서는 '기독교세계관' 과 '교육내용' 에 대한 숙지, 그리고 가르치는 방법과 인간이해에 대한 지식이 중요함을 말한다. 즉 교사로 하여금 기독교세계관과 인생관을 이해하고 그것을 자신의 가르침에 적용할 수 있도록 하고, 가르치는 내용을 숙지하며, 다양한 교수방법을 이해하고 이를 익숙케 하며, 가르침의 대상인 학생에 대한 분명한 이해를 할 수

---

22) 오인탁, 정웅섭, 『교회 교사교육의 현실과 방향』(서울: 대한기독교출판사, 1987), 32-33.
23) 김희자, 『교사론』(서울: 대한예수교장로회총회, 1998), 102.

있어야 한다.

셋째, 교사의 자질에는 인격적인 요소가 있어야 한다. 교회학교 교사가 지녀야 할 인격적인 요소로는 크게 세 가지를 언급하고 있는데, 첫째는 언행일치의 모범이다. 교사의 가르침은 언어적인 차원에서만 그치는 것이 아니라 인격적 성품, 사회적 행동, 정서적 반응으로 나타나도록 해야 한다는 것이다. 둘째는 학생에 대한 사랑이다. 예수님의 가르치심이 사랑에 기초해 있듯이(마 9:35-36) 기독교교육은 사랑에 근거하기 때문이다. 셋째는 개방된 마음이다. 교사는 학생을 있는 그대로 받아들이는 개방성과 또한 교사 자신을 투명하게 보여줄 개방성이 있어야 한다.

넷째, 교사의 자질에는 신체적 요소가 있어야 한다. 교회학교 교사는 영적, 지식적, 인격적 요소 외에 신체적 요소를 지녀야 하는데, 먼저 건강을 꼽고 있다. 교사됨은 정신적인 것만이 아니라 다양한 육체적 활동을 포함하고 있고, 정신은 육체와의 관계 속에서 건전할 수 있기 때문에 교사 자신의 건강에 관심을 갖고 돌볼 필요가 있다. 또한 교사는 단정한 용모를 지녀야 한다. 이것은 외모를 중시하는 것이라기보다는 단정함 자체가 지니는 교육적 의미 때문이다.

도널드 에믈러(Donald G. Emler)는 『종교교육사 다시보기』(*Revisioning the DRE*)에서 종교교육사의 자질을 논의하고 있는데, 이는 교회학교 교사의 자질에 중요한 통찰을 주고 있다. 에믈러는 로버트 카츠(Robert Katz)의 효율적인 행정가의 자질에 관한 연구에 주목하면서, 그가 분류한 행정가의 자질, 즉 방법론적 기술(technical skills), 인간관계 기술(human skills), 개념적 기술(conceptual skills) 등을 교회교육지도자에게도 적용할 수 있는 것으로 보았다.[24] 에믈러는 이 세 가지 기준들을 보완하여 종교교육사의 기능과 역할을 파악하는 기준으로 활용하고 있다.

---

24) Donald G. Emler, *Revisioning the DRE* (Birmingham: Religious Education Press, 1989), 86.

첫째, 방법론적 기술은 어떠한 직무에 기본이 되는 절차나 방법, 기술 등을 사용할 수 있는 능력을 의미한다. 교회교육지도자에게 적용하면 간단한 순서지를 준비하는 데서부터 수업계획서 작성, 교육매체 다루기, 다양한 가르치는 기술 획득 등의 기술을 갖추는 것을 말한다. 둘째는 인간관계 기술인데 이는 개인적인 차원 뿐만 아니라 집단적인 차원에서 사람들과 함께 활동할 수 있는 능력을 의미한다. 인간관계 기술은 교육자가 자신의 가치, 지각, 태도, 그리고 신념이 무엇인지를 이해할 것을 요청한다. 교육은 관계적인 것이기에 교육자에게 필수적으로 요청되는 기술이다. 셋째, 개념적 기술은 전체 조직을 파악하고 개념화하는 능력인데 소그룹이나 학급 또는 부서를 맡은 교육지도자에게 꼭 필요한 기술이다. 전체를 개념화하는 것은 진단하고 종합하고 질문하고 관계를 파악하고 미래의 가능성을 탐구하는 능력을 포함한다. 에믈러는 종교교육사의 자질로서 한 가지 기술을 더 첨가하고 있는데 형성적 기술(enabling skills)이다. 종교교육사는 하나님의 사람들로 하여금 그들의 종교적 사명을 수행하도록 형성하여야 한다. 종교교육이 추구하는 궁극적인 목적은 피교육자의 앎을 변화시키는 데에 머무르는 것이 아니라 삶을 변화시키는 것이다. 평신도(학생)들로 하여금 개인적으로 집단적으로 선교적 사명에 참여하도록 도와야 한다.[25]

에믈러는 이와 같은 교육지도자의 전문적인 기술에 근거하여 종교교육사의 다섯가지 역할을 제시하고 있다. 첫째는 행정가와 프로그램 기획가로서 종교교육사이다. 교육지도자는 정책의 목적을 설정하고 해석하며 예산의 필요를 파악하고 시설과 필요한 기자재들의 구입, 설비, 관리를 지도하고 인력 수급을 계획하며 감독하여야 한다. 또한 교육적 필요를 파악하여 프로그램을 기획, 개발하고 커리큘럼을 디자인하고 평가하는 역할을 감당하여야 한다.[26] 둘째는 교육 컨설턴트로서 종교교육사이다. 이것은 최소한 네 가지 역

---

25) *Ibid.*, 86-92.
26) *Ibid.*, 95-114.

할을 수행하는 것을 의미하는데, 다른 사람을 대신하여 발언하며 사람들로 하여금 필요한 정보에 접근할 수 있도록 도와주는 옹호자(advocate)로서, 교수학습 전문가(teaching-learning expert)로서, 구성원들로 하여금 문제를 제기하고, 대안을 모색하도록 자극하는 격려자(stimulator)로서, 그리고 필요한 변화를 기획하고 평가하는 변화의 대리인(change agent)로서의 역할이다.[27] 셋째, 학습 전문가로서 종교교육사이다. 교육지도자는 교사들의 교사가 되어야 하며, 지속적으로 탁월하고 다양한 교수법에 익숙하여야 한다. 넷째, 연구자, 진단가, 그리고 평가자로서 종교교육사이다. 교육지도자는 지속적으로 학생에 대해, 그리고 교수방법에 대해 연구하는 태도를 지녀야 하며 사람들의 교육적 필요에 민감하여야 하고 교육의 계속적인 재구성을 통해서 개인적, 집단적, 사회적 요구에 부응할 수 있어야 한다.[28] 마지막 다섯째는 신앙 해석자로서 종교교육사이다. 이는 교육지도자가 삶의 여정을 살아가는 사람들의 멘토이며 상담가, 영성지도자로서의 역할을 감당하여야 함을 의미한다.[29]

에믈러가 말하는 종교교육사의 자질과 역할을 그대로 교회학교 교사의 역할과 자질로 적용하는 데에는 한계가 있다. 왜냐하면 전체 교회교육의 행정과 기획, 그리고 교사들을 지도하는 기능 등은 교회교육지도자와 교사의 차이를 분명히 보여주기 때문이다. 그러나 각각의 교사는 거의 대부분의 종교교육사가 수행하는 기능을 담당하여야 한다. 교사는 결코 좁은 의미의 교수(teaching) 기능만을 수행하는 것이 아니다. 소위 학급을 경영하여야 하고, 행정적인 업무를 담당해야 하며, 학생들과의 인간관계 속에서 상담자의 역할을 해야 하고, 교사들과의 관계 속에서 상호격려함으로 동역자 의식을 강화하여야 하고, 새로운 비전을 제시함으로 단위 '교육공동체'(분반)를 이끌

---

27) *Ibid.*, 115-130.
28) *Ibid.*, 131-214.
29) *Ibid.*, 215-237.

어나가야 한다. 이런 점에서 에믈러만이 아니라 러스벌트와 김희자가 강조하는바 교회학교 교사의 역할과 자질은 매우 다양한 요소를 포함하고 있기 때문에 종합적이고 통합적이라고 할 수 있다. 종종 교사가 지니는 자질과 역할 중 어느 한 측면만을 강조하는 것은 교사가 수행하여야 할 전체 역할 중 다른 부분을 간과하는 오류를 범하게 되는 것이다.

### 2) 교회학교 교사상

티모디 라인즈(Timothy A. Lines)는 『종교교육자의 기능적 이미지』(*Functional Images of the Religious Educator*)에서 종교교육자의 기능과 역할을 10가지의 비유적 유형으로 나타내고 있다. 이는 교사상의 10가지 모습이라고도 할 수 있는데, 부모, 코치, 과학자, 비평가, 이야기꾼, 예술가, 비전제시자, 혁명가, 치료자, 목회자 등이다. 그녀에 의하면 이 10가지 역할은 서로 분리되거나 구별되는 것이 아니다. 마치 한 물체를 다른 각도에서 볼 때 다른 측면이 보이는 것과 같다고 이해한다. 그렇기 때문에 전체의 실재는 오직 모든 측면들이 통전적인 비전 속으로 통합되고 종합될 때 나타난다고 할 수 있다. 이 10가지 역할을 제시하는 것은 전체를 보여줌으로 종교교육자로 하여금 어느 부분이 강점인지 약점인지를 파악하여 보다 온전한 종교교육이 이루어질 수 있도록 돕는 데에 있다고 보았다.[30]

첫째, 부모(parent)로서 교사상을 들 수 있는데, 교사들에게 기대되는 부모의 상은 '양육자' 상이기도 하다. 부모로서의 교사상은 학습자들로 하여금 보다 성숙하여지고 마침내는 더 이상 도움받지 않고 훌륭하게 독립할 수 있도록 격려하는 이미지이다.

둘째, 코치(coach)로서 교사상이다. 이 이미지는 그리스 로마 시대로부터 내려오는 교사상으로서 보다 실천을 강조하는 교사상이다. 코치로서 교사는

---

30) Timothy A. Lines, *Functional Images of the Religious Educator* (Birmingham: Religious Education Press, 1992), 31.

과학적인 측면과 기술적인 측면을 포함하고 있는데, 과학적인 측면은 좋은 수행을 위해서 필요한 원리들을 가르치는 면을 말하며, 기술적인 측면은 선수들로 하여금 구체적인 환경에서 역량을 발휘할 수 있도록 동기화시키는 능력을 의미한다.

셋째, 과학자(scientist)로서 교사상이다. 논리, 증거, 분석, 그리고 평가는 종교교육자의 특성과는 거리가 있는 것처럼 보이지만 그러나 이러한 요소들이 종교교육자에게도 필요하다. 과학자는 연구와 자료수집, 증거에 기초한 이론을 수립하게 되는데, 지나친 실험주의는 문제가 될 수 있지만, 반대로 주먹구구식이나 상투적인 방식에 빠지지 않도록 과학적인 접근이 필요하다.

넷째, 비평가(critic)로서 교사상이다. 종종 종교교육자는 교육내용에 대해 비판적인 성찰없이 전달하는 사람으로 오해되고 있다. 그러나 종교교육자는 가르침의 내용과 방법이 정당한가에 대한 비판적 시각을 지닌 존재이다. 때로 이러한 비판적 시각은 위험하게 인식되기도 하지만, 다양한 관점에서 그 내용을 검토할 수 있게 될 때만이 올바른 교육을 할 수 있을 것이다.

다섯째, 이야기꾼(storyteller)으로서의 교사상이다. 정체성의 형성과 공동체성의 형성은 공유되는 이야기(shared stories)로부터 나온다. 종교교육자는 성경과 기독교적 이야기를 통해 기독교적 정체성과 공동체성을 형성시키는 사람이라고 할 수 있다. 종교교육자는 이야기를 재미있게 들려줄 뿐만 아니라 학생들로 하여금 그 이야기를 해석하고 적용할 수 있도록 돕고, 오늘의 상황에서 그 이야기의 의미를 깨닫도록 해야 한다.

여섯째, 예술가(artist)로서 교사상이다. 종교교육자는 예술가로서 다양한 예술의 장르를 통해 창의적인 교육을 실천할 수 있다. 앞에서 언급한 이야기만이 아니라 음악, 미술, 조각 등 다양한 활동을 통해 자신과 세계, 그리고 하나님을 상상할 수 있도록 도울 수 있다.

일곱째, 비전제시자(visionary)로서 교사상이다. 비전제시자는 학생들로 하여금 미래에 대한 희망을 갖게 하고 개척정신을 갖게 한다. 현재에 실망하거나 상황에 종속된 것이 아니라 새로운 조망을 갖게 함으로 현실의 장벽을 넘어설 수 있는 용기와 열정, 동기를 갖게 한다.

여덟째, 혁명가(revolutionary)로서 교사상이다. 종교교육은 때로 구조적인 한계 안에서 이루어지고, 현재의 상황에 안주하려는 경향이 있다. 혁명가는 체제를 분석하는 전문가이며, 구조 안에서의 문제 뿐만 아니라 구조 자체를 변화시키려는 의지를 지닌 사람이다. 종교교육자는 이데올로기적인 정치적 혁명가가 아니라 하나님의 나라를 위한 혁명가로서 하나님의 정의와 평등을 위해 공헌하는 사람이다.

아홉째, 치료가(therapist)로서 교사상이다. 종교교육자는 갈등의 치유자이며, 위로자, 지원자, 동반자이다. 공동체가 와해되고 깨어질 때 종교교육자는 통합과 회복을 위해 치료의 사역을 감당해야 한다. 종교교육자는 구성원들로 하여금 '존재의 용기'를 갖고 문제를 직면하여 마침내 온전성을 추구할 수 있도록 돕는다.

마지막으로 열 번째, 목양자(minister)로서 교사상이다. 목양자는 양들을 위해 희생하는 사람으로서 섬김의 정신을 실천한다. 종교교육자는 어떤 이익이나 명성을 기대하는 것이 아니라 깊은 동정과 사랑과 겸손한 마음으로 목양의 대상들에게 '자기 줌'(self-giving)으로 헌신하는 사람이다.[31]

라인즈는 이러한 10가지 교사의 이미지를 2개씩 묶어서 5가지 역할로 파악하고 있는데, 부모와 코치 이미지는 훈련 역할(training roles), 과학자와 비평가 이미지는 평가 역할(evaluating roles), 이야기꾼과 예술가 이미지는 말하는 역할(telling roles), 비전제시가와 혁명가 이미지는 인도하는 역할(leading roles), 그리고 치료자와 목양자의 이미지는 봉사 역할(service roles) 등이다.[32] 라인즈의 교사상에 대한 이해는 매우 다양한 이미지를 포함하고 있고, 다양한 역할을 함의하고 있다. 교사상은 결코 '강의 잘하는 교사'로 제한되지 않는다. 동일한 비중을 갖는다고 단언할 수는 없지만 라인즈가 제시

---

31) *Ibid.*, 53-498.
32) *Ibid.*, 504-506.

하는 10가지 교사(종교교육자)의 이미지는 어느 하나 소홀히 다루어질 수 없는 가치를 지니고 있다. 앞에서 교사의 자질과 역할에서도 통합적인 관점의 중요성을 말하였지만, 교사상도 단선적인 이미지가 아니라 통합적인 이미지를 지닌, 이미지의 스펙트럼으로 보아야 할 것이다.

### 3. 교회학교 교사교육에 있어서 전문성과 영성

앞의 절에서 논한 교회학교 교사상은 크게 교사의 전문성과 교사의 영성으로 나뉘어질 수 있는데, 기독교교육학 분야에서 교사교육에 관한 논의도 크게 교사의 전문성을 강조하는 입장과 교사의 영성을 강조하는 입장으로 분류될 수 있다. 전문성을 강조하는 경우는 일반 교육학에서의 논의처럼 교사를 가르치는 전문가로 인식하고 교수(teaching)의 전문성을 강조하는 입장이다. 이 입장에서 교사는 '인간행동의 계획적인 변화'를 일으키는 주체로서 교과내용에 대한 전문성만이 아니라 효과적으로 교과내용을 가르침으로 변화를 촉진할 수 있는 전문성을 지닐 것을 요청받고 있다.[33] 마이클 리(Michael Lee)가 이 부류의 대표적인 기독교교육학자로 간주될 수 있다. 또한 영성을 강조하는 입장은 교육을 사회과학적 현상으로 이해하기보다는 영적 순례자의 삶을 동행하는 과정으로 이해하고 교과내용이나 교수방법에 대한

---

33) 교직을 전문직으로 보는 관점은 교직을 성직이나 노동직, 봉사직으로 보는 관점과 구별되는데, 교직의 전문성에 관한 논의가 시작된 것은 20세기 중엽에 들어와서이다. 교직이 전문직이어야 한다는 주장을 담은 저서가 처음 발간된 것은 1956년으로 M. Liberman이 쓴 「전문직으로서의 교육 (*Education as a Profession*)」이고, 그 후 1962년에 T. M. Stinnett이 「교직의 전문직(*The Profession of Teaching*)」이라는 책을 통해 이를 강하게 주장하였다. 물론 교직의 전문성을 보다 구체적이고 명확하게 제창한 역사적 문서는 1966년 10월 5일에 파리에서 UNESCO와 ILO가 채택한 "교원의 지위에 대한 권고"이다. 교사를 전문직으로 보는 것은 교사의 기능과 역할의 독특성을 강조하는 것으로 이는 아무나 할 수 있는 것이 아니라 전문적으로 교육받고 훈련되어 전문성을 갖춘 '자격있는' 교사가 수행할 수 있음을 의미한다(정태범 외, 『교사론』, 58-59).

전문성보다는 하나님과의 인격적인 만남과 공동체적인 관계를 강조하며, 과학적이고 객관적인 분석보다는 상상과 참여를 강조한다. 파커 팔머(Parker Palmer)가 이 부류의 대표적인 기독교교육학자로 간주될 수 있을 것이다. 여기에서는 이 두 입장을 살펴보고 이 둘을 포용하는 통전적 교사교육의 가능성을 모색해보려고 한다.

### 1) 전문성: 마이클 리

마이클 리의 종교교수론에서는 교사의 전문성이 매우 강조된다. 그는 기독교교육(Christian Education)이라는 용어보다는 종교교육(Religious Education)을 선호하고, 또한 종교교육보다는 종교교수(Religious Instruction)라는 용어를 선호한다. 왜냐하면 리에게 있어서 종교교수는 철저히 사회과학적인 현상으로서 초자연적인 힘에 의한 변화가 아니라, 교사에 의해서 의도적으로 행해지는 과학적인 활동이며, 구체적인 생활양식(life style)을 변화시키는 과정으로 이해된다. 그에게 있어서 가르침(teaching)이란 철저히 의도적인 행위로서 "한 사람이 분명한 목적을 가지고 의도적으로, 그리고 효율적으로 학습상황을 구조화하는 행위로서, 이를 통해 기대되는 구체적인 학습결과가 다른 사람에 의해서 획득될 수 있도록 하는 총체적인 과정이다."[34]

리는 교수를 철저히 사회과학적인 현상으로 이해했기 때문에 교수를 네 개의 독립변인, 즉 교사(Teacher: T), 학습자(Learner: L), 주제내용(Subject Matter: SM), 그리고 환경(Environment: E)이 상호작용하여 종속변수인 학습결과(Learning Outcome)를 생산해 내는 과정으로 정의하고 있다.[35] 교사는 이 과정에서 목적하는 학습결과가 가장 생산적이고 효과적으로 나타날 수 있는 방식으로 독립변인들을 조정하고 촉진하는 역할을 감당하는 전문가로

---

34) James Michael Lee, *The Flow of Religious Instruction* (Alabama: REP, 1973), 206.
35) *Ibid.*, 230.

인식된다. 리가 주장하는 교수모델을 독립변인과 종속변인의 관계로 나타내면 다음 그림과 같다.

〈도표5〉 리의 교수모델[36]

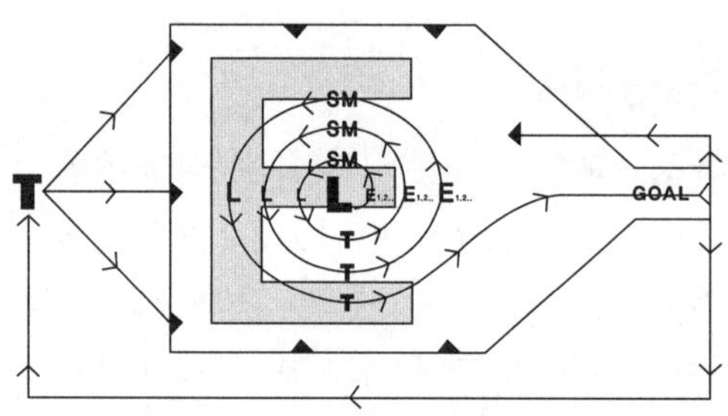


위의 그림에서 파악되듯이 교수는 근본적으로 촉진적인 과정이며, 교사는 근본적으로 학습결과를 촉진하고 생산해내는 직업적 전문가이다.[37]교사는 자기 자신의 교육적 행동과 학생의 행동을 모두 분석한 후 학생 편에서 바람직한 학습결과를 산출하려는 명확한 의도를 가지고 자기 자신의 행동을 통제할 뿐 아니라 주제내용과 환경을 통제함으로 학습결과를 촉진하는 기능을 수행한다. 리는 가르침에서 예측(prediction)을 강조했는데, "교사는 바람직한 학습결과를 산출하기 위해서 교육적 실제 Y보다는 교육적 실제 X를 사용하기로 선택하는 것은 X라는 실제가 Y라는 실제보다 효과적일 것이라고 그가 예측하기 때문"[38]이라는 것이다. 신학이나 성령의 초월적 역사를 강조하

---

36) *Ibid.*, 234.

37) H. W. Burgess, *An Invitation to Religious Education*, 오태용 역, 『기독교교육론』(서울: 정경사, 1984), 178.

38) Lee, *The Flow of Religious Instruction*, 212.

는 입장에서는 '예측'이 하나님 편에 달려 있기 때문에 교사가 할 수 있는 것이 아니라고 주장하지만, 리는 성령의 역사가 과학적 현상과 분리된 실재로 이해하는 것을 반박하면서 성령을 하나의 변수로 이해하려는 입장의 오류를 소위 '성령변수론오류'(The Spirit-as-variable fallacy)라고 지적한다. 그리고 리는 성령은 자연법과 상치되는 하나의 변수가 아닌 자연법 속에 내재되어 있는 것으로 이해하기 때문에 사회과학적 접근이 종교교육의 방법이 되어야 한다고 주장하는 것이다.

리는 가르침을 '예술-과학'으로 이해한다. 가르침을 예술과 과학 중 하나로 이해하는 것은 잘못이라고 지적한다. 가르침은 앞에서 언급한대로 독립변인인 교수, 학습자, 주제내용, 그리고 환경을 효과적으로 통제함으로 종속변인인 기대되는 학습결과를 산출하는 과학적인 과정임에 틀림없지만 동시에 가르침은 과학을 구체적인 상황에 적용해야 하는 측면을 지니고 있다. 그렇기 때문에 교사는 다른 모든 예술가와 마찬가지로 학습자에 대한 '민감성'을 지녀야 한다. 교사는 여기-지금이라는 교수적 행위 속에서 효과성의 관점에서 그의 교육적 행위를 분석해야 하고, 그 행위를 조정하는데 필요한 민감성과 기술을 개발해야 한다는 점에서 과학적이며 동시에 예술적인 차원을 지닌다.[39]

이러한 리의 견해는 교사의 인격이나 영성보다는 교사의 기능을 강조하는 경향을 지닌다. 사회과학적 관점에서 보면 교사가 교사인 것은 순전히 그가 행하는 기능 때문이지 그의 인격의 됨됨이 때문이 아니다.[40] 이런 점에서 리는 기독교교육에 있어서 교사의 인격이 유일한 기본적 변수가 된다는 소위 '인격이론'을 비판한다. 리는 사람의 마음을 끄는 인격이 교사의 중요한 자질이라는 점에 동의하지만 그 자체로는 의미가 없으며, 오직 학생에게 기대되는 변화를 촉진하는 기능이 수행될 때에 교사의 본래적 역할을 수행한 것

---

39) *Ibid.*, 216.
40) Burgess, *An Invitation to Religious Education*, 181.

으로 본다.[41]

교사의 전문성을 강조하는 리가 이를 위한 교사교육(훈련)의 중요성을 강조하는 것은 당연한 귀결이다. 리는 교사들의 종교적 교수를 개선하기 위한 예비(양성)교육과 계속교육을 위한 교사교육 모델이 종교교수에 있어서 가장 시급히 필요하다고 주장한다.[42] 리는 교사의 행동분석(behavioral analysis)과 행동통제(behavioral control)의 두 측면에서 훈련이 필요함을 강조하는데, 다음과 같은 교사교육의 모델을 제시하고 있다.

<도표6> 리의 교사교육 모델[43]

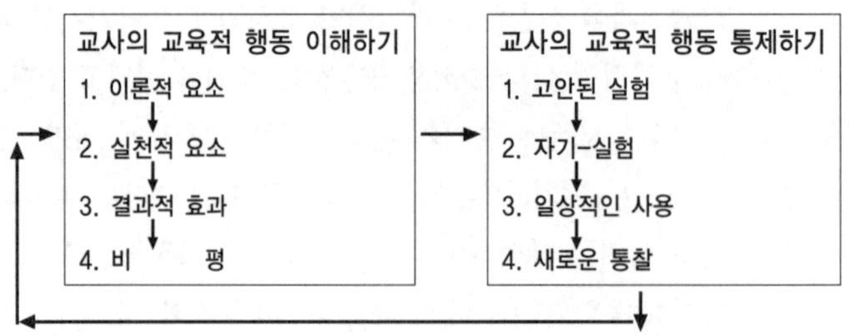


위 그림에서 좌측의 도형은 종교교사의 교육적 행동에 대한 분석에 초점이 맞추어져 있는 반면, 오른쪽 도형은 교사가 어떻게 자신의 행동을 통제함으로 교육적 기술을 고양시킬 수 있는 지를 다루고 있다. 리는 이 교사교육 모델은 교사들로 하여금 교사의 의도와 실제적인 교사행동의 효율성 사이의 간격을 최소화시키도록 돕는 것이기에 매우 중요하다고 주장한다.

---

41) *Ibid.*, 189.
42) Lee, *The Flow of Religious Instruction*, 279.
43) *Ibid.*, 280.

먼저 교사는 종교교수에서 작용하는 이론적인 요소들을 이해하는 과정을 밟는다. 이 분석을 통해서 교사는 교수행위 안에서 어떤 상호작용이 일어나며, 교사, 학습자, 주제내용, 그리고 환경 사이에 어떤 커뮤니케이션이 발생하는지를 파악하게 된다. 그리고 실천 안에서 일어나는 이러한 상호작용을 관찰하고 분석할 수 있도록 한다. 이러한 분석은 교사의 교육적 행동들이 학습자, 주제내용, 그리고 환경과 상호작용함으로 결과적으로 일어나게 되는 효과에 초점이 있다. 교사의 교육적 행동에 대한 이해는 교사가 기대했던 학습결과가 효과적으로 일어나는지 그렇지 않은지의 관점에서 자신의 교육적 수행을 비평함으로 학습자의 학습결과가 보다 효과적으로 일어나도록 교사에게 통찰을 주려는 과정이다.[44]

위의 모델의 오른쪽 도형에서는 교사가 그의 교육적 행동을 실험하게 되는데 첫째는 고안된 장면에서 시행하게 된다. 이 고안된 실험에서 교사는 특별한 의도를 갖고 창안된 특수한 조건에서 특정한 교수행위를 수행함으로써 교사에게 구체화된 행동 교육적 행동을 실천하는 데에 집중하도록 한다. 자기-실험은 보다 더 정규적인 학습장면과 비슷한 실천적 상황에서 이루어진다. 그리고 이렇게 하여 숙련된 교육적 실천은 정규 교수장면에서 실천되어지는데 이것이 교사로 하여금 전체 교육적 실천을 새롭게 분석할 수 있는 통찰을 제공한다. 이는 다시금 좌측 도형의 교육적 행동의 이해에 대한 새로운 통찰을 주는 피드백 순환이 이루어도록 한다.[45]

마이클 리는 교사의 양성 및 계속훈련 프로그램에서 이러한 행동 분석과 행동통제를 촉진하는 여러 방법들을 제시하고 있는데, 상호작용 분석(Interaction Analysis), 마이크로티칭(Microteaching), 실천경험(Practicum Experiences), 인턴십(Internship Experience), 그리고 교사수행센터(the Teacher Performance Center) 등이다. 이러한 훈련들은 이론적이면서도 아

---

44) *Ibid.*, 281.
45) *Ibid.*, 283.

주 실제적인 형태로서 앞에서 언급한 '예술-과학으로서 가르침'(Teaching as Art-Science)을 가능케 하는 프로그램들이다.

리는 종교교수가 전문적인 행위(professional activity)임을 강조하는데, 종교교수에 있어서 전문성(professionalism)은 다음의 다섯 가지 특성들을 포함한다고 주장한다: ① 건실한 이론적 토대, ② 적절한 재정적 지원, ③ 충분한 지원과 시설, ④ 연구와 데이터 베이스, ⑤ 훈련된 교사. 특별히 리는 종교교사는 신중하게 선발되고, 잘 훈련될 것을 주장하였을 뿐만 아니라 원칙적으로 전문적인 전임 사역자(full-time professional workers)들에 의해서 이루어져야 한다고 강조하였다. 마치 훈련되지 않은 치과의사에게 자녀를 보낼 부모가 없으며, 제대로 훈련받지 못한 교사가 있는 공립학교에 자녀를 보내려고 하지 않는 것처럼 훈련되지 않은 종교교사가 있는 종교교육 기관은 학생들을 받을 자격이 없다고 생각한다.

리는 모든 종교교사는 기본적으로 종교교수 분야의 석사학위를 소지하는 자가 되어야 한다고도 주장한다.[46] 요컨대 리에 의하면 교사는 전문직이며, 교사 훈련 프로그램은 첫째, 교사에게 이론에 대한 충분한 지식과 이해를 제공해 주어야 하고, 둘째, 그 이론이 실제로 사용될 수 있는 교육적 기술(행동)을 그에게 제공해 주어야 한다.[47] 이러한 마이클 리의 교사 및 교사훈련에 대한 견해는 어느 다른 기독교교육학자보다도 교사의 전문성을 강조하고 있다.

2) 영성: 파커 팔머

팔머는 가르침을 '진리에 대한 순종이 실천되어지는 공간을 창조하는 것'으로 정의하면서 교육을 지식을 잘 전달함으로 공간을 채우는 '은행저축식 교육'(banking education)으로 이해해 온 것과 대조적으로 공간을 창조하고, 침묵과 기도를 강조하는 영성적인 교육을 제안하고 있다. 그의 책 『가르침과

---

46) *Ibid.*, 291.
47) Burgess, *An Invitation to Religious Education*, 183.

배움의 영성』(*To Know As We Are Known*)의 부제인 '영적 여정으로서 교육'
(Education As a Spiritual Journey)은 팔머가 교육의 영적 차원을 강조하고
있음을 선명하게 보여준다. 팔머는 기도로 충만한 교육을 강조하는데, "교육
이 기도로 충만하지 않을 때, 즉 교육이 초월성에 중심을 두지 않을 때, 교육
은 자아와 세계 사이에 진정하고 자발적인 관계성을 창조하는 데 실패한다"
고 보았다.[48] 그는 자신의 영성이 기독교적 영성임을 강조하면서, 그 영성은
도피적인 영성이 아니라 성육신적 영성임을 말하고 있다. 전통적인 교육은
추상적, 비인격적 사실과 이론을 다루는 반면, 기독교 영성에 입각한 교육은
성육신적, 인격적 진리로 이끈다고 보았다. 그는 수도원 전통에서부터 통찰
을 얻고 있는데, 수도원을 영적 공동체로 보았고 수도원에서 이루어지는 영
적 훈련들이야말로 영적 형성과정으로서의 교육의 의미를 회복할 수 있게
한다고 보았다.[49]

  팔머의 앎에 대한 이해는 근본적으로 마이클 폴라니(Michael Polanyi)의 인
식론과 맥을 같이 하는데, 팔머는 폴라니를 따라 지식은 심지어 과학적 지식
마저도 객관주의적이고 개인주의적이기보다는 인격적이고 공동체적이라고
주장한다.[50] 이런 맥락에서 팔머는 아는 것은 사랑하는 것이라고 말한다. 팔
머는 앎의 기원에 대한 탐구를 통해 지식에는 두 가지 종류가 있음을 밝혀내
고 있다. 하나는 호기심과 통제를 기원으로 하는 것이고, 다른 하나는 연민
과 사랑을 기원으로 하는 것이다.[51] 그는 정신(mind)의 눈과 마음(heart)의 눈
을 통합하는 '통전적인 시각'(wholesight)을 강조한다. 그는 서구의 '이것이
아니면 저것이라는 사고방식'(either-or thinking)이 문제라고 지적한다. 그

---


48) Parker J. Palmer, *To Know as We Are Known*, 『가르침과 배움의 영성』(서울: 한국기독학
    생회출판부, 2000), 35.
49) *Ibid.*, 42.
50) 폴라니의 인식론은 Michael Polanyi, *Personal Knowledge: Towards a Post-Critical
    Philosophy* (Chicago: The University of Chicago Press, 1962) 참조.
51) Palmer, *To Know as We Are Known*, 30.

에 의하면 서구 이원론은 전체성을 파괴함으로 우리에게 실재에 대한 파편적인 느낌만 줄 뿐이다. 팔머는 진리는 통전적이라고 주장한다. 그에게 있어서 "진리는 세계를 이것 아니면 저것 식으로 분리시킴을 통해 발견되어지는 것이 아니라 세계를 이것과 저것 모두의 방식으로 포용함을 통해 발견되어지는 것이다." 팔머의 통전적 시각으로 볼 때에 머리와 마음, 사실과 느낌, 이론과 실제, 가르침과 배움이 분리되지 않는다. 팔머는 가르침과 배움은 개인주의적이고 경쟁주의적이기보다는 공동체적이고 협동적이어야 한다고 주장한다. 실재 그 자체는 공동체적이기 때문에 사실과 교과를 암기하는 것보다는 교사들, 학생들, 교재들 사이의 상호작용이 교육에서 중요하다. 팔머는 전통적인 교실이 아는 자(학생)를 다른 아는 자들(학생들)과 교과로부터 분리하는 경향이 있음을 지적하며 이를 극복하는 공동체적 교육을 제안하는 것이다.

팔머는 침묵과 기도를 앎의 한 모형으로 제안한다. 전통적인 학교에서 침묵은 가르침의 방법으로 고려되어지지 않는 경향이 있다. 왜냐하면 가르침은 강의를 포함하는 말과 동일시되어왔기 때문이다. 그러나 교육에 있어서 공간의 중요성을 강조한 팔머는 침묵을 가르침의 중심에 위치시키고 있는 것이다. 말은 분리를 가져오지만 침묵은 통합을 가져온다고 보았다. 기도에 대한 그의 강조는 기도에 대한 신학적 이해와는 구별되어야 한다. 팔머는 기도가 그 안에서 자아와 다른 사람, 인간과 비인간, 보이는 것과 보이지 않는 것이 내면적으로 서로 융합되는 소중한 공간을 창조한다고 주장한다. 또한 팔머는 "기도 안에서 내가 알 뿐만 아니라 알려진다는 것을 깨닫기 시작한다"고 말하고 있다.[52] 그는 기도가 우리에게 겸손한 마음을 준다고 믿는다. 기도 안에서 세상을 분리하고 정복하고 파괴하는 우리의 교만한 지식이 겸손해진다. 더 나아가 기도 안에서 우리는 우리가 초월적 영과 접촉할 수 있는 궁극적 공간을 발견할 수 있다고 지적한다. 팔머의 침묵과 기도에 대한

---

52) *Ibid.*, 34.

강조는 기독교교육에 있어서 영성의 중요성을 고려해야 함을 암시하고 있다. 그것은 교사, 학생, 그리고 교과 사이의 수평적 관계를 넘어선 초월적 차원을 인식할 것을 요청한다. 신앙을 위한 기독교교육은 영적, 초월적, 신비적 차원을 포용해야 할 것이다.

객관주의적 교육에서 교사의 인성, 성격, 그리고 영성은 교사가 지식을 효과적으로 전수하는 한 그렇게 중요한 요소로 인정되지 않는다. 그러나 새로운 인식론의 근거 위에서 팔머는 교육에서 교사의 영성의 중요성을 드러내주고 있다. 팔머에 있어서 겸손, 신앙, 존경, 사랑, 그리고 개방성을 포함하는 교사의 영적 덕목들은 또한 인식론적 덕목들이 되는 것이다. 이 점에서 '교사들이 누구냐'의 문제가 '교사가 무슨 지식을 갖고 있고 어떻게 가르치느냐' 이상으로 중요하다. 이 점에서 교수론(pedagogy)은 인식론(epistemology)과 존재론(ontology)과 분리될 수 없다. 팔머는 인식론이 변화될 때 교수법이 변화될 수 있음을 말하는데 교수법의 개혁은 효과 좋은 교수기술의 개발을 통해 오는 것이 아니라 실재와 인식에 대한 우리의 지적, 영적 시각의 변화로부터 가능하다고 보았다.[53] 즉 교사의 영성과 변화된 마음이 가르치는 기술이나 전략보다 더 중요함을 말해주고 있다.

팔머는 교사들에게 침묵, 고독, 그리고 기도를 포함한 영적 훈련들이 필요함을 강조하고 있다. 침묵은 우리에게 세상에 대한 지식을 주는 반면에, 고독은 우리에게 우리 자신에 대한 지식을 준다. 고독은 단지 다른 사람들이 없는 상태를 의미하는 것이 아니라 우리의 일상의 규칙들, 의존하는 것들, 역할들로부터 떠나가는 것을 의미한다. 마지막으로 팔머는 교사는 기도하는 교사가 되어야 한다고 주장한다. 기도를 통해 우리는 우리와 세계를 묶어주는 영적인 연대를 깨닫고, 깊은 기도 속에서 우리는 우리가 알려지는 것처럼 알기 시작할 수 있다. 팔머는 교사의 전문성만을 강조하는 입장을 비판하는

---

53) *Ibid.*, 189.

데 "만일 교사가 전문분야라는 안전한 울타리 내에만 안주하고 있으면, 그는 자칫 전문지식(mastery)의 망상에서 벗어나지 못할 수 있다"고 지적한다.[54] 팔머의 교사의 영성에 대한 강조는 교사의 인격적 요소가 가르침과 분리될 수 없음을 함의하고 있다. 교사의 앎과 행위처럼 교사의 존재의 중요성을 강조한다. 이는 교사교육에 있어서 교사의 영성훈련이 중요함을 의미하며, 교사교육에 있어서 가르침의 교수론적, 인식론적 측면만이 아닌 존재론적 측면, 즉 교사의 영성을 중요하게 다룰 것을 요청하고 있다.

### 3) 교사교육에 있어서 전문성과 영성의 통합

교사직과 교사교육에 있어서 전문성과 영성은 분리되어 존재할 수 밖에 없는가? 교사교육에 있어서 전문성을 강조하는 것은 영성을 포기하는 것을 의미하고, 영성을 강조하는 것은 전문성을 포기하는 것을 의미하는가? 이 두 가지가 공존하거나 통합될 수는 없는가? 물론 마이클 리의 사회과학적 접근과 팔머의 영성적 접근은 그 전제와 접근방식이 상이하기 때문에 한 논리로 둘 다를 완전하게 설명하는 것은 불가능할 것이다. 그러나 팔머가 강조하고 있듯이 팔머는 '정신의 눈'(eye of mind)을 부정하는 것이 아니라 '마음의 눈'(eye of heart)을 회복함으로 통전적인 시각(whole sight)을 갖는 것을 추구하기 때문에, 팔머의 영성교육의 접근은 전문성을 포함할 수 있는 보다 넓은 관점을 지니고 있다고 할 수 있다. 마이클 리의 종교교수에 대한 사회과학적 접근은 계몽주의 이후 발달한 근대주의(Modernism)의 한 극단적인 형태를 보여준다고 한다면, 파커 팔머의 교육에 대한 영성적 접근은 이러한 근대주의에 대한 반성에 기초한 포스트모던 접근(Postmodern approach)으로서 근대주의의 한계를 극복하며 '이성', '사실', '관찰', '분석' 등과 같은 과학적 접근만을 강조함으로 인해 교육적 관심에서 멀어진 '감성', '상상', '인격', '영성' 등의 교육적 가치를 회복함으로 온전한 교육을 복원하려는 시도

---

54) *Ibid.*, 163.

라고 할 수 있다.[55]

스텐리 그렌츠(Stanley J. Grenz)가 주장하는 '포스트모던 복음'(a Postmodern Gospel)이 지니는 통전성은 이런 맥락에서 볼 때 '통전적 기독교 교육'에 매우 의미있는 통찰을 주고 있다.[56] 그는 그의 책 *A Primer on Postmodernism*의 결론부분에서 복음적인 신앙의 관점에서 포스트모더니즘을 평가하고 있는데, 포스트모더니즘이 반기초주의(Antifoundationalism)로서 기독교의 기초마저 무너뜨리는 경향이 있으나, 동시에 포스트모던 경향들이 편협한 근대주의를 비판하고 있다는 점에서, 그동안 복음을 근대주의적으로 편협하게 이해해온 측면들을 회복할 수 있는 기회가 될 수 있다는 것이다. 그렌츠는 이러한 근대주의의 편협성에 대한 포스트모던의 비판은 기독교인들로 하여금 '근대주의로 왜곡된 복음'이 아닌 원래의 '온전한 복음'으로 회복할 수 있는 기회를 제공해주고 있다고 주장한다. 이런 맥락에서 그렌츠는 포스트모던 경향들로 인하여 회복된 복음의 모습을 '포스트모던 복음'(a Postmodern Gospel)으로 소개하고 있는데[57] 포스트모던 복음은 탈-개인주의적 복음(a post-individualistic gospel)이며, 탈-합리주의적 복음(a post-rationalistic gospel)이며, 탈-이원론적 복음(a post-dualistic gospel)이고 탈-지적인 복음(a post-noeticentric gospel)이다. 이러한 그렌츠의 '포스트모던 복음 이해'는 포스트모던 시대가 복음의 기초를 해체하는 면이 있지만 동시에 통전적 복음을 회복할 수 있는 기회가 됨을 보여주는데, 이는 포스트모던 경향이 통전적 기독교교육, 특히 전문성과 영성을 통합함으로 통전적 교사교육을 회복할 수 있는 기회도 될 수 있음을 시사하고 있는 것이다.

---

55) 파커 팔머의 이러한 인식론은 마이클 폴라니(Michael Polanyi)의 인식론에 터에 있는데, 근대 객관주의 인식론에서부터 새로운 인식론으로의 변화에 대한 논의는 본 논문의 뒷부분인 '21세기 교회교육의 배경'에서 보다 자세히 다루기로 한다.

56) Stanley J. Grenz, *A Primer On Postmodernism* (Grand Rapids: Eerdmans, 1996)

57) *Ibid.*, 167.

교사교육에 있어서 교사가 지녀야할 전문성을 강조하는 것은 중요하다. 가르칠 내용에 대한 전문성 뿐만 아니라 효과적인 가르침을 위한 전문성도 중요하다.[58] 특히 마이클 리가 강조하듯이 현장에서 숙련적으로 기술을 보일 수 있도록 교사를 훈련하고 교사의 행동수정을 이끌어내는 것은 효율적인 교사교육을 위한 필수조건이라고 할 수 있다.[59] 그러나 교사교육에 있어서 팔머가 강조하는바 교사의 인성으로서 겸손, 환대, 개방성 등의 중요성과 영성으로서 침묵, 고독, 기도의 중요성을 인정해야 할 것이다. 이러한 전문성과 영성이 함께 강조되는 교사교육이 진정한 의미에서 기독교적 교사교육이라고 할 수 있을 것이다.

---

58) 마이클 리의 교사에 대한 '전문성' 강조는 '근대주의의 극치'라고 할만한다. 교육에 대한 사회과학과 행동과학적인 접근을 종교교육에도 치밀하게 적용하려는 시도이기도 하다. 교육에 대한 포스트모던 접근은 이러한 모더니즘의 한계를 극복하려는 것이다. 팔머의 교육에 대한 영성적 접근은 그 한 시도이다. 그러나 이것은 근대주의를 배격한 나머지 전근대주의(Pre-modernism)로 돌아가려는 것이 아니라 근대주의로 인해 파괴된 온전성을 회복하려는 것이다. 이런 점에서 교육에서 패러다임의 전환은 양자택일의 개념으로보다는 통전적 시각의 회복으로 이해하는 것이 옳을 것이다.

59) 도널드 에믈러는 그의 책 *Revisioning the DRE*에서 종교교육사(DRE)의 전문성을 말하면서 전문성을 다음과 같이 정의하고 있다. "종교교육자의 전문성은 종교교육자가 종교교육에 관한 이론적인 원리를 알고 적합한 임상적 연구를 수행할 수 있어서 상황과 주제들을 적절하게 평가하고 기존의 상황을 무의미하게 반복하기보다는 그 대안들을 찾을 수 있는 능력을 의미한다." 그는 전문적인 능력(professional competence)을 전문가주의(professionalism)와는 구별하는데, 전문적인 능력은 종교교육이 아마추어적인 기술 이상을 요구함을 의미하는 것이라고 한다. 그에 의하면 전문적인 교육자는 우선 그의 개인적인 경험을 넘어서는 종교교육에 관한 지식을 지녀야 한다. 전문가는 소위 일반적인 성경지식과 신학지식과 같은 종교교육의 내용을 알아야 한다. 또한 전문가는 누군가에게 종교를 성공적으로 가르치기 위해서 다양한 기술들을 획득하여야 한다. 전문가(종교교육사)는 이러한 교수적인 기술들을 학생들에게만이 아니라 다른 종교교사들에게 가르칠 수 있는 능력을 지녀야 한다(Emler, *Revisioning the DRE*, 81-82).

# III. 교회학교 교사교육 현황분석

이 장에서는 한국교회의 교사교육의 현황파악을 위한 설문조사의 결과를 분석함으로써 한국교회 교회학교 교사교육의 실태를 파악하고 이를 논의하려고 한다. 앞의 교사교육의 이론적 배경을 기초로 작성된 본 설문조사는 대상에 따라 크게 두 종류로 나누어져 실시되었는데, 하나는 교사들을 대상으로 한 것이고 다른 하나는 교역자들을 대상으로 한 것이다. 한국교회의 교사교육의 실태 파악은 1987년에 보고된 "교회학교 교사훈련 실태조사"[60] 이후 체계적인 연구로는 거의 이루어지지 않았고, 석사학위 논문 등에서 간헐적으로 조사된 정도였다. 이 조사연구는 한국교회의 교사교육의 현황을 이해하고, 이를 진단함으로 대안적인 교사교육을 모색하는데 그 목적이 있다.

## 1. 교사교육에 대한 교사 설문조사 결과 분석

### A. 표집

본 설문조사는 필자가 속해 있는 교단인 대한 예수교 장로회(통합) 교회의 교회학교 교사들을 대상으로 하였다. 표집대상은 장로회신학대학교가 본 교단의 대표적인 교역자 양성기관으로서 전국교회를 대표하는 학생들이 재학하고 있기에 신학대학원 3개 학년 중 한 학년을 표집하고, 신학과와 기독교교육과의 4개 학년 중 한 학년, 그리고 교육대학원을 표집하여, 학생들이 소속된 교회의 교사들에게 설문지를 배포하고 작성토록 한 후 수집하는 방식을 취하였다.[61] 특히 개 교회에서 보다 공정하게 표본을 추출하고자 난수표

---

60) 오인탁, 정웅섭. 『교회 교사교육의 현실과 방향』 (서울: 대한기독교출판사, 1987)
61) 장로회신학대학교 재학생들이 전국적인 분포를 하고 있지만, 재학생들이 현재 속한 교회들은 전국교회를 대표하기에는 보다 수도권 편중 현상이 있는 것이 사실이다. 그러나 교사들

를 이용하여 해당 교회학교 교사 5인을 표집토록 하였다. 이를 위해서 통계 전문가가 학생들에게 직접 '난수표 사용방법'을 훈련시킴으로 조사실시자의 임의의 표집이 이루어지지 않도록 통제하였다. 2004년 9월 13일부터 24일까지 배포된 설문지는 총 1,850매였으며, 회수된 설문지는 총 867매로서 회수율은 46.9%였다.

## B. 통계분석

조사결과의 통계처리는 사회과학 통계프로그램인 SPSS를 사용하였고, 기본적으로 각 문항별 빈도와 백분율을 산출하였으며, 주요 배경 변인별 응답결과의 차이를 검증하였다. 또한 필요한 경우는 평균값, 표준편차, 유의도 검사, Chi-square 검증 등을 하였다.

## C. 표본의 구성

1) 설문응답 교사의 성별, 연령별 분포

본 설문조사에 응답한 교사들의 성별 분포는 전체 867명 중 남자가 332명으로서 38%를 차지하였으며, 여자가 535명으로서 62%를 차지하였다(〈도표 7〉 참조).

설문조사에 응답한 교사의 연령별 분포는 25세 이하의 나이 젊은 교사가 307명(35%)으로 가장 많았고, 26세 이상 35세 이하의 교사가 292명(34%)으로 그 다음을 차지하였다. 또한 36세 이상 50세 이하는 218명으로 25%를 차지하였고, 51세 이상의 상대적으로 나이 많은 교사는 48명으로서 6%에 불과한 것으로 나타나고 있다.

---

의 전체적인 의견을 파악하는 데에는 영향을 줄 정도는 아니며, 필요한 경우는 지역별, 지역 특성별, 그리고 교회규모별 요인을 고려하여 분석하였다.

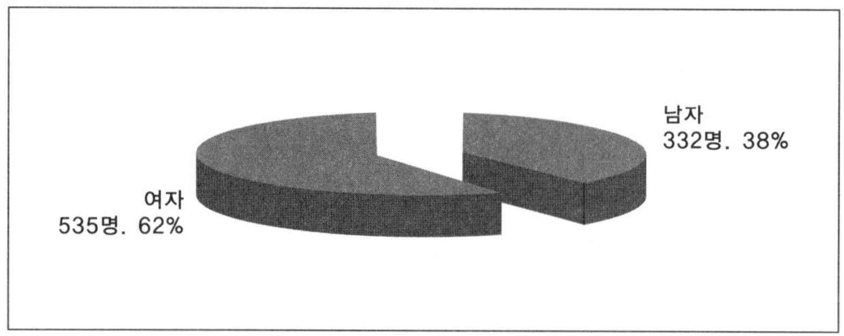


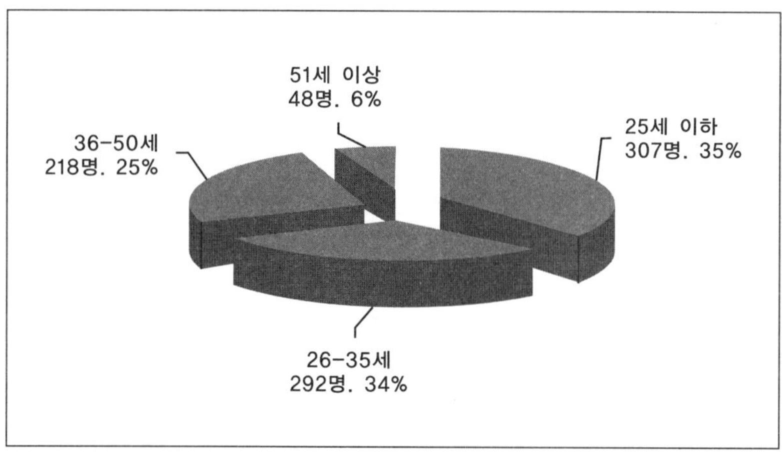

설문조사에 응답한 교사의 성별 분포와 연령별 분포를 교차분석하면 의미 있는 결과를 파악할 수 있는데, 25세 이하에서는 남자교사와 여자교사가 고르게 분포되어 있는데, 26세 이상 35세 이하에서는 남자교사가 월등히 많은 비중을 차지하고 있는 것으로 나타나고 있다. 그러나 36세 이상으로 가면 여자교사의 비중이 상대적으로 증가하고 있는데, 가장 취약한 경우는 36세 이상의 남성교사로서, 36세 이상 50세 이하는 전체 남성의 18.4%, 51세 이상

은 전체 남성의 4.2%에 불과하였다.

<표11> 성별과 연령에 따른 교사 분포

| 구 분 | | 남자 | 여자 | 합계 |
|---|---|---|---|---|
| 25세 이하 | 빈도 | 116 | 191 | 307 |
| | 성별의 % | 34.9% | 35.8% | 35.5% |
| 26세 - 35세 | 빈도 | 141 | 151 | 292 |
| | 성별의 % | 42.5% | 28.3% | 33.8% |
| 36세 - 50세 | 빈도 | 61 | 157 | 218 |
| | 성별의 % | 18.4% | 29.5% | 25.2% |
| 51세 이상 | 빈도 | 14 | 34 | 48 |
| | 성별의 % | 4.2% | 6.4% | 5.5% |
| 합계 | 빈도 | 332 | 533 | 865 |
| | 성별의 % | 100.0% | 100.0% | 100.0% |

$x^2$= 23.855, p=.000

2) 신앙경력 및 교사경력별 분포

조사대상 교사의 신앙경력을 파악하기 위해서 세례 또는 입교받은 연도를 질문하고, 그로부터 몇 년이 경과되었는지를 분석하였다. 비교적 신앙연륜이 짧은 교사라고 할 수 있는 세례(입교) 받은 지 5년 이하의 교사가 122명으로 15%를 차지하였고, 6년 이상 10년 이하가 가장 많은 비중을 차지하는 것으로 나타나고 있는데, 25%(215명)이나 되었다. 그러나 21년 이상이라고 응답한 교사도 168명(20%)로서, 전체적으로는 신앙경력에 있어서 고른 분포를 보이고 있다(<도표9> 참조).

교회학교 교사의 교사경력별 분포는 2년 이상 5년 미만인 경우가 298명으로서 34.4%를 차지하여 가장 비중이 높은 것으로 나타났고, 그 다음은 2

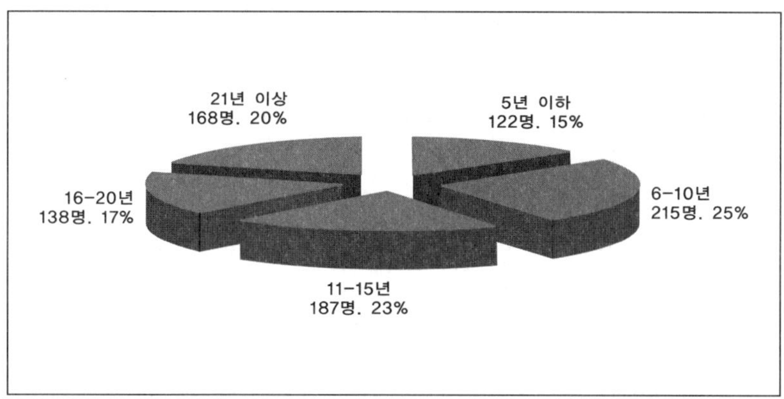

〈도표9〉 세례 경과 연도별 분포　　　　　(n=830)



년 미만으로서 24.2%를 차지한 것으로 나타났다. 이는 전체 교사의 58.6%가 5년 미만의 경력을 지니고 있음을 의미하는 것으로서 장기간 교사로서 헌신하기보다는 상대적으로 짧은 기간 교사직을 감당하고 있음을 알 수 있다. 20년 이상 교사경력을 가진 교사는 32명으로서 3.7%에 불과하였다(〈표 12〉 참조).

〈표12〉 교사경력별 분포

| 구분 | 빈도 | 퍼센트 | 유효 퍼센트 |
|---|---|---|---|
| 2년 미만 | 210 | 24.2 | 24.3 |
| 2년 이상 – 5년 미만 | 298 | 34.4 | 34.5 |
| 5년 이상 – 10년 미만 | 199 | 23.0 | 23.1 |
| 10년 이상 – 20년 미만 | 124 | 14.3 | 14.4 |
| 20년 이상 | 32 | 3.7 | 3.7 |
| 계 | 863 | 99.5 | 100.0 |
| 무응답 | 4 | 0.5 | |
| 합계 | 867 | 100.0 | |

3) 담당부서별 분포

설문조사에 응답한 교사의 담당부서별 분포는 영·유아부, 유치부, 아동부, 중고등부, 대학청년부, 성인·노인부 등으로 분류하여 살펴볼 때, 아동부가 372명으로서 43%를 차지하였고, 그 다음이 중·고등부로서 268명으로 30.9%를 차지하였다.

〈도표10〉 담당부서별 분포

(n=866)

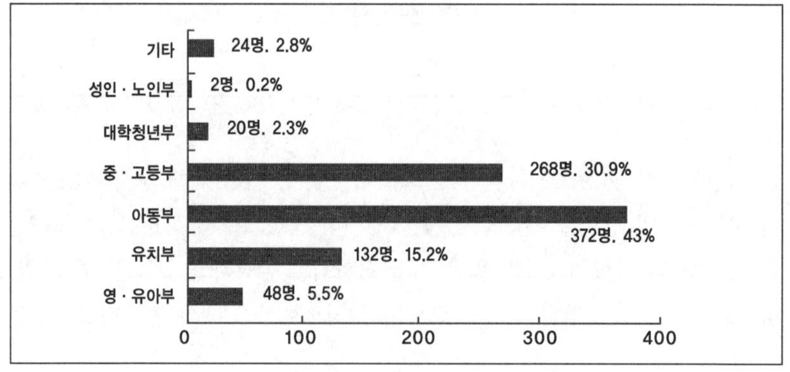


4) 지역별 및 교회규모별 분포

본 설문조사에 응답한 교사들이 속한 교회의 지역별 분포는 서울, 수도권 신도시, 대도시, 중소도시, 농어촌 등으로 분류하여 파악하였는데, 수도권 신도시를 별도로 범주화한 것은 서울 근교의 도시, 예컨대 분당이 속해 있는 성남, 일산 등이 지니는 지역적 특성이 일반적인 중소도시와는 성격이 다르기 때문이다. 서울지역의 교회가 529명으로서 응답자의 61.1%를 차지하였고, 수도권 신도시가 16.4%, 중소도시가 11.1%, 대도시가 7.5%, 그리고 농어촌지역이 3.1%를 차지하는 것으로 나타났다(〈도표11〉 참조).

설문조사에 응답한 교사들이 출석하는 교회의 규모별 분포는 성인출석인

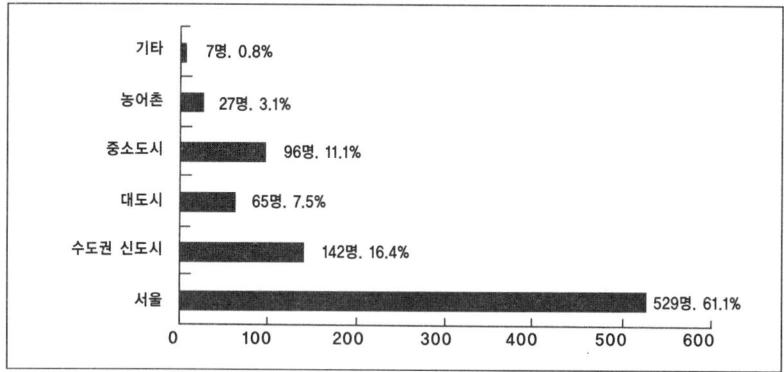

〈도표11〉 응답자가 속한 교회의 지역별 분포

(n=866)



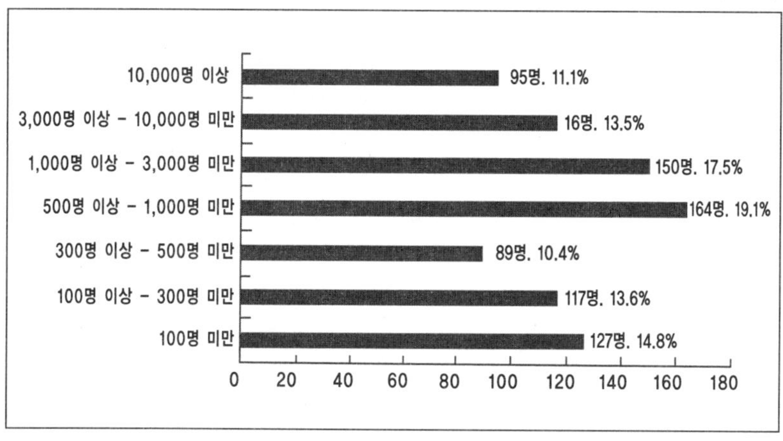

〈도표12〉 교회규모(성인출석인원)별 분포

(n=858)



원을 기준으로 파악하였다. 이 중에서 500명 이상 1,000명 미만이 19.1%로서 가장 높았고, 그 다음이 1,000명 이상 3,000명 미만이 17.5%를 차지하였고, 10,000명 이상의 소위 대형교회는 11.1%, 100명 미만의 소형교회는 14.8%를 차지하였다.

교회의 지역별 분포와 규모별 분포를 교차분석해보면, 전체적으로 서울과 대도시일수록 대형교회가 많은 비중을 차지하고, 중소도시와 농어촌으로 갈수록 소형교회가 많은 비중을 차지하는 것으로 나타나고 있다. 특히 농어촌의 경우는 66.7%가 100명 미만의 교회여서 지역 특성에 따라 교인수가 분명하게 차이나는 것으로 나타나고 있다(〈표13〉 참조).

〈표13〉 교회의 지역별 분포에 따른 교회규모(성인출석인원) 분포

| | 서울 | 수도권 신도시 | 대도시 | 중소도시 | 농어촌 | 기타 | 합계 |
|---|---|---|---|---|---|---|---|
| 100명 미만 | 8.6% | 23.9% | 23.1% | 14.6% | 66.7% | 14.3% | 14.7% |
| 100명 이상–500명 미만 | 22.5% | 22.5% | 23.1% | 32.3% | 22.2% | 71.4% | 24.0% |
| 500명 이상–1,000명 미만 | 24.4% | 13.8% | 9.2% | 9.4% | 7.4% | – | 19.1% |
| 1,000명 이상–3,000명 미만 | 15.8% | 18.1% | 16.9% | 31.3% | – | 14.3% | 17.5% |
| 3,000명 이상 | 28.6% | 21.7% | 27.7% | 12.5% | 3.7% | – | 24.6% |
| 합계 | 100.0% | 100.0% | 100.0% | 100.0% | 100.0% | 100.0% | 100.0% |

$x^2$= 137.466, p=.000

## D. 설문조사 결과분석

교사교육에 관한 설문의 내용은 1) 교사교육 실시여부와 실시형태, 2) 교사상, 3) 교사교육의 성격, 4) 교사양성교육과 계속교육, 5) 교사교육에 대한 견해, 6) 교사교육의 과정, 7) 교사교육 행정, 8) 교사교육 개선방안 등으로 영역화하여 각각을 파악하기 위한 질문들로 제시되었다.

### 1) 교사교육 실시여부와 실시형태
교사교육의 실시여부를 묻는 설문에 대해서는 전체의 81%인 700명이 실시하고 있다고 응답하였으며, 19%인 164명은 실시하고 있지 않다고 응답하

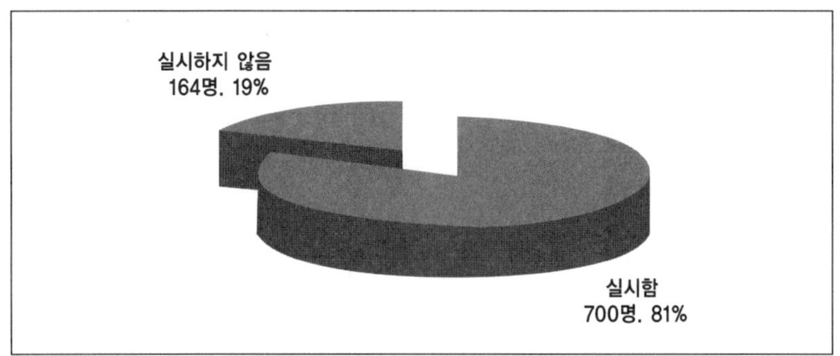




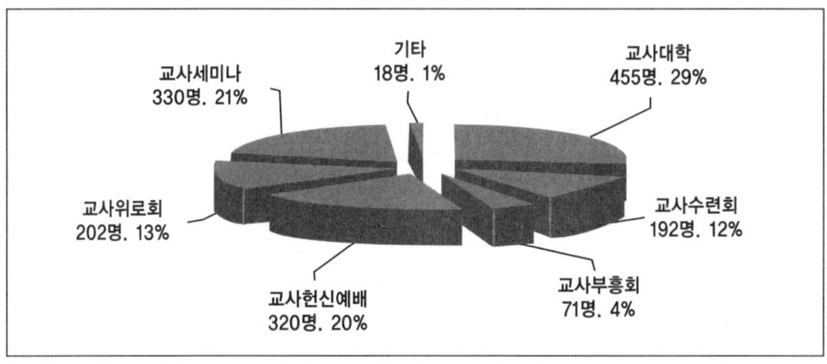


였다. 여기에서의 교사교육은 다양한 형태를 포함하고 있는데, 19%의 응답 교사들은 어떤 형태의 교사교육도 이루어지고 있지 않다고 보고하고 있다(〈도표13〉 참조).

교사교육의 실시형태를 파악하기 위해 교사대학, 교사수련회, 교사부흥회, 교사헌신예배, 교사위로회, 교사세미나 등으로 분류하여 복수응답을 할 수 있도록 하였는데, 교사대학의 형태로 교사교육이 이루어지는 경우가 가장 많은 29%를 차지하였고, 그 다음이 교사세미나로서 21%를 차지하였다. 즉 50%가 교사대학 혹은 교사세미나의 형태로 교사교육이 이루어지고 있음을

<표14> 교사교육을 실시하지 않는 이유

| 구　분 | 빈도 | 퍼센트 |
|---|---|---|
| 교회의 규모가 너무 작아서 | 68 | 34.0 |
| 교육에 관심이 부족해서 | 59 | 29.5 |
| 외부의 다른 교사교육에 참여하기 때문에 | 15 | 7.5 |
| 필요를 느끼지 않아서 | 13 | 6.5 |
| 참석률이 저조해서 | 25 | 12.5 |
| 기타 | 20 | 10.0 |
| 합계 | 200 | 100.0 |

<표15> 교회의 지역별 특성에 따른 교사교육 실시여부

| 구　분 | | 서울 | | 대도시 | | 농어촌 | 기타 | 전체 |
|---|---|---|---|---|---|---|---|---|
| 실시한다 | 빈도 | 453 | 109 | 50 | 71 | 14 | 3 | 700 |
| | 교회위치의 % | 85.8% | 76.8% | 76.9% | 74.0% | 56.0% | 42.9% | 81.1% |
| 실시하지 않는다 | 빈도 | 75 | 33 | 15 | 25 | 11 | 4 | 163 |
| | 교회위치의 % | 14.2% | 23.2% | 23.1% | 26.0% | 44.0% | 57.1% | 18.9% |
| 전체 | 빈도 | 528 | 142 | 65 | 96 | 25 | 7 | 863 |
| | 교회위치의 % | 100.0% | 100.0% | 100.0% | 100.0% | 100.0% | 100.0% | 100.0% |

$x^2$= 30.243, p=.000

알 수 있다. 정규적인 교사교육이라고 할 수는 없지만 교육적 성격을 지닌 교사헌신예배는 전체 응답자의 20%가 실시한다고 응답했으며, 교사수련회는 12%, 교사부흥회는 단지 4%의 교회만이 실시하고 있는 것으로 나타났다(<도표14> 참조).

　교사교육을 실시하지 않는 경우, 그 이유는 교회의 규모가 작기 때문이라고 응답한 경우가 가장 많아서 34%에 해당하고, 그 다음이 교육에 관심이 부족하기 때문이라고 응답한 경우인데, 29.5%를 차지하고 있다. 참석률이 저조하기 때문이라고 응답한 교사도 12.5%나 되었는데, 규모가 작은 경우와 참석률 저조 이유를 합하면 46.5%가 현실적으로 교사교육을 할 수 있는 여건이 되지 않기 때문이라고 할 수 있다(〈표14〉 참조).

교회의 지역적 특성에 따른 교사교육 실시여부를 분석해보면 의미있는 결과를 얻을 수 있는데, 서울에서부터 수도권 신도시와 대도시, 그리고 중소도시, 농어촌으로 갈수록 실시하는 비율이 현저히 낮아짐을 알 수 있다. 서울은 실시하는 경우가 85.8%였으나, 점점 낮아져 농어촌지역에서는 실시하는 경우가 56%에 불과하였다(〈표15〉 참조). 교사교육 실시에 있어서도 지역격차가 심각한 것으로 나타나고 있는데 교사교육을 실시하지 않으면 양질의 교사가 세워질 수 없게 되고 결국 질 낮은 교육이 이루어질 수 밖에 없다. 이런 점에서 농어촌지역은 빈곤의 악순환이 계속되어 환경과 시설이 열악한 상황에서 교사마저 제대로 교육을 받을 수 없는 실정이다.


## 2) 교사상

교사교육에 가장 중요하게 다루어야 할 요소가 교사상이다. 어떤 교사상을 추구하느냐에 따라 전혀 다른 교사교육이 가능하기 때문이다. 교사들이 생각하는 바람직한 교사상을 파악하기 위해 크게 다섯가지 유형의 교사로

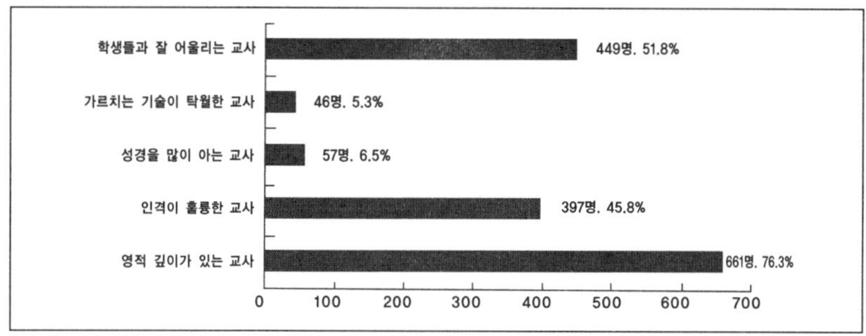

〈도표15〉 교사들이 중요하게 생각하는 교사상

(복수응답, n=866)

〈표16〉 성별에 따른 교사상의 차이

| 구　분 | | 남자 | 여자 | 합계 |
|---|---|---|---|---|
| 영적인 깊이가 있는 교사 | 빈도 | 229 | 430 | 659 |
| | 성별의 % | 69.0% | 80.5% | 76.1% |
| 인격적으로 훌륭한 교사 | 빈도 | 75 | 74 | 149 |
| | 성별의 % | 22.6% | 13.9% | 17.2% |
| 성경을 많이 아는 교사 | 빈도 | 5 | 7 | 12 |
| | 성별의 % | 1.5% | 1.3% | 1.4% |
| 가르치는 기술이 탁월한 교사 | 빈도 | 6 | 6 | 12 |
| | 성별의 % | 1.8% | 1.1% | 1.4% |
| 학생들과 잘 어울리는 교사 | 빈도 | 17 | 17 | 34 |
| | 성별의 % | 5.1% | 3.2% | 3.9% |
| 합계 | 빈도 | 332 | 534 | 866 |
| | 성별의 % | 100.0% | 100.0% | 100.0% |

$x^2$= 15.365, p=.004

분류하여 제시하고 반응을 분석하였다. 영적인 깊이가 있는 교사, 인격적으로 훌륭한 교사, 성경을 많이 아는 교사, 가르치는 기술이 탁월한 교사, 그리고 학생들과 잘 어울리는 교사 등이다. 영성, 인성, 지성, 기술, 관계 중에서 어느 것을 가장 중요하게 생각하는 지를 파악하는 것이다. 복수선택을 가능하게 한 이 설문에서 661명이 응답해서 76.3%를 차지한 것이 영적 깊이가 있는 교사였다. 교회학교의 교사는 다른 일반학교의 교사와는 달리 영성이 깊은 교사상을 추구하고 있음을 알 수 있다. 두 번째는 학생들과 잘 어울리는 교사로서 449명, 51.8%의 교사들이 응답하였고, 세 번째는 인격이 훌륭한 교사로서 397명, 45.8%가 응답하였다. 성경을 많이 아는 교사는 불과 57명, 6.5%만이 반응했으며, 가르치는 기술이 탁월한 교사는 그보다도 더 적은 46명으로서 5.3%가 응답하였다(〈도표15〉 참조). 전통적인 교사대학이 가장 중요시하고 있는 두 주제영역이 있다면 '성경지식' 과 '가르치는 기술' 이라고 할 수 있는데 실제 교사들은 이 두 가지에서 뛰어난 교사가 되는 것이 크게 중요한 것을 아니라고 인식하고 있는 것이다. 그동안의 교사교육에 있어서 인성, 관계, 그리고 무엇보다 영성에 대한 관심이 부족했던 것을 돌아보게 하는 결과이다.

성별로 추구하는 교사상의 차이를 살펴보면 의미있는 결과를 얻을 수 있는데, 전체적인 선호도는 비슷하지만 여교사(80.5%)가 남교사(69.0%)보다 영적인 깊이가 있는 교사를 더 중시하는 경향이 있고, 상대적으로 남교사(22.6%)가 여교사(13.9%)보다 인격적으로 훌륭한 교사를 더 중시하는 경향이 있음을 알 수 있다(〈표16〉 참조).

교사들이 생각하는 교회교육의 교사상을 더 심도있게 파악하기 위해, 자신이 영향을 받은 교회학교 교사가 어떤 이미지의 교사이었는지를 질문하였다. 자신에게 영향을 준 교회학교 교사가 없다고 응답한 70명(8.3%) 외에는 모두 영향을 준 교사의 상(像)을 말하고 있는데, 가장 많은 빈도를 보인 것은 '영적 깊이가 있는 교사' 로서 38.8%에 달하였다. 교회학교 교사는 역시 영적인 깊이가 있는 교사여야 함을 보여주고 있다. 그 다음은 '인격이 훌륭한 교사' 로서 29.4%, 그리고 '학생들과 잘 어울리는 교사' 가 18.9%를 차지하는 것으로 나타나고 있다. 이러한 결과는 앞에서 교사의 중요한 자질을 묻는 질문과는 약간 상이한 것인데, 학생들과 잘 어울리는 교사가 되는 것을 중요시 하면서도 결국 영향을 받는 것은 그 보다는 인격적으로 훌륭한 교사에 의해서임을 알 수 있다. 그리고 가르치는 기술이 좋은 교사나 성경을 많이 아는 교사는 큰 비중을 차지하지 못하는 것으로 나타났다(〈도표16〉 참조).

교사들이 생각하는 교사의 이미지는 티모디 라인즈(Timothy A. Lines)의 책 『*Functional Images of the Religious Educator*』에서 언급되는 교육자의 다양한 이미지들을 제시하고 반응을 분석하였다. 부모, 코치, 과학자, 비

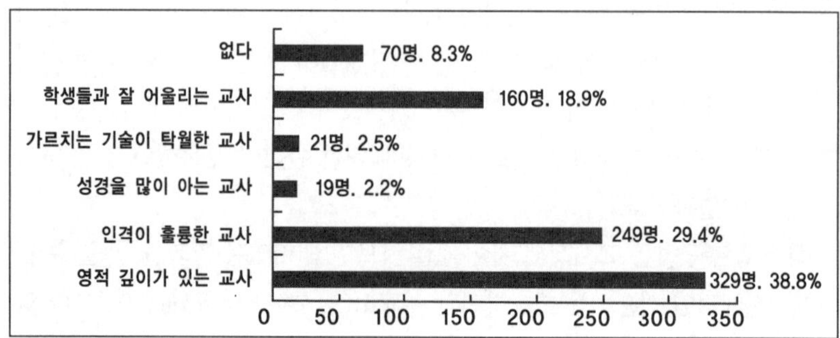

〈도표16〉 나에게 영향을 준 교사



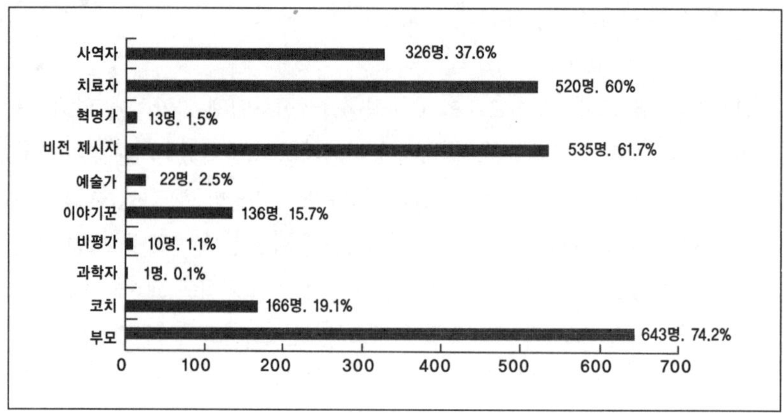

〈도표17〉 교사의 이미지



평가, 이야기꾼, 예술가, 비전제시자, 혁명가, 치료자, 사역자 등의 이미지 중에서 가장 높은 비중을 차지한 것은 부모로서 643명(74.2%)이 응답하였다. 그 다음이 비전제시자로서 61.7%(535명), 치료자 60%(520명), 사역자 37.6%(326명) 순이었다. 그리고 가장 적은 반응을 보인 것은 과학자로서 0.1%(1명), 비평가 1.1%(10명) 등이었다. 여기서 알 수 있는 것은 부모, 비전제시자, 치료자 등 '관계'를 중시하는 이미지가 방법이나 기술을 중시하는 이미지보다 높은 비중을 차지한다는 점이다(〈도표17〉 참조).

3) 교사교육의 성격

교사교육에서 다루어야할 많은 내용이 있겠지만 어떤 영역이나 주제가 가장 중요한가? 이러한 우선순위의 문제는 교사교육의 커리큘럼 작성에 있어서 가장 중요한 기준이 될 것이다. 본 설문조사에서는 교사교육의 내용영역을 1)성경지식, 2)신앙성숙, 3)인격도야, 4)교수기술, 5)학생이해의 다섯 가지 영역으로 분류하여 제시하고 교사들의 응답을 살펴보았다. 그 중 가장 강조되어야 할 영역으로는 신앙성숙을 꼽았는데 482명, 56%의 교사가 응답하였다. 이는 교사의 신앙성숙이 교사교육에 있어서 가장 중요하며, 교사교육은 교사의 신앙성숙을 근간으로 하는 양육체제가 되어야 함을 보여주는 근

<도표18> 교사교육시 강조해야할 영역

(n=862)

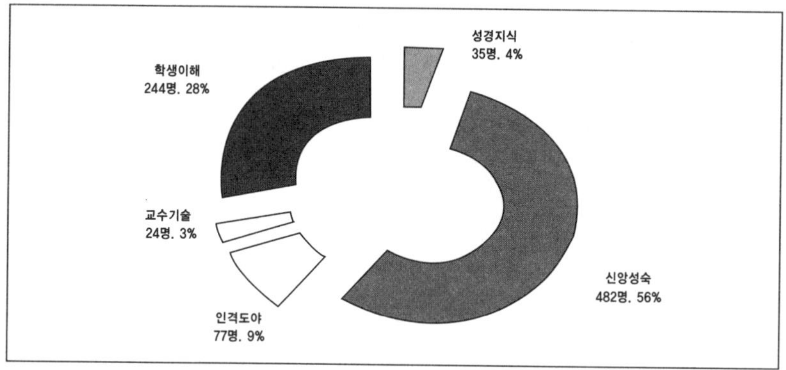


거가 될 수 있다. 그 다음은 244명, 28%의 교사가 학생이해라고 응답하였고, 인격도야는 9%, 성경지식은 4%, 그리고 교수기술은 3%에 불과하였다.

교사교육에서 실제적으로 도움을 받은 과목에 대해서는 학생이해에 관련된 과목의 비중이 가장 높았는데 37%, 298명의 교사들이 응답하였고, 그 다음이 성서관련 과목으로서 22%, 174명, 교회교육 실제과목이 20%, 160명이 반응하였다. 기독교교육 이론과목(9%)이나 신학과목(4%)은 큰 비중을 차지

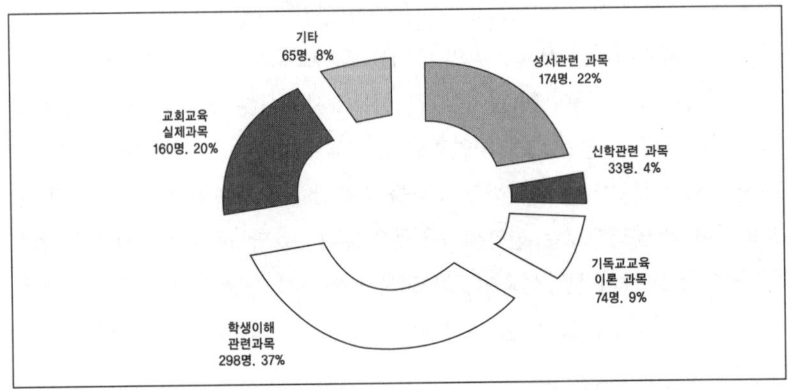
〈도표19〉 교사교육에서 도움을 받은 과목　　　　(n=804)



〈표17〉 이론과 실제 교육의 균형 정도

| 구분 | 빈도 | 퍼센트 | 유효 퍼센트 |
| --- | --- | --- | --- |
| 이론에 치중되어 있다 | 398 | 45.9 | 48.4 |
| 실제에 치중되어 있다 | 79 | 9.1 | 9.6 |
| 이론과 실제가 균형을 이루고 있다 | 208 | 24.0 | 25.3 |
| 두 가지 다 실패하고 있다 | 112 | 12.9 | 13.6 |
| 기타 | 26 | 3.0 | 3.2 |
| 계 | 823 | 94.9 | 100.0 |
| 무응답 | 44 | 5.1 | |
| 합계 | 867 | 100.0 | |

하지 못하는 것으로 나타나고 있다. 이 결과는 교사교육에 있어서 교육에 실제적으로 도움이 되는 과목을 선호하고 있음을 보여준다.

〈표17〉을 살펴보면 교사교육이 이론과 실제 중에서 어느 쪽으로 편중되었는 지에 대해서는 거의 절반 정도인 48.4%가 이론에 치중되어 있다고 응답하였으며, 실제에 치중되어 있다고 응답한 경우는 9.6%에 불과하였다. 이론

과 실제가 균형을 이루고 있다고 긍정적으로 대답한 경우는 25.3%였으며, 두 가지 다 실패하고 있다고 극단적인 부정적 입장을 나타낸 경우도 13.6%나 되었다. 결국 72% 정도가 이론이나 실제에 치우쳐 있거나 둘 다 실패하고 있다는 부정적 응답이었으며, 이론과 실제 중에서는 이론에 보다 치우쳐 있다는 비판적 시각을 지니고 있다.

아래의 〈도표20〉을 보면 교사교육의 회수는 연 2회 실시가 가장 많은 비중을 차지하였는데, 345명이 응답하여 41.1%에 해당한다. 연 1회 실시하는 교회는 29.2%였으며, 실시하지 않고 있는 경우도 12.5%에 달하였다. 반면에 연 3회 이상 실시하는 경우는 14.7%였으며, 연중 무휴로 실시하는 경우도 2.5%에 해당된다. 전반적으로 볼 때 일년에 두 번 정도 교사교육이 이루어지는 경향이 있음을 알 수 있다.

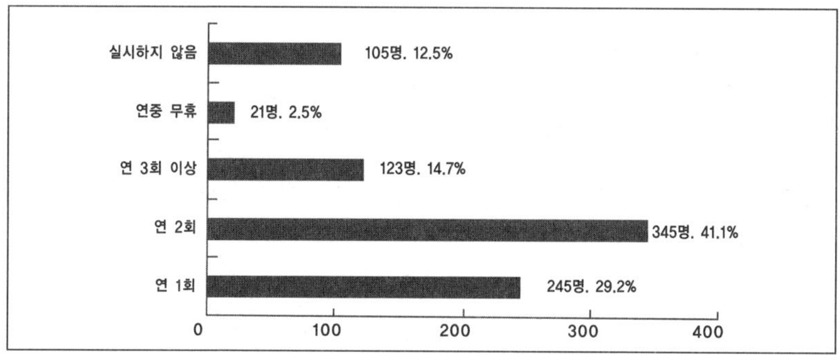

〈도표20〉 교사교육의 회수

(n=839)



교사교육의 수강시간은 5시간 미만이 전체의 28.3%를 차지하고 있으며, 5시간 이상 10시간 미만이 27.7%를 차지함으로 전체의 56%가 10시간 미만의 교사교육이 이루어지고 있음을 알 수 있다. 이는 교사교육을 받지 않았다는 응답을 합할 경우 68%로서 전체의 3분의 2가 10시간이내의 교사교육을 받거나 그나마도 받지 못하는 실정임을 알 수 있다(〈표18〉 참조).

〈표18〉 교사교육 수강시간

| 구분 | 빈도 | 퍼센트 | 유효 퍼센트 |
|---|---|---|---|
| 5시간 미만 | 239 | 27.6 | 28.3 |
| 5시간 이상 – 10시간 미만 | 234 | 27.0 | 27.7 |
| 10시간 이상 – 15시간 미만 | 123 | 14.2 | 14.5 |
| 15시간 이상 – 20시간 미만 | 53 | 6.1 | 6.3 |
| 20시간 이상 | 93 | 10.7 | 11.0 |
| 교사교육을 받지 않았다 | 104 | 12.0 | 12.3 |
| 계 | 846 | 97.6 | 100.0 |
| 무응답 | 21 | 2.4 | |
| 합계 | 867 | 100.0 | |

## 4) 교사양성교육과 교사계속교육

교사교육은 크게 교사양성교육과 교사계속교육으로 나눌 수 있는데, 이 두 가지 교사교육이 모두 개설되어 실시되고 있는 경우는 전체의 17.9%였으며, 둘 중 하나만 실시되거나 통합되어 실시되는 경우가 가장 많은 43.5%를 차지하였다(〈표19〉 참조).

교사양성교육과 교사계속교육 개설을 교회규모와 관련하여 분석하면 의미있는 결과를 알 수 있는데, 교회규모가 클수록 이 두 종류의 교사교육을 분리하여 실시하고 있는 것으로 나타났다. 성인출석인원 3,000명 이상의 대형교회는 41.7%가, 그리고 1,000명 이상 3,000명 미만의 교회는 20.7%가 둘 다 개설되어 있다고 응답하였다. 그러나 100명 이상 500명 미만의 교회는 3.5%, 그리고 100명 미만의 교회는 단지 0.8%만이 둘 다 개설하고 있다. 교사양성교육과 교사계속교육 모두를 실시하지 않는 경우는 100명 미만의 교회는 72.4%인데 비해서, 성인출석수가 증가할수록 그 비율은 점점 낮아지는 것을 볼 수 있다(〈표20〉 참조).

〈표19〉 신임교사 양성교육과 교사계속교육 개설

| 구분 | 빈도 | 퍼센트 | 유효 퍼센트 |
|---|---|---|---|
| 구분되어 둘 다 개설되고 있다 | 152 | 17.5 | 17.9 |
| 둘 중 하나만 실시되거나 통합되어 실시되고 있다 | 370 | 42.7 | 43.5 |
| 둘 다 실시되고 있지 않다 | 305 | 35.2 | 35.9 |
| 기타 | 23 | 2.7 | 2.7 |
| 계 | 850 | 98.0 | 100.0 |
| 무응답 | 17 | 2.0 | |
| 합계 | 867 | 100.0 | |

〈표20〉 교회규모(성인출석인원)에 따른 신임교사 양성교육과 교사계속교육 별도개설

| 구 분 | | 100명 미만 | 100명 이상 - 500명 미만 | 500명 이상 - 1,000명 미만 | 1,000명 이상 -3,000명 미만 | 3,000명 이상 | 합계 |
|---|---|---|---|---|---|---|---|
| 구분되어 둘 다 개설 | 빈도 | 1 | 7 | 27 | 31 | 86 | 152 |
| | 출석인원의 % | 0.8% | 3.5% | 16.5% | 20.7% | 41.7% | 18.1% |
| 둘 중 하나만 실시되거나 통합 실시 | 빈도 | 31 | 73 | 87 | 87 | 86 | 364 |
| | 출석인원의 % | 25.2% | 36.9% | 53.0% | 58.0% | 41.7% | 43.3% |
| 둘 다 실시되지 않음 | 빈도 | 89 | 108 | 48 | 27 | 31 | 303 |
| | 출석인원의 % | 72.4% | 54.5% | 29.3% | 18.0% | 15.0% | 36.0% |
| 기타 | 빈도 | 2 | 10 | 2 | 5 | 3 | 22 |
| | 출석인원의 % | 1.6% | 5.1% | 1.2% | 3.3% | 1.5% | 2.6% |
| 합계 | 빈도 | 123 | 198 | 164 | 150 | 206 | 841 |
| | 출석인원의 % | 100.0% | 100.0% | 100.0% | 100.0% | 100.0% | 100.0% |

$x^2$= 242.711, p=.000

<도표21>을 살펴보면 교사가 되는 과정에 있어서 예비(신임) 교사교육을 받는 것을 필수적으로 하고 있는지에 대한 설문은 예비 교사교육이 없는 경우가 가장 많은 47%를 차지하는 것으로 나타났고, 있는 경우는 50%인데 필수적으로 하는 경우가 39%, 선택사항으로 하는 경우가 11%를 차지하였다. 이는 예비(신임)교사교육이 있는 경우는 대부분 이 과정을 교사가 되기 위한 필수적인 과정으로 설치하고 있음을 알 수 있다.

<도표21> 예비(신임) 교사교육의 필수 여부

(n=853)

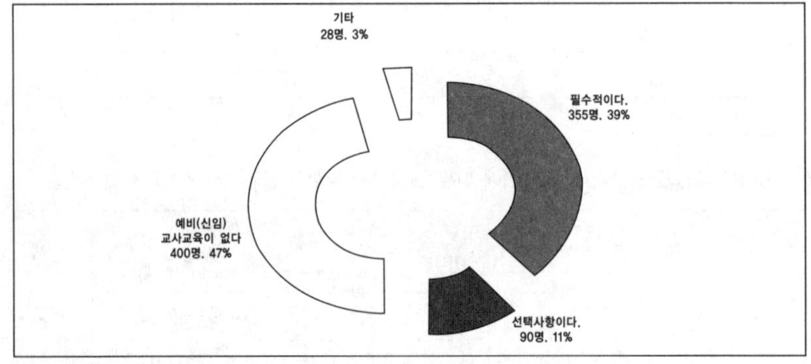


교사계속교육의 필수 여부에 대해서는 필수적이라는 응답이 424명으로서 50%를 차지하여서, 선택사항이라는 응답 217명, 25%보다 훨씬 많았는데, 많은 교회들이 계속교육을 교사들에게 의무적으로 이수하도록 하고 있음을 알 수 있다(<도표22> 참조).

5) 교사교육에 대한 견해

교사교육에 대한 교사들의 반응을 파악하기 위해 먼저 충분성과 적합성에 대한 설문을 하였는데, 먼저 현재 교사교육으로 충분한 교사교육이 이루어진다고 생각하는지에 대해서는 '매우 충분하다' 가 12.7%, '충분한 편이다' 가 35.2%, '보통이다' 가 31.6%를 차지하였다. 충분하다는 의견이 47.9%로

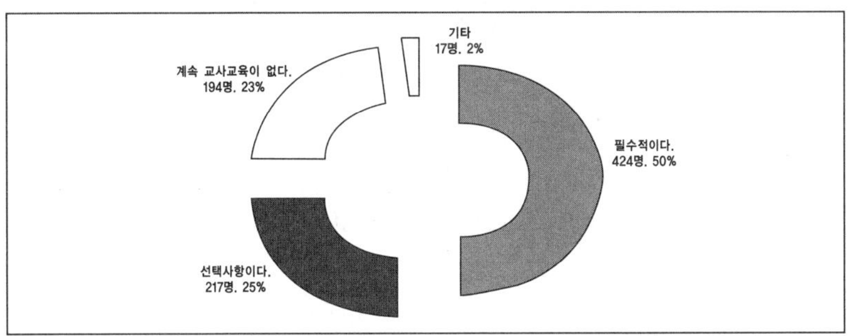



서 약 절반 정도인데, 이는 불충분하거나 매우 불충분하다고 응답한 20% 정도의 반응보다 훨씬 높은 비중이다.

교육현장에 대한 적합성은 전체적으로 보통(47.5%)이거나 적합한 편이다(31.6%)라고 응답한 경우가 많았다(〈표22〉 참조).

교회 내 교사교육 외에 도움이 되었던 교회 밖 교사교육에 대해서는 타 단

〈표21〉 교사교육의 충분성

| 구분 | 빈도 | 퍼센트 | 유효 퍼센트 | 평균 | 표준편차 |
|---|---|---|---|---|---|
| 매우 불충분하다 | 107 | 12.3 | 12.7 | | |
| 불충분한편이다 | 296 | 34.1 | 35.2 | | |
| 보통이다 | 266 | 30.7 | 31.6 | 2.62 | 1.00 |
| 충분한 편이다 | 150 | 17.3 | 17.8 | | |
| 매우 충분하다 | 23 | 2.7 | 2.7 | | |
| 계 | 842 | 97.1 | 100.0 | | |
| 무응답 | 25 | 2.9 | | | |
| 합계 | 867 | 100.0 | | | |

<표22> 교육현장에 대한 적합성

| 구분 | 빈도 | 퍼센트 | 유효 퍼센트 | 평균 | 표준편차 |
|---|---|---|---|---|---|
| 전혀 적합하지 않다 | 35 | 4.0 | 4.3 | | |
| 적합하지 않은편이다 | 112 | 12.9 | 13.6 | | |
| 보통이다 | 391 | 45.1 | 47.5 | 3.15 | 0.848 |
| 적합한 편이다 | 260 | 30.0 | 31.6 | | |
| 매우 적합하다 | 25 | 2.9 | 3.0 | | |
| 계 | 823 | 94.9 | 100.0 | | |
| 무응답 | 44 | 5.1 | | | |
| 합계 | 867 | 100.0 | | | |

<표23> 도움이 된 외부 교사교육

| 구분 | 빈도 | 퍼센트 | 유효 퍼센트 |
|---|---|---|---|
| 총회교육자원부의 교사대학 과정 | 50 | 5.8 | 6.1 |
| 노회주관의 교사교육 | 184 | 21.2 | 22.5 |
| 타 단체의 교사교육 | 204 | 23.5 | 24.9 |
| 도움받은 교사교육이 없음 | 330 | 38.1 | 40.3 |
| 기타 | 51 | 5.9 | 6.2 |
| 계 | 819 | 94.5 | 100.0 |
| 무응답 | 48 | 5.5 | |
| 합계 | 867 | 100.0 | |

체의 교사교육이 23.5%, 노회주관의 교사교육이 21.2%, 총회교육자원부의 교사대학 과정은 5.8%를 차지하였다. 그러나 도움받은 외부의 교사교육이 없다는 반응이 330명, 38.1%를 나타내었다(<표23> 참조).

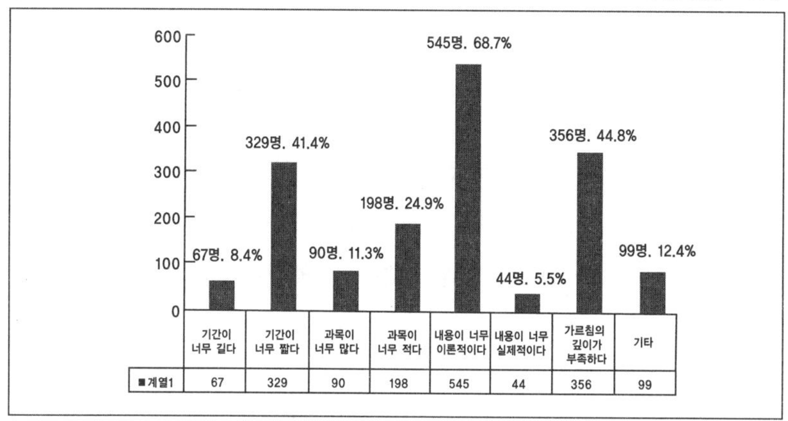

〈도표23〉 교사교육의 문제점

(복수응답, n=793)



〈도표23〉을 살펴보면 교사교육의 문제점으로는 다양한 반응을 보였는데, 가장 많은 빈도를 차지한 것은 내용이 너무 이론적이라는 점으로서 545명(68.7%)이 응답하였고, 그 다음이 가르침의 깊이가 부족하다는 지적이 356명(44.8%), 기간이 너무 짧다는 반응이 329명(41.4%)으로 나타나고 있다. 내용이 너무 실제적이라거나 기간이 너무 길거나 과목이 너무 많다는 응답은 거의 없는 것으로 나타나고 있다.

### 6) 교사교육의 과정

교사교육 담당자, 즉 가르치는 사람은 담당부서 교역자가 가장 많은 비중을 차지하고 있는데, 전체 중에 339명(41.5%)이 응답하였으며, 외부전문가가 35.9%, 담임목사 또는 부목사가 31.7%를 차지하였다. 동료교사에 의해서 이루어지는 교사교육은 2.2%에 불과함으로써 교사 스스로 교육하는 교사교육보다는 강사에 의존해 있는 교사교육이 이루어지고 있음을 알 수 있다(〈도표24〉 참조).

교사교육에서 사용하는 교육방법은 대부분을 차지하는 655명(81%)이 강

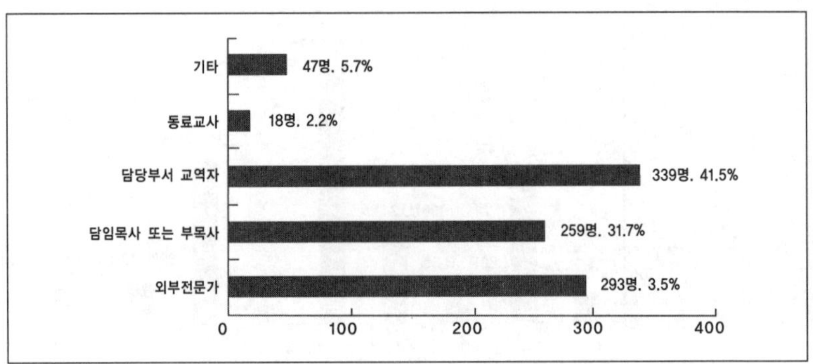



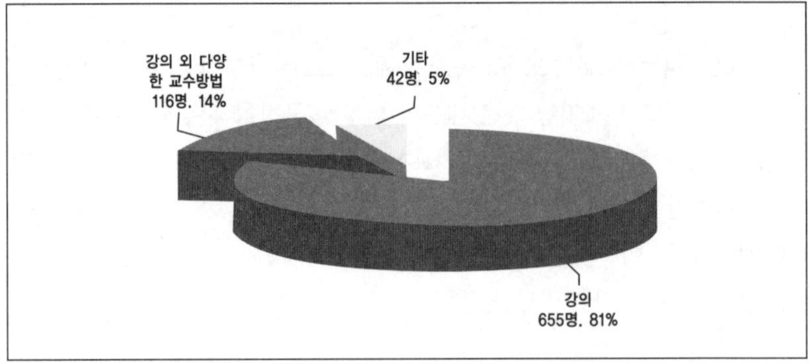



의에 의존하고 있다고 응답하였는데, 강의 외에 다양한 교수방법을 사용하는 경우는 14%에 불과한 것을 나타나고 있다(〈도표25〉 참조).

　교사교육이 대부분 강의식으로 이루어지고 있지만, 강의 외에는 어떤 다양한 교육방법들이 사용되고 있는지를 파악해 보면, 가장 많은 경우가 세미나로서 72.4%, 토의가 53.1%, 사례발표가 45%, 워크샵 36.7% 순으로 나타나고 있는데 그것은 〈도표26〉과 같다.

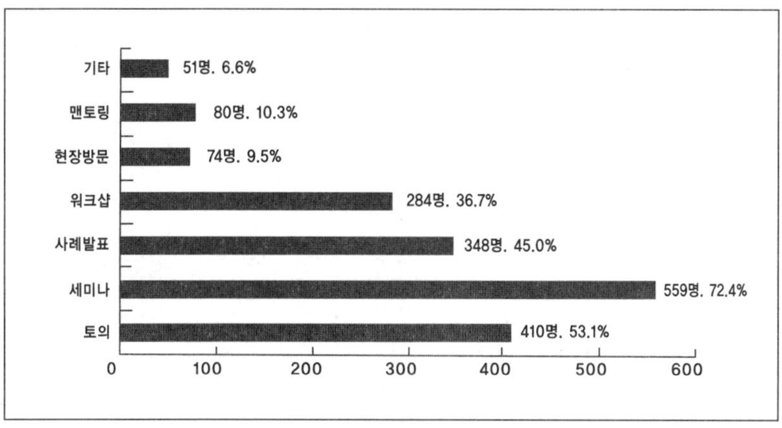

〈도표26〉 강의 이외의 교사 교육방법

(복수응답, n=772)



## 7) 교사교육 행정

교사교육을 주관하는 부서는 교육위원회나 교육부가 50.7%로서 가장 높은 비율을 보였고, 그 다음이 교회학교 각 부서로서 29.6%를 차지하였으며, 교사교육부가 별도로 있는 경우는 9.1%에 불과하였다(〈표24〉 참조).

〈표24〉 교사교육 주관부서

| 구분 | 빈도 | 퍼센트 | 유효 퍼센트 |
|---|---|---|---|
| 교사교육부가 별도로 있음 | 79 | 9.1 | 9.8 |
| 교육위원회 또는 교육부 | 440 | 50.7 | 54.5 |
| 교회학교 각 부서 | 239 | 27.6 | 29.6 |
| 기타 | 50 | 5.8 | 6.2 |
| 계 | 808 | 93.2 | 100.0 |
| 무응답 | 59 | 6.8 | |
| 합계 | 867 | 100.0 | |

성경학교나 수련회를 앞 둔 교사교육의 형태로는 강습회를 들 수 있는데, 노회에서 주최하는 강습회에 참여하는 경우가 410명, 47.3%로서 가장 많았고, 그 다음이 교회 자체 강습회로서 286명, 33%, 그리고 교회 밖 단체에서 주관하는 강습회가 116명, 13.4%를 차지하는 것으로 나타나고 있다.

〈표25〉 성경학교(수련회) 강습회 형태

| 구분 | 빈도 | 퍼센트 | 유효 퍼센트 |
|---|---|---|---|
| 노회에서 주최하는 강습회 | 410 | 47.3 | 48.9 |
| 교회 밖 단체(기관)에서 주관하는 강습회 | 116 | 13.4 | 13.8 |
| 교회 자체 강습회 | 286 | 33.0 | 34.1 |
| 기타 | 27 | 3.1 | 3.2 |
| 계 | 839 | 96.8 | 100.0 |
| 무응답 | 28 | 3.2 | |
| 합계 | 867 | 100.0 | |

자신이 보다 더 잘 가르치기 위해서 어떤 노력을 기울이는지를 묻는 설문에서 대부분의 경우는 큰 노력을 기울이지 않는 것으로 나타나고 있다. 자신의 교수행위를 교정받기 위해 별도의 기회를 갖고 있지 않다고 응답한 경우가 689명으로 79.5%를 차지하고 있고, 거울을 보면서 고치려고 하든지(9.1%), 가르치는 모습을 비디오로 찍어서 평가받는 경우(2.4%)는 거의 없는 것으로 나타나고 있다(〈표26〉 참조).

8) 교사교육 개선방안

교사교육을 어느 차원에서 담당해야 할 지를 묻는 설문에서(〈도표27〉 참조) 가장 많은 빈도를 보인 것은 교회학교 각 부서로서 360명, 42.3%가 응답하고 있으며, 그 다음이 개 교회 차원으로 313명, 36.8%, 그리고 노회(10.7%),

〈표27〉 교수법 교정방법

| 구분 | 빈도 | 퍼센트 | 유효 퍼센트 |
|---|---|---|---|
| 가르치는 모습을 비디오로 찍어서 평가받을 기회가 있다 | 21 | 2.4 | 2.5 |
| 자신이 거울을 보면서 고치려고 노력한다 | 79 | 9.1 | 9.3 |
| 별도의 기회를 갖지 않는다 | 689 | 79.5 | 81.3 |
| 기타 | 58 | 6.7 | 6.8 |
| 계 | 847 | 97.7 | 100.0 |
| 무응답 | 20 | 2.3 | |
| 합계 | 867 | 100.0 | |

총회(8.5%) 순으로 나타나고 있다. 이는 보다 현장적인 교사교육을 원하고 있음을 보여준다.

교사직 수행을 위해 동료 교사간의 상호작용을 파악해보면, 일상적인 대화 정도 나누는 것이 가장 많은 비중을 차지하고 있는데 360명, 42.3%가 응답하였으며, 종종 교사직에 대한 진지한 대화를 나누는 경우가 31.8%로 나

〈도표27〉 바람직한 교사교육 진행의 차원

(n=851)

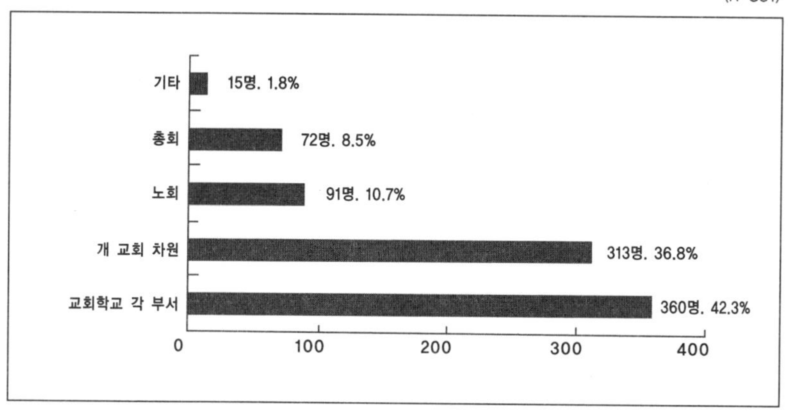

타나고 있다. 그러나 멘토와 같은 교사의 도움을 받고 있는 경우는 10%정도
에 불과했으며, 14.7%는 거의 교제가 없는 편이라고 응답하였다(〈표28〉 참조).

<표28> 교사직 수행을 위해 타 교사로부터 받는 도움의 형태

| 구분 | 빈도 | 퍼센트 | 유효 퍼센트 |
| --- | --- | --- | --- |
| 멘토와 같은 교사의 도움을 받고 있다 | 85 | 9.8 | 10.0 |
| 종종 교사직에 대한 진지한 대화를 나눈다 | 271 | 31.3 | 31.8 |
| 일상적인 대화를 나누는 수준이다 | 360 | 41.5 | 42.3 |
| 거의 교제가 없는 편이다 | 125 | 14.4 | 14.7 |
| 기타 | 11 | 1.3 | 1.3 |
| 무응답 | 852 | 98.3 | 100.0 |
| 계 | 15 | 1.7 | |
| 무응답 | 867 | 100.0 | |

〈도표28〉을 보면 교사들이 교육받기를 희망하는 교육내용의 영역은 가르
치는 기술(28%), 성경지식(24%), 신학지식(18%), 학생이해(15%), 교사의 신앙
성숙(11%), 문화이해(4%) 순으로 나타나고 있다.

교사들이 원하는 교사교육의 형태는 정기적이고 제도화된 교육이 42%로
가장 많았고, 교사 자체 연구모임도 27.4%가 응답하고 있어서 높은 비율을
보이고 있으며, 비정기적인 교사수련회나 세미나(13.1%), 노회나 연합회 차
원의 정기적인 교사교육(9.4%), 그리고 교사부흥회(6.8%) 순으로 나타나고
있다.

신앙성숙을 위해 교사 자신이 어떤 노력을 기울이고 있는지에 대해서는
43.8%인 373명이 개인적으로 경건의 시간을 갖고 있다고 응답했으며,

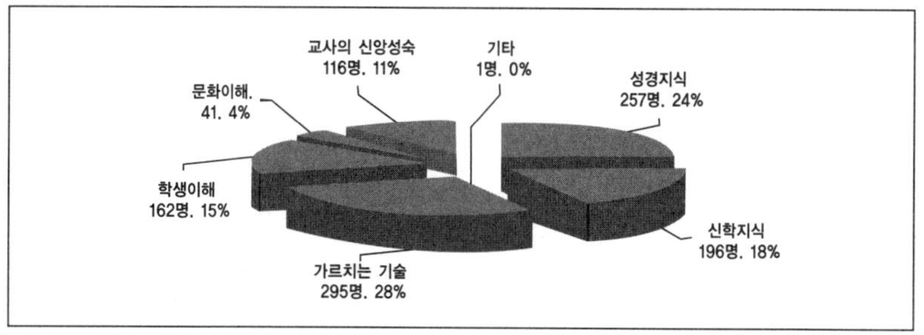

〈도표28〉 희망하는 교육내용 영역 (n=853)



〈표29〉 필요한 교사교육 형태

| 구분 | 빈도 | 퍼센트 | 유효 퍼센트 |
|---|---|---|---|
| 교사대학과 같은 정기적이고 제도화된 교육 | 358 | 41.3 | 42.0 |
| 비정기적인 교사수련회나 세미나 | 112 | 12.9 | 13.1 |
| 교사 자체 연구모임 | 234 | 27.0 | 27.4 |
| 노회나 연합회 차원의 정기적인 교사교육 | 80 | 9.2 | 9.4 |
| 교사부흥회 | 58 | 6.7 | 6.8 |
| 기타 | 11 | 1.3 | 1.3 |
| 계 | 853 | 98.4 | 100.0 |
| 무응답 | 14 | 1.6 | |
| 합계 | 867 | 100.0 | |

22.6%인 192명이 소그룹 성경공부반이나 제자훈련에 참여하고 있다고 응답하였다. 그리고 신앙서적을 읽는 정도가 18.4%를 차지하였으며, 예배 드리는 것 외에 거의 아무것도 하지 못한다고 응답한 교사도 14.3%(122명)나 되었다. 이것은 다음의 그림과 같이 나타낸다.

〈표30〉 신앙성숙을 위한 자신의 노력

| 구분 | 빈도 | 퍼센트 | 유효 퍼센트 |
|---|---|---|---|
| 예배 드리는 것 외에 거의 아무것도 하지 못한다 | 122 | 14.1 | 14.3 |
| 개인적으로 경건의 시간을 갖고 있다 | 373 | 43.0 | 43.8 |
| 소그룹 성경공부반이나 제자훈련에 참여하고 있다 | 192 | 22.1 | 22.6 |
| 신앙서적들을 읽는다 | 157 | 18.1 | 18.4 |
| 기타 | 7 | 0.8 | 0.8 |
| 계 | 851 | 98.2 | 100.0 |
| 무응답 | 16 | 1.8 | |
| 합계 | 867 | 100.0 | |

## 2. 교사교육에 대한 교역자 설문조사 결과분석

### A. 표집

본 설문조사는 본 교단 교회의 교회학교 담당 교역자들을 대상으로 하였다. 표집대상은 장로회신학대학교가 본 교단의 대표적인 교역자 양성기관으로서 전국교회를 대표하는 학생들이 재학하고 있기에 신학대학원(신학과, 목회연구과 포함) 전 학년과 신학과와 기독교교육과의 4개 학년 중 한 학년, 그리고 교육대학원 재학생들 중 교역자들이다. 설문조사는 9월 13일부터 24일까지 실시되었는데, 배포된 설문지는 총 1,300매였으며, 회수된 설문지는 총 684매로서 회수율은 52.6%였다.

## B. 통계분석

조사결과의 통계처리는 사회과학 통계프로그램인 SPSS를 사용하였고, 기본적으로 각 문항별 빈도와 백분율을 산출하였으며, 주요 배경 변인별 응답결과의 차이를 검증하였다. 또한 필요한 경우는 평균값, 표준편차, 유의도 검사, Chi-square 검증 등을 하였다.

## C. 표본의 구성

### 1) 설문응답 교역자의 성별, 연령별 분포

본 설문조사에 응답한 교역자의 성별 분포는 남자가 535명으로서 62%, 여자가 332명으로 38%를 차지하였다. 설문조사 응답자의 연령별 분포는 26세-30세가 가장 많은 217명으로서 32.3%를 차지하였고, 31세-35세는 171명으로서 25.4%를 차지하였다. 25세 이상에서는 연령이 증가할수록 비율이 점차 적어지고 있다. 아래의 그림과 같다.

〈도표29〉 연령별 분포

(n=672)

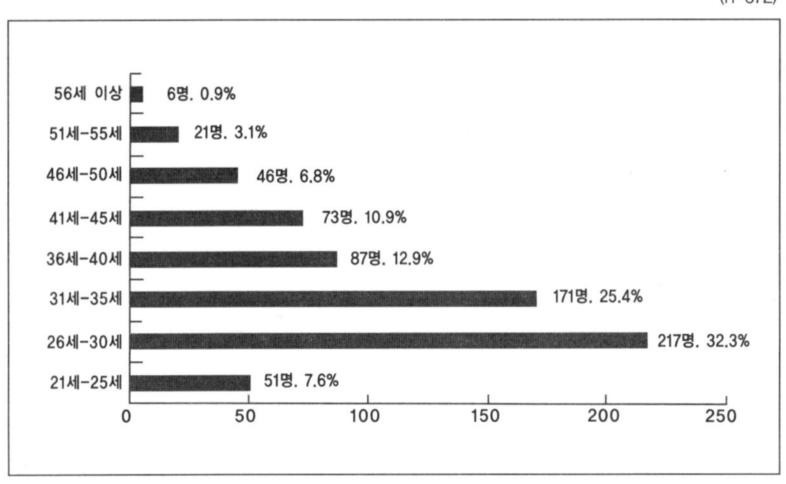

2) 교육경력

설문조사 응답 교역자의 교육부서 지도교역자 경력분포는 5년 이상의 오랜 교육담당 교역자의 경험을 가진 경력 교역자가 193명으로서 28.5%를 차지하여 가장 많았고 1년 미만의 경험을 지닌 교역자도 158명으로서 23.3%를 차지하였다(〈도표30〉 참조).

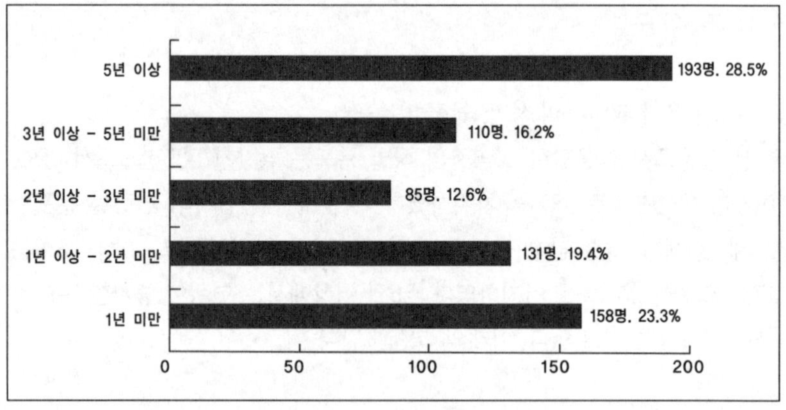

〈도표30〉 교육부서 지도교역자 경력에 따른 분포　　(n=677)



〈표31〉 교사경력별 분포

| 구분 | 빈도 | 퍼센트 | 유효 퍼센트 |
| --- | --- | --- | --- |
| 2년 미만 | 93 | 13.6 | 13.9 |
| 2년 이상 - 5년 미만 | 222 | 32.5 | 33.1 |
| 5년 이상 - 10년 미만 | 215 | 31.4 | 32.0 |
| 10년 이상 - 20년 미만 | 122 | 17.8 | 18.2 |
| 20년 이상 | 19 | 2.8 | 2.8 |
| 계 | 671 | 98.1 | 100.0 |
| 무응답 | 13 | 1.9 | |
| 합계 | 684 | 100.0 | |

설문조사에 응답한 교역자들의 교사경력은 2년 이상–5년 미만과 5년 이상–10년 미만이 각각 33.1%와 32.0%로서 비슷한 분포를 보이고 있으며, 10년 이상–20년 미만의 교사경력을 지닌 교역자도 18.2%, 그리고 20년 이상의 경력자는 2.8%로서 교역자들이 오랜 교사경력을 지니고 있는 사람들이 대부분임을 알 수 있다(〈표31〉 참조).

### 3) 담당 교육부서

설문응답 교역자들의 담당 교육부서는 아동부가 276명으로서 40.5%를 차지하였으며, 중·고등부가 201명으로서 29.5%를 차지하였다. 물론 아동부에는 초등학교에 해당되는 모든 부서가 포함되어 있고, 중·고등부는 중등부와 고등부를 포함하지만, 전체 설문응답자의 70%가 아동부와 중·고등부 담당 교역자들이었다. 유치부는 8.7%, 대학청년부는 8.4%, 그리고 영·유아부는 4.1%, 성인·노인부는 2.2%였다(〈도표31〉 참조).

〈도표31〉 담당부서별 분포

(n=682)

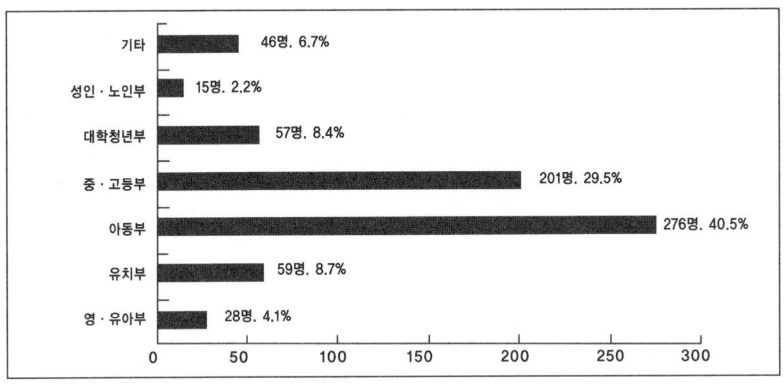


### 4) 응답자가 속한 교회의 지역별 특성 및 교회규모

설문응답자가 속한 교회의 지역별 특성을 살펴보면 서울이 전체의 58.6%로서 401명이었고, 수도권 신도시가 140명으로서 20.5%, 중소도시가 73명으로서 10.7%, 그리고 대도시(5.6%), 농어촌(3.8%) 순이었다(〈도표32〉 참조).

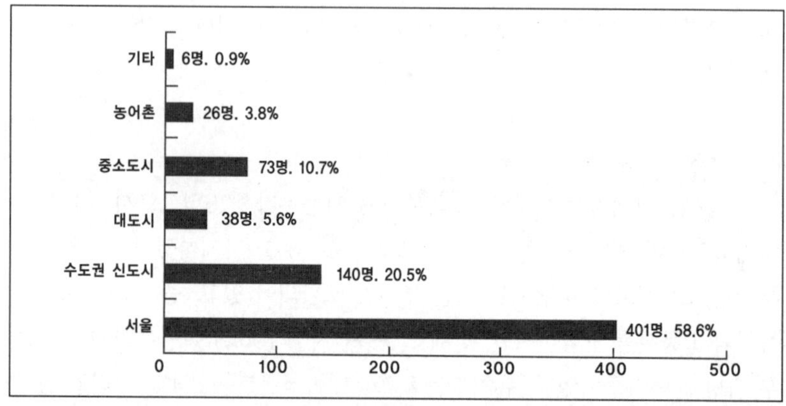

〈도표32〉 교회의 지역별 특성

(n=684)



　　설문응답 교역자들이 속한 교회의 성인출석인원은 다양하게 분포되어 있는데, 1,000명 이상-3,000명 미만(18.9%)과, 500명 이상-1,000명 미만(18.3%), 100명 이상-300명 미만(18.3%), 그리고 100명 미만(17.4%)이 거의 비슷한 비율로 나타나고 있다. 3,000명 이상-10,000명 미만도 5.4%를 차지하였고, 10,000명 이상의 교회도 6.9%를 차지하였다(〈도표33〉 참조).

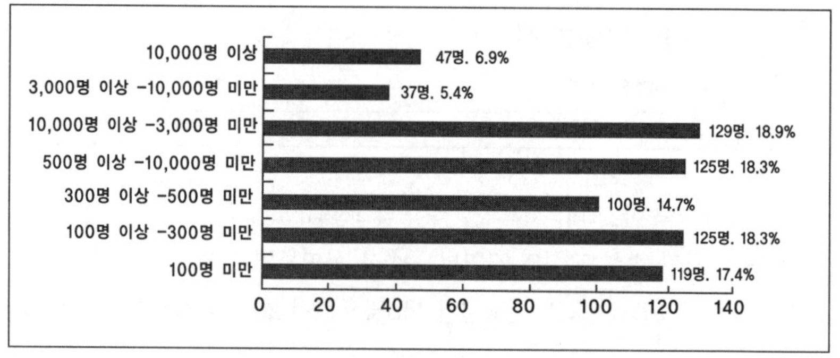

〈도표33〉 성인출석인원에 따른 분포

(n=682)

D. 설문조사 결과분석

1) 교사교육 실시여부와 교육형태

본 설문조사에 응답한 교역자들은 전체의 77%인 522명이 교사교육을 실
시하고 있다고 응답했으며, 23%인 156명만이 실시하지 않고 있다고 응답했
다. 이는 교사를 대상으로한 설문조사에서 81%가 실시하고 있다고 응답한
것과 큰 차이는 없는 것으로 나타나고 있다.

교사교육을 실시하지 않고 있다고 응답한 교역자들은 그 이유에 대해서
36.2%가 교회의 규모가 너무 작기 때문이라고 답하였으며, 교육에 관심이
부족하기 때문이라고 답한 응답자도 23.5%, 참석률이 저조하기 때문이라고
응답한 교역자는 13.8%를 차지하였다(〈표32〉 참조).

〈표32〉 교사교육을 실시하지 않는 이유

| 구　　분 | 빈도 | 퍼센트 |
|---|---|---|
| 교회의 규모가 너무 작아서 | 71 | 36.2 |
| 교육에 관심이 부족해서 | 46 | 23.5 |
| 외부의 다른 교사교육에 참여하기 때문에 | 14 | 7.1 |
| 필요를 느끼지 않아서 | 10 | 5.1 |
| 참석률이 저조해서 | 27 | 13.8 |
| 기타 | 28 | 14.3 |
| 합계 | 196 | 100.0 |

교사교육의 형태는 설문응답자의 57.1%가 교사대학의 형태로 교사교육을
실시하고 있다고 응답하였으며, 46.2%가 교사세미나, 39.7%가 교사헌신예
배, 그리고 교사위로회, 교사수련회, 교사부흥회 순으로 나타나고 있다. 이
는 교사들의 응답과 비슷한 분포라고 할 수 있다(〈도표34〉 참조).

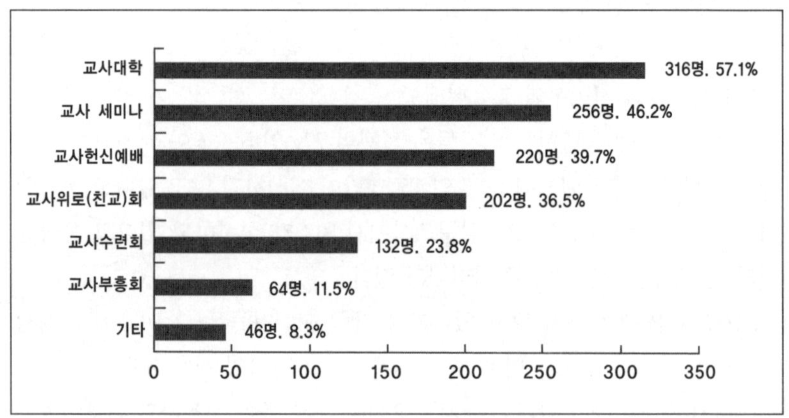



## 2) 교사상

　　교역자들이 생각하는 교사상과 교사들이 생각하는 교사상은 동일할까? 본 설문조사에 응답한 교역자들이 중요하게 생각하는 교사의 자질은 교사들의 것과는 의미있는 차이가 발견되고 있다. 교역자들은 '인격이 훌륭한 교사'를 가장 중요한 교사의 모습으로 꼽고 있었는데, 470명이 답하여 68.9%를 차지하고 있다. 그 다음이 '영적 깊이가 있는 교사'로서 65.1%, 그리고 '학생들과 잘 어울리는 교사'가 44.5%를 차지하고 있다. 이는 앞의 교사 설문지 분석 〈도표15〉에서 볼 수 있듯이 교사들이 '인격이 훌륭한 교사'를 가장 중요한 교사의 모습으로 선택(76.3%)하고 그 다음이 '영적 깊이가 있는 교사'(45.8%)인 것과는 대조적인 결과라고 할 수 있다. 간단히 말해 교역자들은 교사의 인격을 중시하는 반면 교사들은 교사의 영성을 보다 중요시하고 있음을 의미한다. 그러나 '인격'과 '영성', 그리고 '관계'를 중요시하고 있다는 점에서는 공통점을 지니고 있음을 부인할 수 없다.

　　교사의 자질에 관한 교역자들의 의식은 자신들이 영향받은 교사의 모습에서도 나타나는데, 가장 많은 영향을 준 교사상은 '인격이 훌륭한 교사'로서 36.7%, '영적 깊이가 있는 교사'가 30.5%, '학생들과 잘 어울리는 교사'가

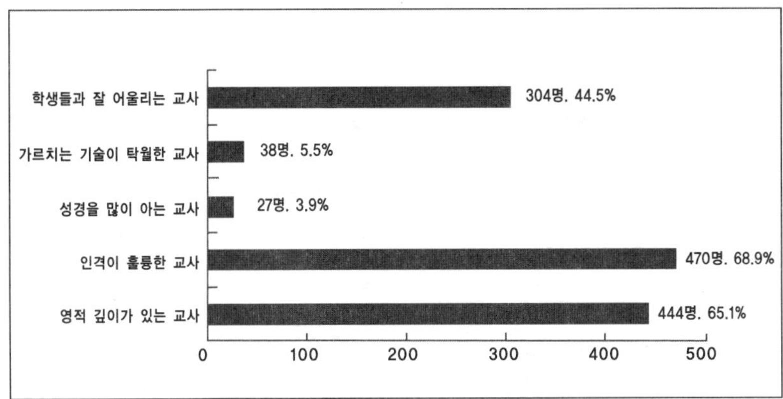





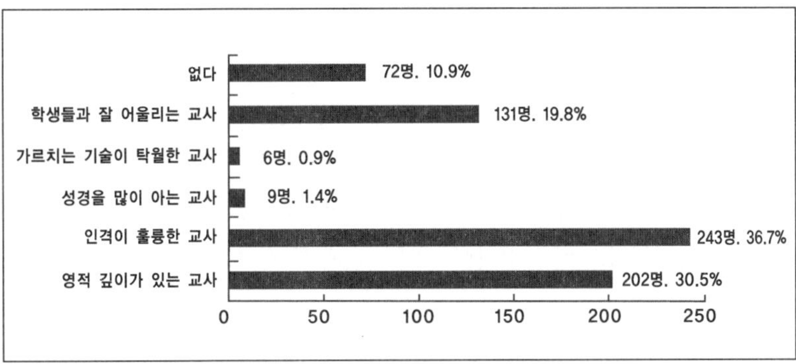



19.8% 순이었다. 이는 '영적 깊이가 있는 교사'로부터 가장 큰 영향을 받았다는 교사들의 응답과는 차이가 있는 것이다(〈도표37〉 참조).

교사의 이미지에 대해서는 교역자들이 교사들보다 부모로서의 이미지를 강조하고 있는데, 전체 교역자의 83.5%가 응답하여서 74.2%가 응답한 교사들보다 훨씬 높게 나타나고 있다. 다른 이미지들은 교역자와 교사 간에 비슷한 분포를 보이고 있다(〈도표38〉 참조).

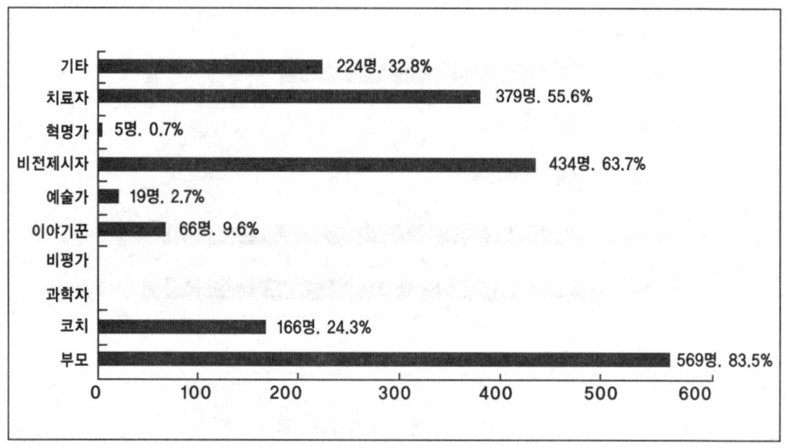

<도표38> 교사의 이미지

(n=681)



### 3) 교사교육의 성격

교역자들이 교사교육 시 강조해야할 영역이라고 인식하고 있는 것은 교사들의 인식과 거의 유사한 것으로 나타나고 있는데, 신앙성숙이 가장 높은 52.8%(교사의 경우 56%)였으며, 그 다음이 학생이해로서 29.8%(교사의 경우 28%), 그리고 인격도야, 성경지식, 교수기술 등의 순으로 나타나고 있다.

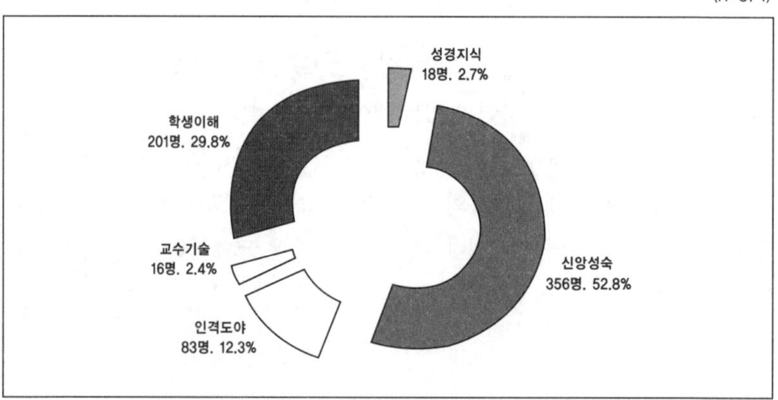

<도표39> 교사교육시 강조해야할 영역

(n=674)

교사교육에서 중요하게 다루어야 할 과목에 대해서도 교역자들의 반응은 교사들의 반응과 매우 유사한 것으로 나타났는데, 가장 높은 비율이 학생이해관련 과목으로서 39.3%(교사의 경우 37%)였으며, 그 다음이 성서관련 과목으로서 24.2%(교사의 경우 22%), 교회교육 실제 과목이 21.9%(교사의 경우 20%), 그리고 기독교교육이론 과목이 9.3%(교사의 경우 9%), 신학관련 과목이 2.2%(교사의 경우 4%) 등의 순으로 나타나고 있다(〈도표40〉 참조).

〈도표40〉 교사교육에서 중요하게 다루어야 할 과목

(n=670)

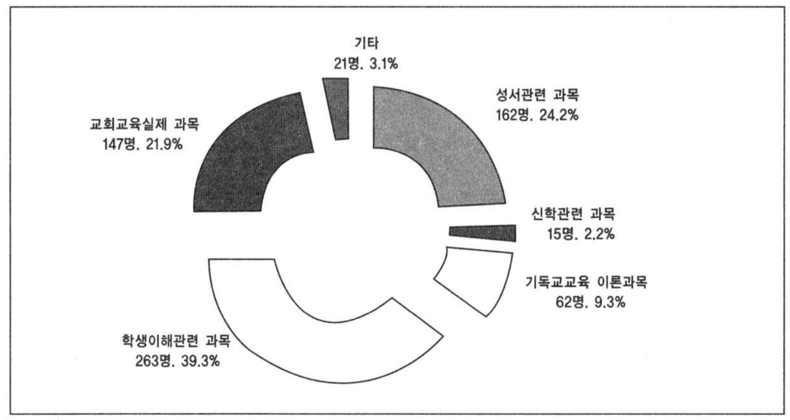


교사교육에 있어서 이론과 실제의 균형이 이루어지고 있는지에 대한 설문조사에서 교역자들은 교사들보다 더욱 이론적으로 편중되어 있음을 지적하고 있다. 실행되고 있는 교사교육이 이론에 치중되어 있다고 응답한 교역자는 333명으로서 전체의 49.7%에 해당되었고, 두 가지 다 실패하고 있다는 반응을 보인 교역자는 178명으로서 26.6%에 달하였다. 이는 교사교육이 이론에 치중되어 있다고 응답한 교사가 둘 다 실패하고 있다고 응답한 교사에 비해서 높은 비율을 보이고 있다. 특히 둘 다 실패하고 있다는 부정적인 평가에 있어서 교역자들이 교사들보다 약 두 배 정도 높게 나타나고 있다. 물

<표33> 교사교육에서 이론과 실제의 치중 정도

| 구분 | 빈도 | 퍼센트 | 유효 퍼센트 |
|---|---|---|---|
| 이론에 치중되어 있다 | 333 | 13.7 | 49.7 |
| 실제에 치중되어 있다 | 49 | 26.0 | 7.3 |
| 이론과 실제가 균형을 이루고 있다 | 94 | 2.3 | 14.0 |
| 두 가지 다 실패하고 있다 | 178 | 98.0 | 26.6 |
| 기타 | 16 | 2.0 | 2.4 |
| 계 | 670 | 100.0 | 100.0 |
| 무응답 | 14 | | |
| 합계 | 684 | | |

론 이론과 실제가 균형을 이루고 있다는 긍정적인 평가에 있어서는 교역자들의 14%만이 응답했는데 이는 교사들이 25.3%인 것에 비해서 매우 낮은 비율임을 알 수 있다.

### 4) 교사교육의 충분성과 적합성

현재의 교사교육이 교사교육으로서 충분한가에 대한 설문에서는 교역자들의 반응이 교사들보다 훨씬 부정적인 것으로 나타나고 있는데, 충분 정도에 대한 5단계 척도를 점수화할 때 교역자들의 평균점수는 2.18로서 2.62인 교사들의 평균점수보다 훨씬 낮게 나타나고 있다. 3.0이 충분과 불충분의 가운데라고 할 수 있는데, 교역자, 교사 모두 불충분하다고 인식하고 있지만, 특히 교역자들이 불충분하다고 보는 것이다. 구체적으로 살펴보면 교역자들의 26.9%가 교사교육이 매우 불충분한 것으로 보고 있으며(교사의 경우는 12.7%), 교역자의 39.8%가 불충분한 편으로 응답하고 있다(교사의 경우는 35.2%). 이는 교사들보다 교역자들이 교사교육이 이대로는 안된다는 위기의식을 느끼고 있음을 의미한다(<표34> 참조).

교사교육의 충분성에 대한 교역자들의 반응을 교회규모별로 분석해보면

〈표34〉 교사교육의 충분성

| 구분 | 빈도 | 퍼센트 | 유효 퍼센트 | 평균 | 표준편차 |
|---|---|---|---|---|---|
| 매우 불충분하다 | 176 | 25.7 | 26.9 | | |
| 불충분한편이다 | 261 | 38.2 | 39.8 | | |
| 보통이다 | 146 | 21.3 | 22.3 | 2.18 | 0.97 |
| 충분한 편이다 | 64 | 9.4 | 9.8 | | |
| 매우 충분하다 | 8 | 1.2 | 1.2 | | |
| 계 | 655 | 95.8 | 100.0 | | |
| 무응답 | 29 | 4.2 | | | |
| 합계 | 684 | 100.0 | | | |

의미있는 결과(p=.000)를 얻을 수 있는데, 교회규모가 적을수록 보다 불충분하게 느끼고 있음을 보여준다. 300명 미만의 성인출석교회의 경우는 226명 중 87명이 매우 불충분하다고 응답하고 있는 반면, 1,000명 이상의 성인출석교회의 경우는 209명 중 단지 32명만이 불충분하다고 응답하고 있다(〈표35〉 참조).

〈표35〉 교회규모에 따른 교사교육의 충분성

| 구 분 | 300명 미만 | 300명 –<br>1,000명 미만 | 1,000명 이상 | 합계 |
|---|---|---|---|---|
| 매우 충분하지 않다 | 87 | 57 | 32 | 176 |
| 충분하지 않은 편이다 | 92 | 99 | 70 | 261 |
| 보통이다 | 35 | 48 | 63 | 146 |
| 충분한 편이다 | 9 | 15 | 40 | 64 |
| 매우 충분하다 | 3 | 1 | 4 | 8 |
| 합계 | 226 | 220 | 209 | 655 |

$x^2$= 66.344, p=.000

교회에서 실행하고 있는 교사교육이 교회교육의 현장에 어느 정도 적합성 (relevancy)을 지니는지를 묻는 설문에서 교역자들은 보통이라고 응답한 경우가 가장 많았지만(46.3%) 적합하지 않은 편이라고 부정적으로 응답한 경우가 23.4%로서 적합한 편이라고 긍정적으로 응답한 경우인 21.5%보다 약간 높았다. 그래서 전체 점수를 평균해보면 2.90으로 나타나는데, 이는 교사들의 반응점수인 3.15보다는 훨씬 낮은 점수로서 교사들보다 교역자들이 교사교육이 현장에 보다 더 적합하지 않다고 인식하고 있음을 알 수 있다(〈표36〉 참조).

〈표36〉 교육현장에 대한 적합성

| 구분 | 빈도 | 퍼센트 | 유효 퍼센트 | 평균 | 표준편차 |
|---|---|---|---|---|---|
| 전혀 적합하지 않다 | 40 | 5.8 | 6.2 | | |
| 적합하지 않은편이다 | 150 | 21.9 | 23.4 | | |
| 보통이다 | 297 | 43.4 | 46.3 | 2.90 | 0.88 |
| 적합한 편이다 | 138 | 20.2 | 21.5 | | |
| 매우 적합하다 | 16 | 2.3 | 2.5 | | |
| 계 | 641 | 93.7 | 100.0 | | |
| 무응답 | 43 | 6.3 | | | |
| 합계 | 684 | 100.0 | | | |

교사교육의 적합성의 정도를 교회가 속한 지역별 특성과 교회규모에 따라 분석해보면 의미있는 결과를 얻을 수 있는데(p=.005, p=.000), 중소도시나 농어촌이 될수록 그리고 교회규모가 작아질수록 보다 더 적합하지 않다는 응답을 보이고 있다. 전혀 적합하지 않다는 반응만을 보더라도 서울의 경우는 5.5%인 것에 비해서, 중소도시 및 농어촌지역은 9.4%로서 상대적으로 높게 나왔으며, 1,000명 이상의 대형교회의 경우는 1.9%인 것에 비해서, 300명

미만의 소형교회의 경우는 10.1%로 나타나고 있다. 이는 교사교육의 충분성과 함께 교사교육이 지역적 특성이나 교회규모에 따라 큰 차이가 있음을 알 수 있다(〈표37, 38〉 참조).

〈표37〉 교회의 지역별 특성에 따른 교육현장에 대한 적합성

| 구 분 | 서 울 | 수도권 신도시 및 대도시 | 중소도시 및 기타 | 합 계 |
|---|---|---|---|---|
| 전혀 적합하지 않다 | 21 | 10 | 9 | 40 |
| 적합하지 않은 편이다 | 89 | 38 | 23 | 150 |
| 보통이다 | 175 | 81 | 41 | 297 |
| 적합한 편이다 | 93 | 30 | 15 | 138 |
| 매우 적합하다 | 5 | 3 | 8 | 16 |
| 합계 | 383 | 162 | 96 | 641 |

$x^2$= 21.792, p=.005

〈표38〉 교회규모에 따른 교육현장에 대한 적합성

| 구 분 | 300명 미만 | 300명-1,000명 미만 | 1,000명 이상 | 합 계 |
|---|---|---|---|---|
| 전혀 적합하지 않다 | 22 | 14 | 4 | 40 |
| 적합하지 않은 편이다 | 59 | 47 | 44 | 150 |
| 보통이다 | 92 | 111 | 94 | 297 |
| 적합한 편이다 | 35 | 40 | 63 | 138 |
| 매우 적합하다 | 9 | 4 | 3 | 16 |
| 합계 | 217 | 216 | 208 | 641 |

$x^2$= 30.437, p=.000

5) 교사교육과 목회와의 연계

교사교육이 목회의 다른 교육과정과의 연계 정도를 묻는 설문에서 교역자들의 대부분인 75.7%가 연계되어 있지 않다고 응답하였다. 교역자들의 15.7%는 교사가 되기 위해서 이수해야 하는 연계 교육과정이 개설되어 있다고 응답하였으며 6.6%는 교사들을 위한 성서대학이나 목회프로그램이 있다고 응답하였다. 이러한 결과는 전체적으로 교사교육이 별도로 시행되고 있으며, 목회적 구조 안에서 교사양성이 제대로 고려되고 있지 않음을 보여준다. 교사교육이 단순한 지식전수나 기술획득만이 아니라 신앙성숙이 기초되어야 하기에 목회의 다른 교육과정과 연계되어 지속적으로 교사를 양육해 가는 구조가 필요한데도, 현실적으로는 연계 교육이 잘 이루어지고 있지 못하다. 아래의 그림에서 살펴볼 수 있다.

〈표39〉 목회와의 연계

| 구분 | 빈도 | 퍼센트 | 유효 퍼센트 |
|---|---|---|---|
| 연계 교육과정이 있다 | 96 | 14.0 | 15.7 |
| 성서대학이나 목회프로그램이 있다 | 40 | 5.8 | 6.6 |
| 연계되어 있지 않다 | 462 | 67.5 | 75.7 |
| 기타 | 12 | 1.8 | 2.0 |
| 계 | 610 | 89.2 | 100.0 |
| 무응답 | 74 | 10.8 | |
| 합계 | 684 | 100.0 | |

6) 교사교육의 참여비율

교사교육에 과연 어느 정도의 교사들이 참여하고 있는가? 교역자들에게 교사들의 참여율을 묻는 설문에서 전체적으로 반정도의 교사들이 참여하고 있음을 알 수 있다. 30%이상-50% 미만과 50% 이상-70% 미만이 비슷한 정도로 높게 나왔는데 각각 28.4%, 29.1%를 차지하였으며, 70% 이상-90% 미만이 22%, 30%도 참여하지 않는 경우가 15.2%, 그리고 90%이상 참여하는 경우는 단지 5.2%인 것으로 나타나고 있다.

〈표40〉 교사교육 참여비율

| 구분 | 빈도 | 퍼센트 | 유효 퍼센트 |
|---|---|---|---|
| 30% 미만 | 90 | 13.2 | 15.2 |
| 30% 이상 – 50% 미만 | 168 | 24.6 | 28.4 |
| 50% 이상 – 70% 미만 | 172 | 25.1 | 29.1 |
| 70% 이상 – 90% 미만 | 130 | 19.0 | 22.0 |
| 90% 이상 | 31 | 4.5 | 5.2 |
| 계 | 591 | 86.4 | 100.0 |
| 무응답 | 93 | 13.6 | |
| 합계 | 684 | 100.0 | |

7) 바람직한 교사교육의 진행 차원

교사교육의 실시를 어느 차원에서 실행하고 그 주체가 누구여야 할 것인가의 설문에서는 교역자들이 '개 교회 차원'에서 교사교육을 실시하는 것을 가장 선호하고 있음을 알 수 있다. 전체의 49%인 335명이 개 교회 차원에서의 진행을 바람직하다고 여겼으며, 교회학교 각 부서별로 이루어져야 한다고 생각하는 교역자들은 137명으로 20%를 차지하는 것으로 나타났다. 그 다음이 노회(13.2%), 총회(9.8%) 순이었다(〈도표41〉 참조).

이러한 결과는 교사들을 대상으로 한 설문조사와는 큰 차이를 보이는 것으로서, 교사들은 교회학교 각 부서별로 교사교육이 이루어져야 한다는 응답이 가장 높은 42.3%이고, 그 다음이 개 교회 차원으로 36.8%이었다. 즉 교사들은 각 부서별로 교사교육이 이루어지기를 희망하는 반면, 교역자들은 개 교회 차원에서 교사교육이 이루어지는 것이 바람직하다고 여기고 있다. 이는 교회현장에서 교사교육이 이루어져야 한다는 점에서는 공통적이지만 교역자들은 자신들이 그 교사교육을 책임적으로 담당하기보다는 교회차원에서 체계적으로 수행하기를 원하고, 교사들은 보다 실제적으로 각 부서 안에서 교사교육이 이루어지기를 원하는 것으로 추정된다.

〈도표41〉 바람직한 교사교육 진행의 차원

(n=652)

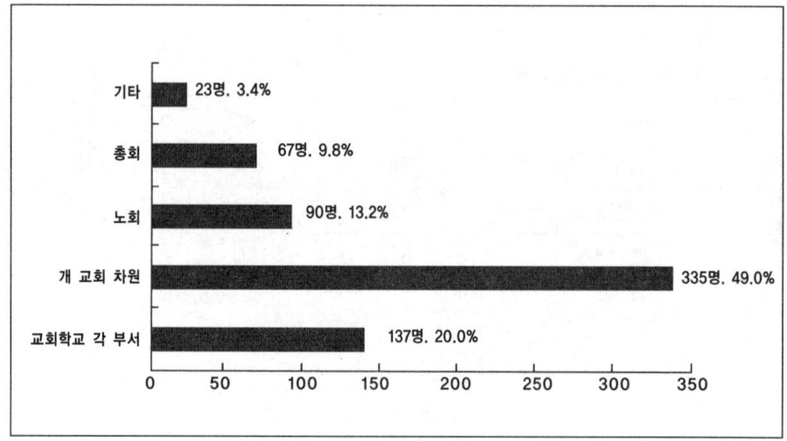


### 8) 교사교육의 강조영역

교사교육에서 더 강조해야 할 영역으로 교역자들은 신앙성숙을 가장 중요하게 꼽고 있는데, 교역자 전체의 50.6%인 330명이 응답하였으며, 그 다음이 학생이해로 41.1%, 그리고 문화이해(18.5%), 가르치는 기술(11.9%), 성경지식(10.5%), 신학지식(3.5%) 순으로 나타나고 있다. 교역자들은 무엇보다 교사들의 신앙성숙이 가장 중요하며, 그리고 학생들을 이해하고 그들과 관계를 맺는 영역을 중요시하며, 그 다음으로 기술과 지식을 들고 있는 것이다.

　이러한 결과는 교사들을 대상으로 한 설문조사와는 차이가 있는 것으로서, 교사들의 설문결과에서는 가르치는 기술이 28%로서 가장 높았고, 그 다음이 성경지식(24%), 신학지식(18%), 학생이해(15%), 그리고 그 다음이 신앙성숙(11%), 문화이해(4%)로 나타나고 있다. 즉 교사들은 가르치는 기술과 전달할 지식에 초점을 두고 있는 반면에 교역자들은 교사들의 신앙성숙과 학생이해를 중요시하는 차이를 나타내 보이고 있다(〈도표42〉 참조).

〈도표42〉 교사교육의 강조영역

(n=652)

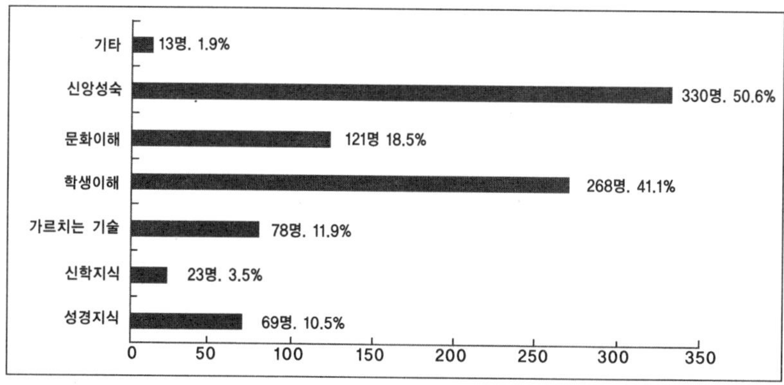


### 9) 성공적인 교사상

　교역자들은 교사들과 마찬가지로 성공적인 교사상으로 '학생을 사랑하는 교사'를 가장 높게 평가하고 있으며(60.4%), 그 다음이 '신앙적으로 본이 되는 교사'(47.6%)였으며, '신념을 갖고 소신껏 가르치는 교사'(7.3%) '학생을 많이 출석시키는 교사'(3.0%) 순으로 꼽고 있는 것으로 나타난다. 그리고 '성경지식이 많은 교사'는 교사 설문결과와 마찬가지로 가장 낮은 비율인 0.7%로 나타나고 있다. 한마디로 교역자들은 '학생을 사랑하고 신앙적으로 본이 되는 교사'를 성공적인 교사로 생각하는 것으로 요약할 수 있다.

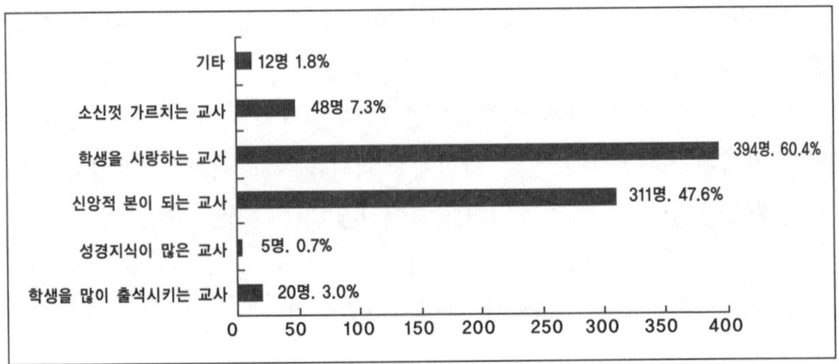

〈도표43〉 성공적인 교사상

(복수응답, n=652)



## 3. 지역교회 교사교육 사례 분석

　교사 및 교역자를 대상으로 한 설문조사와 함께 보다 구체적으로 한국교회 교사교육을 진단하기 위해서 지역교회의 교사교육의 사례와 총회 교육자원부의 교사교육의 사례를 분석하려고 한다. 분석의 틀은 크게 일곱 가지 기준에 의해서 마련되었다. 첫째는 교사교육의 형태로서 학교식 체제(Schooling System)인지 아니면 양육 체제(Nurturing System)인지, 혹은 그 밖의 체제인지를 구분하는 기준이다. 둘째는 교사교육의 내용 영역별 분류로서 성경지식, 신앙성숙, 인격도야, 교수기술, 학생이해 등으로 나누어 볼 때 어느 영역을 강조하고 있는지를 파악하는 기준이다. 셋째는 교사교육에 있어서 이론과 실제의 치중 여부를 가늠하는 기준이다. 넷째는 교사교육의 시간 또는 회수로서 양적인 분류방식이다. 다섯째는 교사교육이 교사양성교육과 교사계속교육으로 분화되어 있는지를 파악하는 기준이다. 여섯째는 교수방법의 분류로서 강의식, 토의식, 워크샵, 현장참여 등으로 나누어 볼 때 어느 정도 다양한 방법이 사용되고 있느냐의 기준이다. 마지막으로 일곱째는 각 교사교육이 지니는 독특성을 파악하는 것이다.

사례분석의 대상 교회는 새문안교회, 영락교회, 소망교회이며, 총회 교육 자원부의 교사대학 1-3단계 과정과 새 교사대학 과정도 분석하였다. 위의 세 교회를 선택한 것은 한국교회 전체의 교사교육의 실태를 파악하기 위한 것이라기보다는 대표적인 교회의 경향을 살피려는 것이다. 또한 이 사례 분석은 이들 교회와 총회 교사교육에 대해 평가하려는 목적을 지닌 것은 아니며, 단지 현재 이루어지고 있는 교사교육의 현황을 파악하려는 데에 그 목적이 있다.

### 1) 새문안교회 교사교육

새문안교회는 올해로 창립 117년을 맞는 한국 최초의 조직교회로서 교회학교, 특히 교사교육에 많은 관심을 갖고 있는 교회이다. 새문안교회의 교사교육은 기본적으로 교사대학의 형태를 띠고 있다. 2004년도 1학기에 실시된 교사대학은 '제40기 교사대학'으로서 매주 화요일 저녁에 모여서 13회의 강좌에 참여하는 것으로 되어 있다. 이수학점은 총 100학점으로 하고 있는데, 출석이 75학점, 교안작성 제출이 10학점, 부서탐방이 10학점, 그리고 탐방보고서가 5학점으로 구성되어 있다. 교사대학에서 다루는 교육내용은 도표에 나타난 바와 같은데, 성경지식 2과목, 신학지식 4과목, 기독교교육 3과목, 교수기술 2과목, 신앙성숙 2과목 등으로 구성되어 있다.

교사교육에 있어서 이론과 실제의 분포를 볼 때 개설과목들은 대부분 이론적인 영역에 속해있다고 할 수 있지만, '교회학교 교안작성 및 워크샵'이라는 실제과목이 있고 부서탐방을 별도 10학점으로 규정하고 있어서 실제현장에서 교사교육이 이루어질 수 있도록 배려하고 있는 모습을 볼 수 있다. 교사교육은 신규교사 교육과정과 기존교사 재교육과정이 구분되어 있으며, 재교육과정은 보다 교사들의 다양한 필요를 채워주는 특강형식으로 이루어지고 있다. 그리고 재교육의 일환으로 교사특성화 교육을 실시하고 있는데, 찬양인도자 교육이나 워십댄스, 조형 및 환경구성, 특별활동 지도교사, 상담교사, 성가대 사역자, 영상 및 음향 담당자, 서기 및 회계, 총무 등의 교사들에게 그 업무에 관련된 특성화 교육을 실시하고 있다.[62] 교사대학에서의 교수방법은 주로 강의식으로 이루어지는 경향이 있으며, 토의식, 워크샵 그리고 부서탐방 등이 보완적으로 시행되고 있다. 새문안교회의 교사대학의 특징은 필수적인 강좌만을 개설하여 강좌수를 최소화하는 한편, 교안작성 제출 및 부서탐방을 의무화해 실제적인 교사교육이 되도록 노력하고 있다는 점이다. 전통적인 구조를 바꾸지 않으면서도 교사들에게 실제적인 도움을 주고자 하는 '이론중심, 실제보완'의 형태라고 할 수 있다.

〈표40〉 새문안교회 교사대학 교육과정 (2004년도)

| 강의 | 날짜 | 강의제목 |
|---|---|---|
| 제1강 | 3월9일 | 개강예배 및 오리엔테이션 |
| 제2강 | 3월16일 | 구약성서 개관 |
| 제3강 | 3월23일 | 신약성서 개관 |
| 제4강 | 3월30일 | 조직신학 개관 |
| 제5강 | 4월6일 | 예배와 기독교교육 |
| 제6강 | 4월13일 | 인간발달과 기독교교육 |
| 제7강 | 4월27일 | 반 목회와 교사의 지도력 |
| 제8강 | 5월4일 | 교회교육과 상담 |
| 제9강 | 5월11일 | 교회교육과 선교 |
| 제10강 | 5월18일 | 교사와 영성 |
| 제11강 | 5월25일 | 교회학교 교안 작성 및 워크샵 |
| 제12강 | 6월1일 | 각 부서 오리엔테이션 |
| 제13강 | 6월8일 | 교회학교 교사의 헌신 |

---

62) 윤광서, "전통교회모델에서의 교사교육-새문안교회 사례를 중심으로"『교육교회』(2004. 9), 48-49.

2) 영락교회 교사교육

영락교회는 우리 교단만이 아니라 한국교회의 상징적인 교회임을 누구나 인정하는 교회로서, 교사교육도 체계적으로 이루어지고 있는 교회이다. 영락교회의 교사교육은 별도로 조직된 교사교육부에서 주관하는데 교사대학의 형태를 띠고 있다. 명칭 자체에는 교사대학이라는 용어를 사용하지 않고 '교사양성반 교육과정' 또는 '교사계속교육반 교육과정' 등으로 부르고 있다. 각 교육과정은 연중 계속해서 진행되는데 1학기와 2학기로 구분되어 매주일 실시되고 있다. 교사양성반의 경우 교육기간은 3월부터 6월까지(1학기) 17주의 기초과정을 이수해야 하며, 7월에는 교회학교 하계활동에 참여하는 현장체험 학습이 있고, 8월말부터 11월말까지 2학기가 진행되는데 15주의 심화과정을 이수하도록 되어 있다. 교육시간은 매주일 아침 8:30부터 시작되는데 경건회, 조별소개, 그리고 강의(90분), 조별 나눔활동 등으로 진행된다. 교사양성반의 교육내용 영역별 분포를 살펴보면 성경지식 2과목(구약개관, 신약개관), 신학지식 5과목(예배학, 교회사, 선교학, 교리, 기독교윤리학), 기독교교육 5과목(교수법, 소그룹/반 목회, 발달심리학, 학생문화이해, 교안작성), 인격도야 2과목(기질검사 1, 2), 신앙성숙 5과목(QT훈련, 전도1,2, 개강예배, 수료예배), 교수기술 4과목(부서탐방, 현장의 소리, 발표회1-3, 특수부서 이해) 등이다.

이론과목과 실제과목의 분포에 있어서는 교육시간 안에서 공식적으로 수행되는 수업에는 이론중심 과목이 주종을 이루고 있다. 그러나 부서탐방을 6회에 걸쳐서 실시하고 발표회를 3회에 걸쳐 실시하며, 특히 여름 현장활동에 참여케 함으로 실제적인 교사교육이 이루어지도록 노력하고 있다. 교수방법도 강의를 주로 하고 있지만 워크샵 탐방, 현장참여 등의 다양한 방법으로 교사교육을 실시하고 있다고 할 수 있다.

영락교회의 교사교육은 전통적인 체제 안에서 과감하게 실제적인 교사교육이 되도록 기존 구조를 변형시켜서 통합적인 교사교육을 지향하려는 구조를 지니고 있다. 교사교육에 있어서 매 회마다 경건회를 진행한다는 점, 부서탐방 및 타 교회탐방을 강조하고 있다는 점, QT훈련 및 각종 발표회 그리고 독후감(4회)과 기도문(2회) 제출 등으로 자기를 표현하고 자기 삶을 나누는 훈련을 하고 있는 점, 그리고 여름 현장활동에 참여토록 하는 점 등은 '교사대학' 체제를 유지하면서도 실제적인 '교사훈련'이 가능하도록 구조화하고 있음을 알 수 있다. 교사계속교육반 교육과정에서는 토론 4회, 타 교회탐방 5회, 그리고 발표회 3회 등을 통해 주입식 교육에서 벗어나 교사 스스로 문제를 파악하고 이를 해결할 수 있도록 돕는 방식을 취하고 있다.

〈표41〉 교사양성반 교육과정(2004년도)

1학기 교육과정

| 일시 | 주차 | 과목 | 강의주제 |
|---|---|---|---|
| 3/7 | 1 | 개강예배 | 교사의 정체성 |
| 3/14 | 2 | 기질검사(Ⅰ) | 자신의 성격이해 |
| 3/21 | 3 | 기질검사(Ⅱ) | 관계형성 |
| 3/28 | 4 | 성경(Ⅰ) | 구약개관 |
| 4/4 | 5 | 성경(Ⅱ) | 신약개관 |
| 4/11 | 6 | 말씀묵상 | QT 훈련 |
| 4/18 | 7 | 교수법 | 효과적인 강의전달 |
| 4/25 | 8 | 부서탐방(Ⅰ) | |
| 5/2 | 9 | 예배학 | 예배의 신학적 기초 |
| 5/9 | 10 | 가족 주일 휴강 | |
| 5/16 | 11 | 교회사 | 한경직 목사와 한국교회 |
| 5/23 | 12 | 선교학 | 선교의 어제와 오늘 |
| 5/30 | 13 | 부서탐방(Ⅱ) | |
| 6/6 | 14 | 교리 | 장로교 교리, 요리문답 |
| 6/13 | 15 | 기독교윤리학 | 상황 윤리적 주제 고찰 |
| 6/20 | 16 | 부서탐방(Ⅲ) | |
| 6/27 | 17 | 현장의 소리 | 각부 교사 초청과 대화 |

| 일시 | 주차 | 과목 | 강의주제 |
|---|---|---|---|
| 8/22 | 1 | 소그룹/반목회 | 실제적인 나눔의 기법 |
| 8/29 | 2 | 발표회(Ⅰ) | 여름활동 보고 발표회 |
| 9/5 | 3 | 문화 | 현대문화현상의 이해 |
| 9/12 | 4 | 절기행사 | 절기의 이해와 행사 준비 |
| 9/19 | 5 | 발달심리학 | 학습자 이해 |
| 9/26 | 6 | | 부서탐방(Ⅳ) |
| 10/3 | 7 | 전도학(Ⅰ) | 전도폭발 복음제시 암기 |
| 10/10 | 8 | 전도학(Ⅱ) | 전도의 소명과 실제 |
| 10/17 | 9 | 교안작성 | |
| 10/24 | 10 | | 부서탐방(Ⅴ) |
| 10/31 | 11 | | 부서탐방(Ⅵ) |
| 11/7 | 12 | 특수부서이해 | 장애인의 이해 |
| 11/14 | 13 | 발표회(Ⅱ) | 타 교회탐방 보고 발표회 |
| 11/21 | 14 | 발표회(Ⅲ) | 내가 생각하는 교회학교 |
| 11/28 | 15 | 수료예배 | 수료식과 시상 |

〈표41-1〉 교사계속교육반 교육과정(2004년도)

1학기 교육과정

| 일시 | 주차 | 과목 | 강의주제 |
|---|---|---|---|
| 3/7 | 1 | 개강예배 | 교사의 정체성 |
| 3/14 | 2 | | 자신의 성격이해 |
| 3/21 | 3 | 기질검사 | 관계형성 |
| 3/28 | 4 | | 교사상담 |
| 4/4 | 5 | | 토론(Ⅰ) |
| 4/11 | 6 | | |
| 4/18 | 7 | 반목회와 소그룹 | 실제적인 소그룹 인도법 |
| 4/25 | 8 | | |

1학기 교육과정

| 일시 | 주차 | 과목 | 강의주제 |
|---|---|---|---|
| 5/2 | 9 | 토론(Ⅱ) | |
| 5/9 | 10 | 가족 주일 휴강 | |
| 5/16 | 11 | 기독교와 문화 | 현대문화의 이해와 교회교육 |
| 5/23 | 12 | | |
| 5/30 | 13 | | |
| 6/6 | 14 | 토론(Ⅲ) | |
| 6/13 | 15 | 절기와 교회행사 | 부활절 |
| 6/20 | 16 | | 성탄절 |
| 6/27 | 17 | | 하계활동 |

2학기 교육과정

| 일시 | 주차 | 과목 | 강의주제 |
|---|---|---|---|
| 9/5 | 18 | 은사와 교육 | 피교육자의 은사적 이해 |
| 9/12 | 19 | | |
| 9/19 | 20 | | |
| 9/26 | 21 | 토론(Ⅳ) | |
| 10/3 | 22 | 타 교회탐방(Ⅰ) | 조별진행 |
| 10/10 | 23 | 타 교회탐방(Ⅱ) | 조별진행 |
| 10/17 | 24 | 타 교회탐방(Ⅲ) | 조별진행 |
| 10/24 | 25 | 타 교회탐방(Ⅳ) | 조별진행 |
| 10/31 | 26 | 타 교회탐방(Ⅴ) | 조별진행 |
| 11/7 | 27 | 특수부서이해 | 장애인의 이해 |
| 11/14 | 28 | 발표회(Ⅱ) | 타 교회탐방 보고 발표회 |
| 11/21 | 29 | 발표회(Ⅲ) | 내가 생각하는 교회학교 |
| 11/28 | 30 | 수료예배 | 수료식과 시상 |

### 3) 소망교회 교사교육

소망교회는 교회교육의 중요성을 알고 교회학교 교사를 양성하기 위해 '교사교육부'를 별도 조직으로 두고 교사교육을 실시하고 있다. 소망교회의 교사교육은 공식적으로 '교사대학'이라는 명칭을 사용하고 있고, '교사대학 학칙'이 있어서 교사대학이 "본 교회 교사교육부 산하기관으로서, 각급 교회학교의 교사로 봉사할 인재의 양성을 목적"으로 하고 있음을 분명히 하고 있다. 교사대학의 교육기간은 1년이며, 교육과정은 3월부터 6월까지의 1학기와 9월부터 12월까지의 2학기로 구성되어 있는데, 매주 1회의 수업과 여름방학기간 중의 4회의 현장실습과 1회의 교사대학 수련회를 갖고 있다. 교사교육의 내용 영역별 분포를 살펴보면, 성경지식 2과목(신약의 맥잡기, 구약의 맥잡기), 신학지식 5과목(조직신학 이해, 이단종파연구, 선교이해, 기독교교육과 상담, 교회사 이해), 기독교교육 7과목(교육철학세우기, 기독교교육 이해, 교사와 리더십, 21세기 교회교육전략, 아동발달, 청소년/성인발달, 성서적 교수학습 방법), 교수기술 6과목(사랑과 만남의 기술, 소그룹활성화방안, N세대교육, 어린이/청소년예배실제, 연구수업1, 2), 신앙성숙 4과목(교사와 QT, 교사와 영성, 개강예배, 종강예배), 기타 실무교육 3과목과 교육실습, 교사수련회 등으로 되어 있다.

교사교육에 있어서 이론과목과 실제과목의 비중은 물론 이론과목 중심의 구성이지만 실제와 관련된 주제들을 많이 개발하여 학문적인 분류가 아닌 주제 중심의 강좌를 개설하고 있다. 예컨대 사랑과 만남의 기술, 소그룹 활성화 방안, N세대 교육을 위한 새로운 접근, 예배의 실제, 교사와 리더십, 교사와 QT, 교사와 영성 등은 그 대표적인 예라고 할 수 있다. 또한 실무교육 3회, 연구수업 2회, 지원부서 여름 교육실습 등을 통해 보다 실제를 강조하는 교사교육을 추구하고 있다. 소망교회 교사교육도 교사양성교육과 교사계속교육으로 분류할 수 있는데, 교사양성과정으로서 교사대학을 수료한 교사들은 학기별로 일정 과목을 교사대학에서 필수적으로 이수해야하고, 다양하게 개설되는 특별강좌(풍선아트, 찬양인도, 워십댄스, 교수기술 등)를 선택할 수 있는 기회를 제공하고 있다. 그러나 보다 교사양성에 강조를 둔 교사교육 구

<표42> 소망교회 교사대학 교육과정(2004년도)

| 날짜 | 강의제목 |
| --- | --- |
| 3월9일 | 2003년 교사대학 개강예배 및 오리엔테이션 |
| 3월16일 | 교육철학 세우기 |
| 3월23일 | 신약의 맥잡기 |
| 3월30일 | 구약의 맥잡기 |
| 4월6일 | 사랑과 만남의 기술 |
| 4월13일 | 기독교교육 이해 |
| 4월20일 | 조직신학 이해 |
| 4월27일 | 소그룹 활성화 방안 |
| 5월4~5일 | 교사대학 수련회 |
| 5월11일 | N세대 교육을 위한 새로운 접근 |
| 5월18일 | 어린이 예배와 청소년 예배의 실제 |
| 5월25일 | 실무교육 I (소망, 유아, 유치부) |
| 6월1일 | 교사와 리더십 |
| 6월8일 | 21세기를 위한 교회교육전략 |
| 6월15일 | 실무교육 II (유년, 초등, 소년부) |
| 6월22일 | 이단종파 연구 |
| 6월29일 | 교사와 Q.T |
| 8월4주간 | 지원부서 교육실습 |
| 9월7일 | 2학기 개강예배 및 오리엔테이션 |
| 9월14일 | 아동 발달 |
| 9월21일 | 청소년 · 성인발달 |
| 9월28일 | 추석휴강 |
| 10월5일 | 실무교육 III (중1 · 2 · 3, 고등부, 청년부) |
| 10월12일 | 선교 이해 |
| 10월19일 | 교육과 미디어 |
| 10월26일 | 성서적 교수 학습방법 |
| 11월2일 | 기독교교육과 상담 |
| 11월9일 | 기독교교회사 이해 |
| 11월16일 | 연구수업 I |
| 11월23일 | 연구수업 II |
| 11월30일 | 교사와 영성 |
| 12월7일 | 종강예배 및 결단의 시간 |

조라고 할 수 있다. 교수방법은 강의방식 위주지만 토의식, 워크샵 교육실습, 실무교육 등으로 균형있게 보완하려고 노력하고 있다. 소망교회 교사교육의 특징은 '교사대학'으로 체계화되어 있다는 점이고, 교사들을 조별로 편성하여 소그룹 활동을 통해 학습을 심화시킬 수 있도록 하고 있다는 점이다. 특히 실무교육이나 연구수업을 조별로 활성화하여 참여 인원이 많아서 강의 위주로 나갈 수 밖에 없는 교육구조를 유연화시켜서 실제적인 도움이 가능하도록 하고 있다.

### 4) 총회교육자원부 교사교육

본 교단인 대한예수교장로회총회는 교회학교 교사교육의 중요성을 인식하고 1984년 당시 총회교육부 안에 '교육원'을 설치하고 교사대학 1단계 프로그램을 개발하였다. 그 이후 1987년에 교사대학 2단계가, 그리고 1992년에 교사대학 3단계 프로그램이 개발되어 실시 되었다. 그러나 이러한 교사교육 1-3단계 프로그램은 개 교회가 실시하기에는 지나치게 기간이 길고 방대하기에 보다 간편하게 교사교육을 실시할 수 있도록 새로운 교사대학 교재를 개발하여 현재 실시하고 있다. 여기에서는 이러한 두 종류의 교사대학 프로그램, 즉 먼저 개발된 교사대학 1,2,3단계 프로그램과 새 교사대학 프로그램을 분석하려고 한다.

교사대학 1-3단계 프로그램의 경우, 그 명칭은 교회학교 '교사대학'이며, 교사교육의 내용영역의 분포는 1단계가 개론과목들로 구성되어 있는데, 성서 및 신학지식 5과목(구약개론, 신약개론, 조직신학, 교회사, 기독교윤리), 기독교교육 6과목(기독교교육개론, 기독교교육철학, 기독교교육과정, 교수학습지도, 발달심리학, 교육행정), 교수실제 4과목(공동체훈련, 교수법의 이론과 실제(선), 어린이 예배(선), 현장교육 1, 2, 3, 4) 등으로 되어 있다. 2단계는 보다 심화된 내용을 다루는데 성경형성사나 예언자들의 메시지, 장로교회 등의 성서 및 신학에 대한 심화과목이 있고, 교회교육 평가를 비롯한 기독교교육 심화과목, 그리고 실제에 대한 구체적인 주제들을 다루고 있다. 교사대학 3단계도 2단계와 같은 맥을 잇고 있는데, 3단계는 지도자 과정으로서 워크샵방식을 강조하고 있으며, 보다 심화된 주제를 다룰 뿐 아니라 세미나를 통해 연구하며 배우는 방식을 취하고 있다.

이론과 실제의 비중은 '이론 위주' 임을 부인할 수 없고, 교육방식도 대체로 강의 위주로 이루어지되 토론이나 실습, 워크샵방식으로 보완하는 경향이 있다. 총회 교육부의 교사대학에 대한 평가는 1994년에 필자가 수행한 "총회 교육부 교사대학 교재 평가를 위한 설문조사 연구"에서 자세히 파악할 수 있는데, 전국교회를 대상으로 한 표집에서 회수된 교사 100명의 설문지를 분석하여 그 결과를 논의하였다. 전체적으로 교사대학의 과목수가 많은 편(45%)이라는 반응이었으며, 교육적 지식을 갖는데는 도움이 되었지만(76.2%), 교사로서 활용가능한 내용보다는 이론적인 것이 대부분(60.9%)이라고 응답하였다. 또한 방법에 있어서 주로 강의로 진행하는 경향이 있다는 것과 교사대학의 기간이 너무 길다는 반응이었다.[63]

총회교육자원부가 교사교육을 위하여 새롭게 발간한 '새 교사대학' 은 원래 교사양육과정과 교사계속과정으로 이루어져 있는데, 현재 발간된 것은 교사양육과정을 위한 것이다. '새 교사대학' 은 여섯 권의 소책자 안에 각각 2개씩의 주제를 다루고 있어서, 전체 12개의 주제로 구성되어 있다. 지난 교사대학 1-3단계(〈표43〉 참조)가 너무 기간이 길고 내용이 어려웠다는 비판을 받아들여 간단하고 쉽게 내용을 선정하여 구성하였고, 지도자 강습만 받으면 얼마든지 지교회의 교역자가 교수할 수 있도록 고안되었다. 과목의 구성을 살펴보면, 성경지식 1과목(성경이란 무엇인가), 신학지식 3과목(우리는 무엇을 믿는가, 교회란 무엇인가, 예배란 무엇인가), 기독교교육이론 3과목(기독교교육이란 무엇인가, 교사는 누구인가, 교수-학습지도란 무엇인가), 교수실제 4과목(하나님나라: 부르심과 응답 공과란 무엇인가, 반 목회란 무엇인가, 만남과 대화의

---

63) 박상진, "총회교육부 교사대학 교재 평가를 위한 설문조사 연구" (장로회신학대학교 기독교교육연구원, 1994).

<표43> 총회교육부 교사대학 교육과정(1-3단계)

| Ⅰ단계 | | Ⅱ단계 | | Ⅲ단계 | |
|---|---|---|---|---|---|
| 공동과목 | | 공동과목 | | 공동과목 | |
| 1 | 공동체 훈련 | 1 | 공동체 훈련 | 1 | 나는 왜 교사가 되려는가? |
| 2 | 기독교교육 개론 | 2 | 기독교교육에 대한 이해 | 2 | 기독교교육의 철학적 연구 방법론 |
| 3 | 기독교교육 철학 | | | | |
| 4 | 구약개론 | 3 | 예언자들과 그들의 메시지 | 3 | 예수님의 비유와 이야기 연구 |
| 5 | 신약개론 | | | | |
| 6 | 조직신학 | 4 | 성경은 어떻게 형성되었나? | | |
| 7 | 교회사 | 5 | 장로교회란 무엇인가? | 4 | 우리는 무엇을 믿는가? |
| 8 | 기독교교육 과정 | | | 5 | 정통과 이단 |
| 9 | 교수-학습 지도 | 6 | 스스로 성경을 연구하게 하는 법 | 6 | 창의적 교수 학습법 |
| 10 | 발달심리학 | | | 7 | 기독교적 영적성장 |
| 11 | 기독교윤리 | 7 | 예수님의 윤리와 바울의 윤리 | 8 | 가정과 교회가 함께 기독교교육에 참여하는 길 |
| 12 | 교육행정 | 8 | 교회교육을 평가하자 | | |
| 13 | 세미나 | 9 | 세미나 | 9 | 세미나 (종말론, 교회음악, 교회와 지역사회, 성경연구법) |
| 14 | 패널 및 수료식 | 10 | 심포지움 및 수료식 | 10 | 졸업식 |
| 선택과목 | | 선택과목 | | 선택과목 | |
| 유아 | 유아의 발달심리 | 유아 | 유아와의 대화법 | 유아 | 현대 유아교육의 동향 |
| 유아 | 상담법 | 아동 | 어린이 상담 | 아동 | 어린이 전도와 양육 |
| 중고 | 청소년 심리의 특성 | 중고 | 청소년 문제와 상담 | 중고 | 청소년에게 성을 어떻게 가르칠까? |
| 유아 | 교육과정 해설 | 유아 | 유아학습법(율동, 시청각, 묘화) | 유아 | 유아와 음악 |
| 아동 | 교수법의 이론과 실제 | 아동 | 교수학습법·시청각/교수학습 | 아동 | 교회의 선교교육 |
| 중고 | 교육과정 해설 | 중고 | 성서 연구법 | 중고 | 성경문화와 지리 |
| 유아 | 유아의 종교적 특성 | 유아 | 유아를 위한 부모교육 | 유아 | 교육과 교육공간활용 |
| 아동 | 어린이 예배 | 아동 | 어린이의 종교성은 어떻게 성숙되었나? | 아동 | 예술을 어떻게 창의적으로 응용할까? |
| 중고 | 청소년 예배 | 중고 | 청소년에게 삶을 어떻게 가르칠까? | 중고 | 청소년에게 죽음을 어떻게 가르칠까? |

실제, 공동체의 이해와 훈련) 등이다. 각 과목은 지도자 지침서가 별도로 나와 있어서 교사교육 담당자들이 참고할 수 있도록 하고 있다(〈표44〉 참조).

　교사교육의 이론과 실제의 비중은 전체적으로 이론 중심이면서 실제를 보완할 수 있도록 편성되어 있으며, 강의만이 아니라 토의를 병행할 수 있도록 교재가 제작되었다. 개설된 12과목 중에서 필수는 9과목, 선택은 3과목으로서 그 중 하나를 선택하도록 되어 있다. 그리고 선수과목이 있는데, 신구약 성경 일독 또는 총회교육부 개설 성경통신과 수료 중 택일을 하도록 되어 있고, 총 32시간 이상을 수업해야 하고, 과목당 3시간 수업을 원칙으로 하도록 안내하고 있다. '새 교사대학'은 교사대학 1-3단계와 비교해볼 때 학문적인 내용보다는 실제적인 도움이 되도록 고려하고 있다. 교사 자신의 신앙성숙을 위해서는 별도의 과목을 제공하고 있지는 않으나, 선수과목을 통한 성경

〈표44〉 총회교육자원부 새 교사대학 (교사양육과정)

| 과 | 필수 / 선택 | 주　　　제 |
|---|---|---|
| 1 | 필수 | 기독교교육이란 무엇인가 |
| 2 | 필수 | 우리는 무엇을 믿는가 |
| 3 | 필수 | 성경이란 무엇인가 |
| 4 | 필수 | 교회란 무엇인가 |
| 5 | 필수 | 교사는 누구인가 |
| 6 | 필수 | 학생이란 누구인가 |
| 7 | 필수 | 교수-학습지도란 무엇인가 |
| 8 | 필수 | '하나님나라: 부르심과 응답' 공과란 무엇인가 |
| 9 | 필수 | 반 목회란 무엇인가 |
| 10 | 선택 | 만남과 대화의 실제 |
| 11 | 선택 | 예배란 무엇인가 |
| 12 | 선택 | 공동체의 이해와 훈련 |

읽기의 강조는 다른 지역교회의 교사교육에서는 발견하기 어려운 독특한 방식이라고 할 수 있다. 전체적인 구조는 교사대학 1-3단계와 크게 다르지 않는데, '교사대학'이라는 명칭을 이어받으며 방대한 내용을 대폭 축소하여 사용의 편이성을 최대한 도모한 것이 특징이라고 할 수 있다.

### 4. 교사교육 현황에 대한 종합논의

이 절에서는 교사교육의 현황파악을 위해 실시한 교사를 대상으로 한 설문조사와 교역자를 대상으로 한 설문조사 결과와 지역교회 및 총회교육자원부 교사교육을 분석한 결과를 토대로 한국교회 교사교육의 현황에 대한 종합적인 논의를 하려고 한다. 논의내용은 교사교육의 형태, 교사상, 교사교육의 성격, 교사교육의 구조, 교사교육의 방법, 교사교육과 목회와의 연계 등이다.

1) 교사교육의 형태

한국교회 교회학교의 교사교육의 형태는 '교사대학'으로 불리우는 학교식 교사교육이 주종을 이루고 있으며, 교사헌신예배, 교사수련회, 교사위로회, 교사부흥회 등으로 보완하고 있다. 주로 서울을 비롯한 대도시와 중소도시, 그리고 중·대형교회에서는 교사교육이 잘 이루어지고 있지만 농어촌이나 소규모교회에서는 교사교육이 제대로 이루어지고 있지 못하다. 교사교육에 있어서 교육의 기회균등의 문제는 심각한 것으로 드러나고 있는데, 현실적으로 교사교육을 갖기 어려운 교회들을 위한 총회적, 노회적 차원의 지원책이 필요하다.

2) 교사상

교사들이 이상적으로 생각하는 교사상은 '영적인 깊이가 있는 교사' '학생들과 잘 어울리는 교사' '인격이 훌륭한 교사'로 나타났으며, '성경지식이 많은 교사' 나 '가르치는 기술이 탁월한 교사' 는 그보다는 훨씬 덜 중요하게 인식하고 있음을 알 수 있다. 교역자들이 기대하는 교사상은 '인격이 훌륭한 교사' '영적인 깊이가 있는 교사' '학생들과 잘 어울리는 교사' 순이었는데 이 세 가지가 교사와 교역자 모두에게 가장 중요한 교사상으로 인식되고 있음을 알 수 있다. 교사가 가져야 하는 가장 중요한 이미지는 '부모' 로서의 이미지이고 그 다음이 '비전제시자', '치료자', '사역자' 의 순이었다. 즉 바람직한 교회학교 교사의 모습으로 생각하는 교사상은 영적인 깊이가 있고 부모처럼 학생들을 사랑하고 그들과 잘 어울리며 그들에게 비전을 제시하며 인격적인 감화를 끼치고 그들의 고민을 해결해 주는 사람이라고 할 수 있다.[64]

### 3) 교사교육의 성격

교사교육시 가장 강조해야할 영역으로 교사들은 신앙성숙을 꼽고 있었고, 그 다음이 학생이해, 인격도야, 성경지식, 교수기술의 순이었다. 교역자들도 무엇보다 교사교육에서 신앙성숙을 강조해야 한다고 생각하는데 이는 교사교육이 단순한 지식전달이나 기술획득을 위한 것보다 근본적으로 교사들의 신앙을 양육할 수 있는 구조가 될 것을 요청하는 것으로 보여진다. 그런데 실제적으로 이루어지고 있는 교사교육에서는 학생이해에 관해서, 그리고 성서지식에 대해서 상대적으로 많은 도움을 받고 있는 것으로 나타났다. 현재의 교사교육은 분명하게 이론에 치우친 한계성을 지니고 있음도 드러나고 있는데, 교사교육의 새로운 방향은 '양육체제' 로 나아갈 것과, '실천지향적' 성격을 지닐 것을 요구하고 있다고 볼 수 있다.

---

[64] 즉 마이클 리가 강조한 전문성보다는 팔머가 강조하는 영성을 지닌 교사가 더 이상적인 교사상으로 드러난 셈이다.

### 4) 교사교육의 구조

교사교육에 있어서 교사양성과정과 교사계속교육과정이 분리되어 실시되는 경우는 많지 않았으며, 중·대형교회들의 경우만 분리 실시가 이루어지고 있다. 이는 체계적인 교사교육이 되기 위해서는 극복되어야 할 과제인데, 교사의 필요에 맞는 효율적인 교사교육의 구조가 확립될 필요가 있다. 교사교육의 회수는 연 2회 이하로 개최되는 것이 대부분이며, 수강시간도 5시간 미만이 가장 많은 비중을 차지하고 있고 대부분 10시간 미만의 교사교육을 받는 것으로 나타나고 있다. 현재의 교사교육에 대해서 불충분하다고 인식하는 경우가 충분하다고 인식하는 경우보다 훨씬 더 우세하였다. 이는 현재 교사교육이 최소한으로 유지되고 있음을 알 수 있는데 교사교육의 내실화를 위해서는 교사교육의 구조에 있어서 새로운 변화가 필요함을 의미한다.

### 5) 교사교육의 방법

교사교육의 방법은 대부분 '강의'가 사용되고 있다. 이는 강사의 일방적 커뮤니케이션을 통한 교사교육이 이루어지고 있음을 알 수 있고, 지식 전달 중심의 학교식 교사교육의 형태임을 분명히 보여준다. 이는 교사교육이 너무 이론적이라는 반응과 일치하고 있는데, 교사의 교수법을 구체적으로 교정시키는 등 실제적인 분야의 교사교육이 취약함을 보여준다. 교사들은 교사들의 신앙이 성숙하는 것을 원하면서도 동시에 가르치는 기술을 구체적으로 향상시킬 수 있는 교사교육을 가장 원하고 있다. 다시 말해 교사교육이 강의식의 지식전달보다는 보다 실습위주의 교육이 되기를 교사들은 요청하고 있는 것이다.

### 6) 교사교육과 목회와의 연계

교사교육은 목회의 다른 교육과정과의 연계성 없이 이루어지고 있는 것으로 나타나고 있다. 교사의 지속적인 신앙성숙과 인격형성이 교사교육에 중요한 것이라면, 교사교육과 목회의 다른 교육과정과의 연계는 교회적인 차원에서 잠정적으로 교사를 할 가능성이 있는 교사 후보자들을 양성하고 기존 교사의 영적 성숙을 도모한다는 차원에서 꼭 고려해야 할 영역이다. 목회자는 교회학교 교사교육을 교육부서나 교회학교에 일임할 것이 아니라 전체 목회적인 차원에서 구조화하여야 할 것이다.

　일반적으로 교사양성 과정에는 크게 두 가지가 있다. 하나는 새신자로 교회에 등록하여 신앙생활을 하다가 교회학교 교사를 맡게 되는 경우이고, 다른 하나는 그 교회 중·고등부를 졸업하고 청년대학부에 다니거나 이를 졸업한 후 교회학교 교사가 되는 경우이다. 교사교육이 교사의 발굴이나 양성을 포함하는 넓은 개념이라면 교사교육을 위해서는 교사대학 자체의 강화 못지않게 교사지원자(후보생)를 배출해내는 과정의 활성화가 필요하다. 이것을 그림으로 다음과 같다.

〈도표44〉 교사교육과 목회구조의 연계

```
                        ┌──────────┐
                        │ 교사계속교육 │
                        └──────────┘
                              ↑
                        ┌──────────┐
                        │  교사임명  │
                        └──────────┘
                              ↑
                        ┌──────────┐
                        │ 신임교사교육 │
                        └──────────┘
                              ↑
    ┌──────────┐     ┌──────┐     ┌────────────┐
    │ 청년대학부 │ ←─  │ 기존 │  ─→ │ 평신도 훈련과정 │
    └──────────┘     │ 교인 │     └────────────┘
         ↑           │      │     ┌────────────┐
    ┌──────────┐     │      │     │ 새신자 양육과정 │
    │ 중·고등부 │ ←─  │      │  ─→ └────────────┘
    │   아동부  │     │      │     ┌────────────┐
    └──────────┘     └──────┘  ─→ │  새신자 등록  │
                                  └────────────┘
```

　이 그림에서도 알 수 있듯이 교사지원자가 계속적으로 배출되기 위해서는 전체 목회구조, 특히 청년대학부와 평신도 훈련과정이 활성화되어야 한다. 청년대학부는 교회학교 교사를 공급하는 역할을 한다. 이 시기에 회심을 통해 신앙적인 자아정체감이 확립되고 체계적인 양육을 통해 헌신된 삶을 살

수 있도록 한다면 이미 가장 내실있는 교사교육을 받고 있는 셈이 되는 것이다. 또한 평신도 훈련을 통해 기존의 교인들은 물론 새교우들을 훈련시킬 수 있다면 교사발굴의 중요한 통로를 확보하게 된다. 교회학교 교사공급을 청년대학부에 지나치게 의존할 것이 아니라, 평신도 신앙성숙의 한 과정으로서 다른 사람에게 복음을 전하고 말씀으로 섬길 수 있는 훈련과정을 활성화시킴으로 더 많은 성인들이 교사로 지원할 수 있도록 체계화할 필요가 있다.

요약하면, 한국교회 교사교육은 '교사대학'으로 대표되는 '학교형 패러다임'의 교사교육으로서, 교사들이 이상적으로 생각하는 교사상은 영적 깊이가 있고 인격이 훌륭하며 학생들을 사랑하는 교사로서 부모와 같은 이미지를 갖는 교사인데, 실제적으로 이루어지는 교사교육은 강의식 방법을 주 방법으로 하는 지식전달 위주의 교사교육이며 실제적인 면이 부족한 이론중심의 교사교육이다. 교사교육은 전체 목회적인 차원에서 고려되고 있기보다는 교육부서에 맡겨져 목회구조와는 분리된 채 실시되는 경향이 있으며 교회가 속한 지역적 특성이나 교회규모에 상당부분 영향을 받아서 농어촌지역이거나 소규모교회인 경우에는 교사교육의 실시 자체가 어려운 상황이다. 그리고 지속적으로 교사들을 양육하고 현장 속에서 피드백을 통해, 그리고 멘토링을 통해 교사의 자질을 개선해 나가지 못하는 실정으로, 교사교육에 있어서 근본적인 변화가 필요한 상태이다.

## IV. 전통적인 교회학교 교사교육의 평가

'교사대학'으로 대표되는 전통적인 교사교육이 그동안 한국교회 교회교육에 공헌한 바가 크다. 그러나 앞의 교회학교 교사교육의 현황분석에서 나타나고 있듯이 전통적인 교사교육은 학교식 모델로서 여러 가지 한계를 지니고 있는데 이 장에서는 교사교육에 대한 이론적 논의와 설문조사 분석결과를 종합적으로 묶어 전통적인 교회학교 교사교육을 평가하려고 한다.

### 1. 전통적인 교사대학의 공헌

한국교회는 그동안 교사교육의 중요성을 인식하고 여러 가지 방향으로 교회학교 교사들을 위한 교사교육을 실천해 왔다. 각급 교회학교 부서 안에서의 교사교육은 물론 교회적인 차원에서 교육위원회나 교육부, 또는 교사교육부 등의 조직을 통해 개 교회 단위의 교사교육을 실시해 왔으며, 또 '교회학교 연합회'라는 이름이 붙어있는 평신도 단체들을 통해 교사교육을 활발히 실시하고 있다.

그러나 무엇보다 예장(통합) 교단의 교회학교 교사교육이 활성화된 것은 1984년 총회교육부 안에 교육원이 설치되고 본격적으로 교사대학 1단계 프로그램이 개발되고부터라고 할 수 있다. 교사대학의 커리큘럼이 구체적으로 확정되었을 뿐만 아니라 이를 교재화하고 총회에서 보급, 실시토록 함으로써 비로소 체계적인 교사교육의 혜택을 모든 교회가 받을 수 있게 되었다. 이러한 교사대학 체제의 정착을 위한 노력들은 교사교육에 있어서 다음과 같은 분명한 공헌을 하게 되었다.[65]

첫째, 교사교육의 필요성에 대한 인식을 갖게 되었으며 이 인식이 확산되

---

65) 박상진, "총회 교육부 교사대학 교재 평가를 위한 설문조사 연구," 장로회신학대학교 기독교교육연구원, 1994.

었다. 종전까지는 교사교육이 개 교회의 차원에서 이루어졌기 때문에 담임 교역자나 교육담당 교역자의 교육에 대한 관심 여부에 따라 교사교육이 잘 이루어지기도 했고 생략되기도 하였다. 그러나 이제는 교회학교 교육을 위해서는 교사교육이 필수적임으로 인식하게 되었고 어떤 형태로든 교사교육을 실시해야 한다는 데에는 이견을 갖지 않게 되었다고 할 수 있다.

둘째, 교사교육의 전문성이 강조되었다. 기독교교육은 누구든지 상식적으로 또는 자신이 받았던 교회교육의 경험으로 얼마든지 가능하다고 생각되어온 경향이 있었다. 그러나 교사대학의 활성화는 교회학교 교사가 기독교교육에 대한 전문적인 이해를 지녀야 하고 어느 정도 신학적인 지식체계를 지니고 있어야 함을 강조하게 되었다. 나아가 이러한 전문성에 대한 강조는 신학이나 기독교교육학을 교회현장과 연결시키는 데에도 큰 공헌을 하게 되었고 평신도들도 기본적인 신학지식과 기독교교육학 이론을 공부해야 한다는 인식을 갖게 하였다고 할 수 있다.

셋째, 교사교육을 체계적으로 시행할 수 있도록 하였다. 각 부서나 교회별로 교사교육을 실시할 경우, 신학적인 입장이 불확실한 교육이 될 위험도 있을 수 있으며 담당 교역자가 바뀜에 따라 그때마다 시행착오가 불가피한 면이 있는데 이를 극복할 수 있게 됨으로써 교사교육의 연속성(continuity)이 가능하게 된 것이다. 또한 대학의 학점제를 통해 행정적으로도 체계적인 관리가 가능하게 되었다고 할 수 있다.

그러나 이러한 공헌에도 불구하고 전통적인 교사교육은 여러 가지 한계를 지니고 있음을 부인할 수 없다. 현재까지 이루어져 온 한국교회의 전통적인 교사교육은 '교사대학'이라는 학교식 체제(Schooling system)가 갖는 문제점을 그대로 갖고 있고, 근대 교육(Modern education)이 지니는 문제점을 지니고 있다. 이제, 전통적인 교사교육과 그 유형에 대해 좀더 문제의식을 가지고 통찰해 보도록 하자.

## 2. 전통적인 교사교육의 문제점

전통적인 교사교육의 문제점은 크게 전통적인 교사상, 학교형 패러다임으로서 교사교육, 지식교육으로서 교사교육 등을 들 수 있다.

### 1) 전통적인 교사상(像)

오늘날의 교회교육 유형은 학교교육체제에 따른 소위 교회학교(church school), 또는 주일학교(Sunday school)라고 할 수 있다.[66] 조직을 볼 때에도 교장이 있고 교감이 있으며, 교회에 따라 약간의 차이가 있을 수 있지만 대부분 학년 주임교사제와 서기부도 두고 있다. 이러한 학교체제 속에서 교사는 '분반' 이라고 불리우는 한 학급의 담임교사이며 학교의 수업시간과 마찬가지로 '공과 책' 이라는 교과서를 강의하는 역할을 담당한다. 물론 강의방법도 출석을 부른 후 도입, 전개, 적용의 순으로 교과를 가르친 후, 수업종료 시간에 서둘러 맞추어 마치는 방식이다.

이러한 학교교육의 유형에 따른 교사상(像)은 일차적으로 효과적인 지식의 전달자를 추구한다고 할 수 있다. 즉 교과내용의 개념을 어떻게 명확하게 효과적으로 인식시키느냐에 관심의 초점이 있다. 이를 위해서 교사에게 요구되는 두 가지 측면이 있는데 하나는 교과내용에 대한 이해이고 다른 하나는 그것을 효과적으로 전달할 수 있는 교육적인 기술이다. 흔히 수학교육, 영어교육, 물리교육을 생각하듯이 기독교교육을 생각하는 것이다. 학교 교육에서 수학을 잘 알고 그것을 잘 교육할 수 있는 교사를 찾고 있듯이, 교회학교에서도 기독교를 잘 알기 위해서는 신학을 배워야 하고 잘 교육하는 기술을

---

66) 존 웨스트호프는 이를 '학교형 수업 패러다임' (Schooling-instruction paradigm)이라고 부르면서, 참 의미에서 교육(education)은 학교식 교육(schooling)과는 구별되어야 한다고 주장한다(John Westerhoff III, *Will Our Children Have Faith?* 정웅섭 역, 『교회의 신앙교육』 (서울: 대한기독교서회), 31-46).

획득하기 위해서는 교육학을 배워야 한다고 생각한다. 즉 어떤 교육내용(지식)을 효과적으로 가르치는(전달) 역할을 교사의 주된 역할로 인식하고 있고, 그런 교사를 양성하는 교사교육을 생각해 온 경향이 있다.

사도바울은 고린도전서 4:14-21에서 교사상을 크게 두 종류로 나누어 제시하고 있다. 하나는 '스승'으로서의 교사상이고 다른 하나는 '아비'로서의 교사상이다. '일만 스승'이 있지만 '아비'는 많지 않다고 하면서 사도바울은 기독교교육의 교사상으로서 '아비'와 같은 교사상을 제시하고 있다고 해석할 수 있다. 스승은 지식을 전달하는 것이 중요하고 '말'을 잘하는 것이 중요하지만, 아비는 삶을 변화시키는 것이 중요하고 '능력'이 있는 것이 중요하다. 스승으로서의 교사상과 아비로서의 교사상의 특성을 비교해보면 다음 도표와 같다. 오늘날 교회학교 교사들은 '분반공부' 시간에 '공과책'을 가르치는 것을 자신의 가장 중요한 임무로 인식하는 경향이 있는데 이는 바로 "스승으로서의 교사상"을 지니고 있기 때문이다. 아래의 그림과 같다.

〈표45〉 전통적인 스승상과 아비로서의 교사상

| 스승모델/ 전통적인 교사상 | 아비모델/ 새로운 교사상 |
| --- | --- |
| 지식을 전달(transmitting) | 삶을 변화시킴(transforming) |
| 가르치기만 하면 됨 | 함께 사는 것이 중요 |
| 입술로 전함 | 해산의 수고를 통해 낳음 |
| 인격적인 관계가 없어도 가능 | 인격적인 관계가 생명 |
| 지식중심 | 자식중심 |
| 안 변하면 그만 | 안 변하면 변할 때까지 |
| 인위적 만남 | 운명적 만남 |
| 일만이 있음(많음) | 많지 아니함 |
| 가르침과 삶이 분리됨 | 삶을 본받는 것이 가르침임 |
| 말중심 | 능력중심 |

2) 학교형 패러다임(Schooling Paradigm)으로서 교사교육:
　　사범대학으로서의 교사대학

　전통적인 교사교육은 한마디로 '교사대학' 으로 특징지어질 수 있다. 사범대학과 같은 '교사대학' 이라는 교사교육은 전통적인 교회교육의 구조인 '교회학교' 와 분리하여 생각할 수 없다. 학교체제로서의 교회학교에서의 교사양성 방법은 당연이 일반 학교체제가 그러하듯 사범대학으로서의 교사대학일 수밖에 없다. 학교교육에 있어서 교사가 되기 원하는 사람은 사범대학(교육대학)에 가야하고 일정한 학점의 교직과목을 이수해야 한다. 마찬가지로 학교교육체제를 추구하는 교회학교에서의 교사양성도 교사대학을 수료하고 교사자격증을 획득하는 식의 사범대학 또는 교직과목 이수 방식이다. 기독교를 보다 잘 이해하기 위한 신학과목들, 예컨대 성서신학, 조직신학, 기독교윤리, 교회사 등의 과목을 이수하고 기독교교육학에 관련된 과목들과 교수학습 방법론을 이수하도록 하는 것이다.

　'교사대학' 의 성격을 더 깊이있게 이해하기 위해서는 '대학'(college or university)의 성격을 규명할 필요가 있다. 여기에서의 대학은 특히 근대의 대학을 의미하는데, 중세적인 대학은 그래도 '헬라적' 인 것과 '히브리적' 인 것이 공존하고 있었지만 계몽주의 이후 근대주의 대학은 히브리적인 요소가 제거되고 보다 헬라적인 성격을 띠게 된다. 지성과 이성, 합리성을 강조하면서, 반대로 인격성숙이나 영성, 그리고 감성과 상상의 중요성을 소홀히 다루게 된다. 대학은 교사와 학생의 인격적인 관계보다는 비인격적 군집으로 변화되고 상아탑으로서 현실과 괴리된 기관으로 변모해 간다. 그렇기 때문에 '대학' 으로서의 성격을 강조하는 것은 단지 수준이 높아진다는 의미 외에 영성보다는 지성을, 경건보다는 학문을, 인격적인 만남보다는 지식전수를 강조하는 것을 의미하게 된다.

　사실 '교사교육' 의 기원을 성경 안에서 찾는다면 구약성경에 나타나는 사무엘 선지시대의 '선지학교' 에서 찾을 수 있다. 선지학교는 그 성격상 수도원적인 의미를 지니고 있었으며, 대중을 가르칠 교사를 훈련시키기 위한 것이 목적이었다. 선지학교는 '영감'과 '소명'을 위한 기도와 경건의 훈련이 강화되어 있었다.[67] 선지학교는 '학교'라는 명칭으로 불리워질 수 있지만 엄격한 의미에서 학교체제(schooling system)라기보다는 양육체제(nurturing system)라고 할 수 있다. 교사가 삶의 현장과 분리된 교실에서 학생들에게 '객관적'인 지식을 가르치는 학교식 구조가 아니라, 선지생도들이 삶 속에서 함께 경험하고 훈련하며, 무엇보다 하나님의 부르심에 의한 '소명공동체'를 이루는 특징을 지니고 있다.

이러한 양육체제로서 선지학교의 전승은 예수님의 제자교육에서 더 잘 드러난다. 하나님 나라의 일꾼인 사도로 세우시기 위하여 열 두 제자를 부르시고 그들과 함께 동거하시며 그들을 훈련하시고 양육하신 예수님의 교육은 오늘날의 교사교육의 한 기원을 이루고 있는 것이다. 선지학교와 예수님의 제자교육과 같은 양육체제는 오늘날 학교교육체제와는 구별되는 몇 가지 특징을 지닌다.[68] 무엇보다 인격적인 구조를 들 수 있다. 교사와 학생의 관계가 분리되는 것이 아니라 인격적인 관계(personal relationship)를 맺고 있고, 교육적인 변화는 그 관계를 통해서 이루어진다. 또한 공동체(community)를 이루고 있다는 특징이 있다. 교육의 장은 앎의 현장만이 아니라 삶의 현장이고 이것이 '존재론적 인식론'(ontologic-epistemology)이라는 독특한 앎의 방식을 제공하고 있다. 그리고 '지식전달'에만 머무르지 않고 '지,정,의가 통합된 교육' '상상을 통한 교육' 그리고 '경험을 통한 교육'을 추구한다. 이는 교육에 있어서 참여(participation)를 강조하는 것으로 나타난다. 학생들은 교육의 객체가 아니라 교육의 주체로서 참여할 때 진정한 변화를 경험하는 것이다.

---

67) 은준관, 『기독교교육현장론』(서울: 대한기독교출판사, 1988), 309.

68) 로버트 뱅크스(Robert Banks)는 선지자, 예수 그리스도, 바울의 교육을 신학교육의 원형으로 이해하면서 이를 근거로 '신학교육의 선교적 모델'(A Missional Model of Theological Education)을 제시하고 있다.(Robert Banks, *Revisioning Theological Education: Exploring a Missional Alternative to Current Models* (Grand Rapids: Eerdmans, 1999))

필자는 교사교육을 세 가지 수준으로 나눌 수 있다고 생각한다. 첫째는 사범대학 이전 수준의 교사교육, 둘째는 사범대학 수준의 교사교육, 그리고 셋째는 사범대학 이후 수준의 교사교육이다. 한국교회, 특히 우리 교단(장로교 통합)의 교사교육은 그동안 총회교육부를 중심으로 많은 노력을 기울여 주먹구구식의 교사교육을 사범대학 수준의 체계적인 교사교육으로 진일보시켰다. 이제는 교사교육의 새로운 변화를 요청하고 있다. 그것은 '교사대학'이라는 체계적 교사교육으로 머무르는 것이 아니라 보다 역동적으로 '헌신된 교육리더'로 세워나가는 진정한 '교사됨'을 추구하는 사범대학 이후 수준의 교사교육으로의 패러다임 전환이다.

### 3) 지식교육으로서 교사교육

교사대학으로서 교사교육은 '지식교육'의 성격을 강하게 지니고 있다. 기독교교육이 지식의 차원만이 아니라 다른 차원을 포함하고 있다면, 교사교육도 지식교육만이 아니라 다른 차원의 교육을 포함해야 한다. 이런 의미에서 교사교육은 교사대학과 동일한 개념이라기보다는 그것을 포괄하는 개념이어야 한다. 즉 교사교육은 보다 넓은 의미로서 바람직한 교사가 되기 위한 여러 가지 차원의 교육활동을 포함하여야 한다. 여기에서는 기독교교육의 차원을 지식(knowledge), 신념(belief), 신앙(faith)의 차원으로 분류하여, 이에 해당되는 교사교육의 세 가지 차원을 기준으로 현재의 교사교육이 어떤 경향을 지니는지를 파악하기로하자.

첫째, 교사교육에 있어서 지식교육의 차원이 있고 이는 교사교육의 필수 조건이라고 할 수 있다. 기독교 신앙도 하나의 지식체계를 이루고 있고 복음도 어떤 지식들의 논리적 연결 구조를 지니고 있는데 이를 그들의 심리에 맞게 잘 조직하고 전달하는 기술은 교사교육에 있어서 가장 중요한 영역 가운데 하나이다. 이를 위해 교육학의 여러 분야들, 예컨대 교육과정, 교수학습방법론, 교육행정, 아동 청소년 발달심리, 학습심리 등을 배우고 익힐 필요가 있다. 또 우리가 다루어야 할 기독교적 지식체계가 어떤 것인지를 배우기 위해 신학의 제 분야들, 즉 조직신학, 성서신학, 교회사, 기독교윤리, 실천신학 등을 공부해야 한다. 이러한 과목들을 배울 수 있도록 커리큘럼화 되어 있는 것이 교사대학이다. 교사의 전문성을 높이려면 교사대학은 지금보다 더 강조되어야 하고 더 많은 교사들이 이 교육에 참여하여야 한다. 그러나 한 가지 우리가 인정해야 하는 것은 이러한 교사대학은 교사교육의 필요조건임에는 틀림없지만 그 자체만으로 필요충분조건은 될 수 없다는 사실이다. 왜냐하면 기독교교육에서 다루어야 할 영역이 지식만이 아니듯이 교사교육에 있어서도 교사대학으로는 온전히 이룰 수 없는 영역이 분명히 존재하기 때문이다.

둘째, 교사교육에 있어서 신념교육의 차원이 있는데 단지 지식을 배우는 것이 아니라 교사됨이 형성되어 가는 과정이다. 이를 공동체 교육이라고 부를 수 있는데, 여기에서 말하는 공동체 교육은 교사대학의 한 과목으로서 '공동체 훈련'과는 그 개념이 다르다. 교사들이 교육 공동체에 참여함으로 자연스럽게 사회화(socialization)되고 문화화(enculturation) 되는 과정 속에서 교사의 자질이 형성될 수 있는 교사교육의 다른 한 차원을 의미한다. 사실 교사에게 필요한 자질이나 인격, 품성, 그리고 지도력, 대인관계의 방식, 상담의 태도 등은 단기간의 지식교육으로 이룰 수 없는 영역이다. 평상시의 지속적인 교사모임을 교육적인 구조로 바꾸고 교회교육 부서 자체를 교육적인 공동체로 형성해 감으로써 그 과정(process)속에서 획득되어 질 수 있는 덕목들이라고 할 수 있다.

셋째, 교사교육에 있어서 신앙교육의 차원이 있고, 영성적인 차원이 있다. 기독교교육이 일반 교육과 다를 수 있는 가장 중요한 특징은 신앙의 차원이 있다는 것이고 성령의 사역 없이는 불가능한 영역이 존재한다는 점이다. 그렇기 때문에 아무리 교육학적 방법론과 기술을 지니고 있다고 하더라도, 그리고 오랜 교사경력을 갖고 있다 하더라도 경건의 능력과 생명력 있는 영성이 상실되어 있는 교사는 결코 좋은 교사가 될 수 없다. 분명한 구원의 확신과 기도의 생활을 통해 늘 성령의 도구가 될 수 있는 교사만이 학생들의 중심적인 변화를 일으키는 기독교교육의 참된 실천자가 될 수 있다. 뿐만 아니라 주님의 은혜에 대한 감격, 교사로의 부르심(calling)에 대한 확신과 열정, 한 영혼, 한 영혼을 사랑하는 시선이 없이는 자원하는 마음으로 교사직에 지속적으로 충실하기가 어려울 것이다. 교사교육에 있어서 이 부분을 확고히 세우는 것은 필수적인데, 교사교육의 과정 자체가 교사의 신앙성숙의 과정이 될 수 있어야 할 것이다.

이 세 가지 교사교육의 차원, 즉 지식교육, 신념교육, 신앙교육 중 전통적인 교사교육은 어디에 치중되어 있다고 할 수 있는가? 앞의 설문조사에서도 파악되고, 교사대학이라는 정체성이 말해주듯이 전통적인 교사교육은 '지식교육'의 성격을 강하게 보이고 있다. 지식교육이 교사교육에 있어서 '필요조건'임은 분명하나 '필요충분조건'은 아님을 인식한다면 신념교육과 신앙교육의 차원을 강화하는 새로운 교사교육이 요청된다. 교사교육이 진정한 의미에서 기독교교육이 되려면 지식교육, 신념교육, 신앙교육의 통합하는 통전적 교사교육(holistic teacher education)이 되어야 할 것이다.

### 3. 한국교회 교사교육의 진단

앞의 교사교육 현황조사에서 나타난 바를 통해 한국교회 안에서 이루어지는 교사교육의 실태를 분석해 볼 때, 다음 몇 가지 근본적인 문제를 지니고 있음을 발견할 수 있다. 이 문제들은 질병의 원인과 같은 것으로서 이 원인을 해결할 때 증상이 치유될 수 있을 것이다. 한국교회의 교회학교 교사교육의 문제는 일곱 가지로 요약될 수 있는데, 이론위주의 교사교육, 지식위주의 교사교육, 전달위주의 교사교육, 일방적인 교사교육, 교수위주의 교사교육, 기술위주의 교사교육, 학교식 교사교육 등이다.

#### 1) 이론위주의 교사교육

기존의 교사교육은 '교사대학'의 성격을 띠고 있고, 대부분의 교사교육은 이론적인 내용을 전달하는 방식을 취하고 있다. 성서신학, 조직신학, 교회사 등을 포함한 신학 이론적인 과목과 기독교교육학, 교육철학, 발달심리 등 교육 이론적인 과목 등을 가르치고 있다. 심지어는 실천적인 과목인 교수방법, 시청각교육, 반목회 등도 워크샵이나 실제적인 경험을 하도록 하는 것이 아니라 그 주제와 관련된 이론을 가르치는 경향이 있다. 이론은 영어로 theory인데 이는 극장이라는 단어인 theater와 같은 어원을 지니고 있는데 바로 테오로이(theoroi)로서 '관람함'(looking on)의 의미를 지니고 있다.[69] 즉 이론은 객석에서 앉아있는 관객이 무대 위에서 공연하는 것을 보는 것이다. 직접 참여하는 것이 아니기에 실제적인 변화로 나타나기가 어렵다. 마치 공연이 끝나면 이내 원래의 자기 모습으로 돌아가듯이 변화되지 않은 원래의 교사 모습으로 되돌아가고 마는 것이다. 이러한 이론과 실천의 괴리를 극복할 수 있는 교사교육이 되지 않는 한 교사교육은 교사의 삶과 가르침의 현장을 변화시키는 능력으로 나타나지 못할 것이다.

## 2) 지식위주의 교사교육

기존의 교사교육은 지식위주의 성격을 지니고 있어서 감성과 의지, 상상을 불러 일으키는 데에는 취약하다는 문제점을 지니고 있다. 무엇을 안다고 할 때, 무엇에 관해서 아는 것(knowing about)과 무엇을 아는 것(knowing)은 다르다. 하나님을 아는 앎에 있어서도 하나님에 관해서 아는 것과 하나님을 아는 것은 전혀 다르다. 무엇에 관해 아는 것은 그것에 관한 정보를 인식하는 것이다. 그러나 무엇을 진정으로 아는 데에는 감성과 의지, 상상이 동반된다. 물론 전통적인 교사교육에 감성과 의지, 상상의 영역이 전혀 없었다고 말할 수는 없을 것이다. 그러나 교사대학으로서의 교사교육은 여전히 인지적인 편중성을 지니고 있음을 부인할 수 없다. 교사교육에서 중요한 것은 가

---

69) Thomas H. Groom, *Christian Religious Education*, 이기문 역, 『기독교적 종교교육』(서울: 대한예수교장로회 총회교육부, 1983), 227-228.

르침의 내용이 무엇인지를 인지적으로 아는 것도 중요하지만 느끼는 것도 중요하다. 아이들에 관해서 아는 것도 중요하지만 아이들에 대해서 느끼고, 어떤 방식으로 아이들을 대할 것인지를 의지적으로 결단하는 것이 동반되어야 한다. 상상(imagination)은 지, 정, 의를 다 포함하고 있다는 점에서 지식 위주의 교사교육을 극복하는 대안적인 교사교육의 중요한 주제가 될 수 있다.

### 3) 전달위주의 교사교육

기존의 교사교육은 '가르쳐야 할 내용'을 전달하는 구조를 지니고 있기 때문에 관계적인 면이 매우 약하다. 만약 교사교육에 대해 '교육내용을 가르치는가' 아니면 '교사를 가르치는가' 하는 두 가지 질문을 던진다면 전자에 해당되는 면이 더 강하다고 할 수 있다. '자치통감'에 보면 "경사(經師)는 만나기 쉽지만 인사(人師)는 만나기 어렵다"는 말이 있다.[70] 경서를 가르치는 교사는 많지만 인간을 가르치는 교사는 귀하다는 내용이다. 우리가 교회교육에서 교사와 학생의 관계를 중요시한다면 이는 교사교육에서부터 실천되어야 할 것이다. 교사교육이 인격적인 관계 구조로 변화될 때 거기에서 인격적인 관계를 중요시하는 교사가 배출될 수 있다. 어미 게가 자신은 옆으로 걸어가면서 자녀 게들에게 똑바로 걸어가기를 바라는 것이 어불성설이듯이 교사교육이 학생교육의 귀감이 되어야 할 것이다. 교사교육이 전달위주의 교육이 아니라 인격적인 관계를 중시하는 교육이 될 때, 진정한 교사됨을 배울 수 있다. 교사교육의 구체적인 내용보다도 어떤 의미에서는 그러한 관계 자체를 통해서 배우는 것이 훨씬 중요하다고 할 수 있을 것이다. 왜냐하면 예수님의 제자교육이 그러했듯이 기독교교육은 관계를 통한 교육이기 때문이다.

---

70) 오천석 『스승』 (서울: 교육과학사, 1972), 205.

4) 일방적인 교사교육

기존의 교사교육은 주로 강사가 일방적으로 강의하는 방식으로 진행되어 온 경향이 있다. 여전히 '지식을 더 많이 알고 있는' 강사가 '그 지식을 모르고 있는' 학생(교사)들에게 지식을 전수하는 은행저축식 교육(banking education)의 형태를 띠고 있다. 그러나 교사교육은 성인교육으로서 페다고지(pedagogy)보다는 안드라고지(andragogy)의 관점에서 접근하는 것이 바람직할 것이다. 교사교육에 있어서 가르치는 자와 배우는 자가 더불어 탐구하며 교사됨을 추구하는 구조가 필요하다. 교사교육자가 일방적으로 지식을 전달하는 것이 아니라 쌍방적인 대화가 이루어질 수 있는 교사교육이 필요하다. 교사교육의 커리큘럼에 있어서 가장 중요한 것은 이런 대화요 나눔일 것이다. 교사 개개인이 경험하고 시행착오하였던 내용들을 서로 나누고 피드백을 받고 또한 격려하는 구조가 필요하다.

5) 교수위주의 교사교육

기존의 교사교육은 교수(teaching) 위주, 그 중에서도 특히 언어적인 가르침으로 제한되는 경향이 있어왔다. 만약 커뮤니케이션(communica-tion)의 관점에서 교사교육을 이해한다면 우리는 훨씬 더 풍성한 교사교육을 시도할 수 있을 것이다. 일반적으로 커뮤니케이션은 언어적인 커뮤니케이션과 비언어적 커뮤니케이션을 다 포함한다. 언어는 전체 커뮤니케이션의 일부이다. 삐에르 바뱅에 의하면 언어적 전달내용이라고 할 수 있는 형상(figure)은 영향력에 있어서 전체의 7%밖에 해당되지 않는다고 한다. 나머지 93%는 배경(ground)으로서 음향, 조명, 진동, 몸짓, 표정, 그리고 관계적인 요소라고 할 수 있다.[71] 교사교육을 커뮤니케이션의 관점으로 접근한다는 것은 교사교육을 '교사에게 영향력을 끼침으로 변화시키는 과정' 으로 이해할 수 있고, 이

---

71) Pierre Babin, 이영숙 편역, 『디지털시대의 종교』(서울: 한경PC라인, 2000), 94.

러한 영향력을 가능케 하는 모든 영역이 교사교육의 관심영역이 될 수 있고 또한 커리큘럼의 범위(scope)가 되어야 한다.

### 6) 기술위주의 교사교육

기존의 교사교육은 지식을 강조할 뿐 아니라 기술(technique)을 강조하는 경향이 있다. 이에 비해 교사의 영성(spirituality)은 상대적으로 덜 강조되는 경향이 있어왔다. 어떻게 하면 보다 잘 가르칠 수 있는가에 관련된 방법(이나마도 이론적인 강의로 제한되었지만)에 치중한 나머지 교사의 인격적인 성숙과 영성적인 깊이를 더해갈 수 있는 면은 소홀히 다룬 것이다. 이를 철학적으로 표현하면 교사교육이 인식론(epistemology)과 교수론(pedagogy) 위주로 흐른 나머지 존재론(ontology)의 측면을 약하게 취급했다는 비판을 받을 수 있다. 교사교육의 근간은 더 많이 알고 더 잘 가르치는 것만이 아니라 교사 자신의 존재가 변화되는 것에 있다. 이런 점에서 교사교육에 있어서 영성교육은 한두 과목의 교과내용으로 인식될 것이 아니라 계속적으로 다루어져야 하는 교사교육의 기반이요, 기초훈련에 해당한다고 할 수 있다.

### 7) 학교식 교사교육

앞에서 열거한 기존의 교사교육이 지니는 문제점들은 구조적으로 교사교육이 '학교식 모델'(schooling model)이라는 점에 기인한다. 학교식 모델은 지식을 일방적으로 전달하고 주입하는 데에는 효과적인 구조라고 할 수 있지만, 인격을 변화시키고 영성을 심화시키며 실천적인 역량을 확장하는 데에는 적합하지 않은 구조라고 할 수 있다. 학교와 교실을 생각하면 질서정연하게 놓여진 책상과 걸상, 그리고 높은 교탁과 칠판, 거기에 하나의 교과서와 획일적인 교수와 평가 등을 떠올리게 된다. 이러한 학교모델이 지니는 효율성과 편의성은 여러모로 인정되고 그로 인해 근대시대동안 많은 공헌을 한 것도 사실이지만 이제는 그 구조의 한계가 여실히 드러나고 있다. 교회교육에 있어서도 이 학교모델이 '주일학교', '교회학교'의 형태로 들어왔고,

교사교육에 있어서 '교사대학' 의 형태로 자리잡고 있지만 지금은 그 부작용이 오히려 교회교육의 존재기반을 무너뜨리고 있다. 교회교육도 기존의 '교회학교' 의 대안을 모색하고 있는 이 때에 교사교육도 '교사대학' 이라는 학교식 모델의 대안을 모색할 필요가 있다.

이상의 한국교회 교사교육의 진단을 종합한다면 지금까지의 교사교육은 '근대주의 교육' 의 한계를 지니고 있다는 것이다. 계몽주의 이후 근대주의 교육이 교육의 현장에 많은 공헌을 하였듯이 전통적인 교사교육도 교회교육에 중요한 공헌을 하였자만, 21세기의 새로운 변화 속에서 전통적인 교사교육은 그 한계를 드러내고 있는 것이다. 이러한 근대주의 교육으로서 교사교육은 이제 그 한계를 극복할 수 있는 대안적 교사교육을 요청하고 있다.

:: 제3부 교회학교 교사교육의
대안으로서 리더십 모델

앞의 제2부에서 살펴본 대로 한국교회 교회학교 교사교육은 근대주의 학교형 패러다임이 지니는 한계를 지니고 있다. 설문조사 분석에서도 나타났듯이 교회교육 현장의 교역자들과 교사들은 이 한계성을 인식하고 있으며 이를 극복하기를 요청하고 있다. 제3부에서는 전통적인 교사교육의 한계를 극복하는 교사교육의 모델로서 리더십 모델을 제안하며 리더십 모델에 따른 교사교육의 새로운 방안을 제시하려고 한다.

## V. 교사교육에 대한 새로운 접근: 리더십 개발로서의 교사교육

교사교육에 대한 새로운 접근은 단지 전통적인 교육의 일부를 수정, 보완하는 것이 아니라 패러다임의 전환(paradigm shift)을 의미하는 것이다. 이 장에서는 먼저 새로운 교사교육을 요청하고 있는 21세기의 몇 가지 중요한 교육의 경향들을 다루고, 영적 부흥을 일으키는 근본 동력으로서, 지식이나 신념을 위한 교사교육이 아니라 '신앙'을 위한 교사교육을 요청하고 있는 복음적 개혁신학의 요구를 살피며, 마지막으로 새롭게 등장하는 '교육리더십'의 개념에 근거하여 교사교육의 새로운 모델로서 '리더십 모델'을 제안하고자 한다.

### 1. 교사교육의 배경으로서 21세기 교육의 경향들

교회학교 교사교육에 직접적인 영향을 주는 요인으로 '교회학교 체제'라고 하는 구조적 요인을 들 수 있다고 한다면, 간접적 영향을 주는 요인으로 이러한 체제에 전제되어 있는 철학과 사상의 경향들을 들 수 있다. 이는 비단 교회교육만이 아니라 일반 교육도 그 영향으로부터 자유로울 수 없는 사조들이다. 지난 수백 년간 학교교육의 기초를 제공해 온 이러한 경향들이 21세기에 들어오면서 변화되고 있음을 감지할 수 있다. 이는 교육구조에 대한 근본적인 변화를 일으키는 것으로서 일반 학교교육은 물론 교회교육에도 엄청난 변화를 예고하고 있다. 교회학교와 교사교육도 이러한 도전에 어떻게 응전하느냐에 따라 21세기에도 그 사명을 감당하는 기능을 수행하느냐 그렇지 않느냐가 가늠되어질 것이다. 21세기의 교육에 영향을 주고 있는 철학과 사상의 경향으로는 포스트모더니즘, 새로운 인식론, 멀티미디어 커뮤니케이션, 공동체에 대한 강조, 감성에 대한 강조 등을 들 수 있다.

1) 모더니즘에서 포스트모더니즘으로

21세기의 변화를 다양한 측면에서 묘사할 수 있겠지만 가장 중요한 변화이면서 총체적인 변화로서 포스트모더니즘(Postmodernism)을 들 수 있을 것이다. '포스트모더니즘'은 근대 이후의 시대 사상을 일컫는 말이기도 하면서 근대주의(Modernism)의 사상체계를 근본적으로 무너뜨리는 새로운 사상의 경향이라고 할 수 있다. 포스트모더니즘은 모더니즘 앞에 '이후'를 의미하는 '포스트'라는 라틴어를 삽입함으로써, 근대의 3대 혁명이라고 불리는 종교개혁, 산업혁명, 프랑스혁명을 통해 표출된 계몽주의 사상에 종식을 고하는 '이즘'인 것이다.[72] 이러한 포스트모더니즘의 경향을 몇 가지 특징으로 요약하면 다음과 같다.

첫째, 포스트모던 문화는 상대주의적이다. 모더니즘에서는 '하나의 절대적 진리'를 전제했지만, 포스트모더니즘에서는 '다양한 진리들'이 존재하며, 절대적이기보다는 상대적이며, 객관적이기보다는 주관적인 진리관을 가지고 있다. 소위 절대불변하는 진리의 기초(foundation)가 있다고 보는 근대적인 사고를 거부하고, 계몽주의 이후 인간이 갖고 있는 객관적인 실재(reality)로서의 세계상에 대한 관점을 거부하고, 인간은 다만 해석하는 자로서 세계에 대하여 전망할 뿐이라고 주장한다.[73] 따라서 너도 그렇게 주장할

---

72) 이진우, 『포스트모더니즘의 철학적 이해』(서울: 서광사, 1993), 11.
73) 이문균, 『포스트모더니즘과 기독교 신학』(서울: 대한기독교서회, 2000), 78.

수 있지만, 나도 이렇게 주장할 수 있다고 생각한다.

둘째, 포스트모던 문화는 다원주의적이다. 상대주의적 관점은 서로의 다름을 인정하는 것이다. 모더니즘에서는 '웅장한 이야기'(Metanarra-tive)가 존재한다고 보고 이를 탐구하는 것을 학문의 과제로 삼고 있지만, 포스트모더니즘에서는 단지 다양한 이야기들(multiple narratives)이 존재할 뿐이다.[74] 모더니즘에서는 모든 사람들에게 공히 적용될 수 있는 삶의 원리가 있다고 보는 반면 포스트모더니즘에서는 지역, 문화, 공동체마다 상대적인 기준이 있을 뿐이기에, 웅장한 이야기의 강조는 오히려 소외를 불러일으키고 많은 사람들을 주변화(marginalize)시킬 뿐이라고 주장한다. 그렇기 때문에 종교에 있어서도 다른 종교의 가치를 인정하고 다른 종교에도 구원이 있을 수 있다는 종교다원주의적 경향이 팽배하게 된다.

셋째, 포스트모던 문화는 생태적이다. 모더니즘에서는 인간이 모든 피조세계의 정점에 위치한다고 이해하며 모든 다른 자연은 인간의 유익을 위해 존재하는 것으로 간주하는 반면, 포스트모더니즘에서는 인간은 단지 자연현상 중의 한 부분에 불과하며 다른 존재와의 그물망 식의 관계로 엮어져 있어서 상호 영향을 주고 받는 존재로 이해한다. 모더니즘에서는 인간이 자연을 정복하고 개척하고 개발하는 것을 발전이라고 생각했지만 포스트모더니즘은 자연과의 조화를 강조한다. 오늘날 관심이 급증하고 있는 환경운동, 녹색운동은 이러한 관점을 보여준다.

넷째, 포스트모던 문화는 초과학적 성향을 지닌다. 모더니즘에서는 합리적 사고가 가장 가치있는 것으로 강조되며, 순수하게 객관적인 탐구가 가능하다고 보는 반면, 포스트모더니즘에서는 합리적 사고가 위험할 수도 있으며, 순수하게 객관적인 탐구는 불가능하다고 보며 사고는 늘 주관적일 수 밖에 없으며 관계적이며 참여적이라고 주장한다. 모더니즘에서는 과학은 객관적이라고 보고 과학적 앎을 가장 정확한 현상이해라고 생각하지만, 포스트

---

74) Stanley Grenz, *A Primer on Postmodernism* (Grand Rapids: Eerdmans, 1996), 44.

모더니즘에서는 과학적 앎만이 아닌 직관적, 상상적, 예술적 앎의 중요성을 강조한다. 과학을 통한 유토피아 건설을 더 이상 믿지 않으며, 과학을 넘어선 영성적 세계에 관심을 갖고 초월에 대한 관심이 회복된다.

이러한 포스트모더니즘은 절대적인 진리를 거부한다는 점에서 기독교를 뿌리채 흔들 수 있는 위험이 있음이 분명하다. 그러나 스탠리 그렌츠가 주장하고 있듯이 포스트모던 시대는 계몽주의 이후 지나치게 합리주의, 과학주의, 이성주의를 강조하여 편협해진 기독교와 복음을 원래의 모습으로 회복할 수 있는 기회이기도 하다. 근대주의가 전근대주의의 편협성을 극복하려고 한 노력이었다면, 후기 근대주의는 근대주의의 편협성을 극복하려는 노력이라고 평가할 수 있는 것이다. 교사교육에 있어서 소위 '교사대학 모델'은 '합리성', '이성', '지식'을 강조하는 근대주의 모델이라고 할 수 있는데, 모더니즘에서 포스트모더니즘으로의 전환은 이러한 근대주의적 모델이 지니는 한계를 극복할 수 있는 기회를 제공하는 것이다. 이는 근대주의적 교사교육 모델에서 전근대주의적 교사교육의 모습으로 퇴보하는 것을 의미하는 것이 아니라, 보다 통전적 교사교육을 통한 온전한 교사교육으로 성숙할 수 있는 기회가 될 수 있음을 의미하는 것이다.

2) 객관주의 인식론에서 새로운 인식론으로

모든 교육이 본질상 어떤 종류의 앎을 증진시키려는 의도를 지니고 있기 때문에 인식론은 교육자들의 중요한 관심사 중의 하나이다.[75] 서구의 역사를 살필 때, 계몽주의 이래 교육에서 강조된 인식의 방식은 소위 객관주의적 인식론(objectivistic epistemology)이다. 이 인식론은 앎의 주체(아는 자)는 앎의 객체(알려지는 것)로부터 분리될 수 있다고 가정한다. 이 인식론에서는 자아와 세계, 정신과 물질, 주체와 객체, 아는 자와 알려지는 것, 그리고 앎과 삶

---

75) Thomas Groome, *Christian Religious Education: Sharing Our Story and Vision* (San Francisco: Harper San Francisco, 1980), 139.

사이에 이원론이 존재한다. 이러한 서구 근대인식론은 지난 400년 동안 서구사상에 영향을 끼쳐왔다. 위르겐 하버마스(Jurgen Habermas)에 의해 '계몽주의 프로젝트'(Enlightenment Project)라고 이름 붙여진 이러한 사상적 경향[76]은 "인간의 이익을 위해 자연을 정복하고 더 좋은 세계를 건설하기 위해 우주의 신비를 벗기려는 인간의 지적 추구"[77] 라고 할 수 있다. 서구 근대인식론은 다음의 세 가지를 전제하는데[78]첫째, 인간이성에 대한 절대적인 신앙에 기초하고 있고, 둘째, 세계를 가치 중립적인 관점에서 관찰될 수 있음을 전제하며, 셋째, 지식의 발견은 항상 유용하다는 낙관적인 관점을 지니고 있다.[79] 그러나 데카르트와 록크, 그리고 칸트의 인 식론으로 대표되는 전통적인 서구 근대인식론의 특성과 그 한계성은 다음과 같이 요약될 수 있다. 첫째, 전통적인 서구 근대인식론은 '객관주의적'(objectivistic)이다. 이러한 인식론은 인식자로부터 분리된 '순수 객관적 실재'의 존재를 전제하며 모든 지식은 실재에 상응한다고 가정한다. 둘째, 전통적인 서구 근대인식론은 '개인주의적'(individualistic)이며 앎의 '공동체적' 측면을 무시하는 경향을 지닌다는 것이다. 이들은 지식이 사회적 상황과 관련되며, 공동체에 뿌리박혀 있다는 사실을 인식하지 못한다.[80] 셋째, 전통적인 서구 근대인식론은 플라톤이 '상상'을 가장 낮은 수준의 인식으로 간주한 이래, 앎에 있어서 상상의 중요성을 무시하는 경향이 있다.[81] 지식을 오직 합리적 확실성과 동일시함으로써 지식으로부터 상상을 제외시킨다. 근대인식론에서는 '거기 바깥에' 순수 객관적 실재가 존재하고 지식은 그것과 상응해야 한다고 믿기 때문에, 앎

---

76) Jürgen Habermas, "Modernity: An Unfinished Project," in *The Post-Modern Reader*, ed. Charles Jencks (New York: St. Martin's Press, 1992), 162-163.

77) Grenz, *A Primer On Postmodernism*, 3.

78) *Ibid.*, 4.

79) *Ibid.*

80) *Ibid.*, 167.

81) Francis M. Cornford, ed. and trans, *The Republic of Plato* (London: Oxford University Press, 1941), 226.

에 있어서 상상의 역할은 무시될 수 밖에 없는 것이다. 마지막으로, 전통적인 서구 근대인식론에서의 앎은 '관객조망적' 이다. 이러한 관점에서는 앎은 '참여적' 이지 않고, 지식은 가치중립적일 뿐이며, 이러한 인식론에서는 자아가 세상으로부터 분리되어 있다.

전통적인 서구 근대인식론에서의 앎은 이와 같이 '객관주의적,' '개인주의적,' '실증주의적,' 그리고 '관객주의적' 특성을 지닌다. 이러한 객관주의 인식론이 근대 학교교육에 지대한 영향을 미치게 되고, 근대 교육과정과 교육방법의 근저에는 이런 서구 근대인식론이 자리잡고 있다. 그런데 오늘날에는 이러한 전통적인 서구 근대인식론을 비판하는 새로운 인식론이 등장하고 있는데, 마이클 폴라니(Michael Polanyi)로 대표되는 새로운 인식론은 다음 몇 가지 공통점을 지니고 있다.[82]

첫째, 새로운 인식론에서의 앎은 인격적이다. 전통적인 서구 근대인식론과는 대조적으로 새로운 인식론은 앎에 있어서 인격적인 요소의 역할을 강조한다. 주체와 객체, 아는 자와 알려지는 것이 하나라고 하는 것은 지식의 인격적 차원을 보여주고 있고, 앎이 존재로부터 분리될 수 없다는 주장은 모든 앎이 '인격적 지식' 임을 의미하는 것이다. 이 점에서 새로운 인식론에서의 앎은 '나와 그것' 의 관계가 아니라 '나와 너' 의 관계이다. 순수 객관적인 지식은 존재하지 않는다. 둘째, 새로운 인식론에서 앎은 공동체적이다. 앎의 주체가 자율적 개인임을 강조하는 객관주의적 인식론과는 달리, 새로운 인식론은 앎의 공동체적 측면을 강조한다. 앎은 사회-문화적 상황으로부터 분리될 수 없다. 우리가 무언가를 알게 될 때는 상징, 비유, 그리고 언어를 통하게 되는데, 이것들은 사회-문화적으로 구성된 것들이다. 인격적 지식이 주관주의적이지 않은 이유가 바로 인격적 지식이 공동체 안에서 공유되고 있기 때문이다. 모든 앎은 함께 아는 자가 있음을 전제한다. 셋째, 새로운 인

---

82) Polanyi, Michael, *Personal Knowledge: Towards a Post-Critical Philosophy* (Chicago: The University of Chicago Press, 1962)

식론에서 앎은 상상적이다. 앎의 과정에서 상상을 배제하는 객관주의적 인식론과는 대조적으로, 새로운 인식론은 상상을 앎의 근본으로 인식한다. 우리는 오직 상상을 통해서만 우리의 경험을 인식할 수 있다. 상상 없이는 우리는 알 수도 믿을 수도 없다. 상상이 사고, 감정, 의지, 그리고 가치를 포용하기 때문에 앎은 단지 '인지'와 동일시 될 수 없다. 앎은 전인을 포함하는 행위이다. 마지막으로 새로운 인식론에서 앎은 참여적이다. 앎에 있어서 조망적 의식을 강조하는 객관주의적 인식론과는 대조적으로 새로운 인식론은 알려지는 것에 대한 아는 자의 참여의 중요성을 강조한다. 알려지는 것에 대한 아는 자의 헌신이 앎에 있어서 결정적인 역할을 한다. 더 나아가 헌신 없이는 아무것도 알 수 없다고 말할 수 있다. 모든 앎은 아는 자의 알려지는 것에 대한 헌신과 참여를 전제한다.

결국 새로운 인식론에서는 인식론이 존재론과 분리될 수 없다. 토마스 그룸(Thomas Groome)은 그의 책 『기독교종교교육』(*Christian Religious Education*)에서 이러한 인식론적인 특징을 '인식론적 존재론'(Epistemic Ontology)이라는 용어로 설명하고 있다.[83] 그룸의 생각에 동의하면서, 존재론과 분리될 수 없는 인식론이라는 관점에서 새로운 인식론은 객관주의적 인식론과는 대조되는 '존재론적 인식론'(Ontologic Epistemology)으로 표현할 수 있을 것이다. 이러한 새로운 인식론은 교사교육의 새로운 지평을 열고 있다. 종전에는 교사와 학생, 그리고 교재가 서로 분리되어 존재할 수 있다고 생각했지만, 이제는 교사의 존재와 교사의 앎이 분리될 수 없을 뿐 아니라, 교사의 존재와 교사의 가르침이 분리될 수 없음을 깨닫게 되는 것이다. 이는 인식론(epistemology)과 존재론(ontology), 그리고 교수론(pedagogy)이 서로 연결되어 있음을 의미한다. 그렇기 때문에 교사교육에 있어서 교사의 인성과 영성을 다루는 것은 교사가 가르칠 내용을 잘 알 수 있도록 준비시키

---

83) Thomas H. Groom, *Christian Religious Education*, 이기문 역, 『기독교적 종교교육』(서울: 대한예수교장로회총회교육부, 1983), 217-224.

는 것과 분리될 수 없다. 마이클 폴라니의 개념을 빌리면, 그동안 교사교육에 있어서 암묵적 차원(tacit dimension)으로 여겼던 부분들의 중요성과 그 가치를 인식하게 되는 것이다.

3) 활자인쇄 커뮤니케이션에서 멀티미디어 커뮤니케이션으로

21세기의 교육에 가장 강력한 영향을 미친 것은 커뮤니케이션의 변화라고 할 수 있다. 근대 시기를 지배해온 활자인쇄 커뮤니케이션 체제가 전자매체의 발달로 인해 멀티미디어 커뮤니케이션 체제로 패러다임 전환을 하게 된 것이다. 이러한 커뮤니케이션의 변화는 교육의 패러다임 변화와 직결된다. 왜냐하면 커뮤니케이션과 교육은 뗄 수 없는 관계를 지니기 때문이다. 일반적으로 커뮤니케이션을 "기호를 통해서 의미를 전달하는 현상"[84]이라고 정의할 수 있는데 이러한 커뮤니케이션 이해는 바로 교육현상을 설명해주는 원리와 동일시 될 수 있다. 교육현상은 다름 아닌 '기호를 통해서 의미를 전달하는 현상'이기 때문이다.

구텐베르그(Johannes Gutenberg)에 의해서 1453년 발명되어진 인쇄술은 커뮤니케이션 역사의 새로운 분기점이 되었다. 인쇄술이 발명되기 전인 필기문화시기에도 문자는 수기(handwriting)를 통해 사용되어졌지만 그 문자를 읽고 해독할 수 있는 사람은 매우 제한되었으며, 문자를 손으로 기록하는 데에는 많은 시간과 노력이 소모되기 때문에 여전히 커뮤니케이션에 있어서 공간적 제한을 지니고 있었다. 그러나 인쇄술이 발달하면서 '책'은 가장 강력한 미디어로서 한 사람의 생각을 수많은 사람들에게, 그리고 지역의 한계를 넘어 수많은 지역으로 전파가 용이하게 되었다. 종교개혁이 가능하게 된 것도 이러한 책의 보급, 특히 라틴어 성경이 아닌 독일어 번역 성경의 보급과, 개혁사상을 담은 글들의 보급으로 인한 것이었다고 해도 과언이 아닐 것이다. 이런 점에서 루터는 인쇄기를 '신의 창조물 중 최고의 것'으로 지칭하

---

84) 홍기선, 『인간커뮤니케이션』 (서울: 나남출판사, 2002), 16.

고 있다.

　인쇄술의 발명으로 대중교육이 가능하게 되었다. 필기문화시기에는 귀족들이나 특권 계층을 위한 학교들에 국한되었다면, 인쇄활자 커뮤니케이션 시대에는 민중들에게도 교육의 기회가 주어지는 대중교육이 가능하게 되었다. 대학들의 설립과 수많은 학교들이 세워지게 된 것은 이러한 커뮤니케이션의 패러다임의 변화에 의한 것이라고 할 수 있다. 대중교육의 확립 외에도 인쇄활자 커뮤니케이션은 교육의 영역에 다양한 영향을 미치게 되었다. 구두커뮤니케이션 시대와 비교해 볼 때 보다 더 지성을 감성으로부터 구분하는 경향을 지니게 되었다. 인쇄된 활자는 정교하며, 선형(linear)적으로 조직되어 있으며, 질서정연하게 나열되어 있기에 보다 논리(logic)와 추상적 사고를 강조하는 특징을 지닌다. 또한 메시지의 생산자와 수용자의 분리가 극대화됨으로 처음 글을 쓴 필자의 삶의 정황과 존재론적 상황(context)과의 연계성을 상실한 '객관적' 내용이 형성되게 된다. 이런 점에서 인쇄활자커뮤니케이션 시대의 지식은 탈맥락적(decontextualized) 지식이요, 비인격적 지식이라고 할 수 있다. 또한 활자는 그것을 대하는 개인이 혼자 독해하며, 메시지의 생산자나 그 공동체로부터 분리되어 있다는 점에서 개인주의적 성향을 지닌다. 대중을 대상으로 하는 매스커뮤니케이션을 가능케 하였지만, 공동체성은 오히려 약해지는 경향을 지니는 것이다.[85] 가장 심각한 영향 중의 하나는 지적영역이 교육내용의 중심을 차지하게 되었다는 점이다. 인쇄술의 발달은 이성과 합리적, 과학적 사고를 가장 중요시하는 계몽주의의 등장과 함께 교육에 심대한 영향을 미치게 되었는데, 다양한 인간의 능력 중 지적능력이 가장 중요시되었으며, 다양한 인간의 감각기관 중 시각이 중요시되었

---

85) 집단(collective)과 공동체(community)를 구별하여야 한다. 집단 안에서는 여전히 개인주의 (individualism)가 팽배하지만, 공동체 안에서는 개인주의와는 다른 인격주의(personalism)가 가능하다 (Maria Harris, *Fashion Me A People*, 고용수 역, 『교육목회 커리큘럼』 (서울: 장로교출판사, 1997), 33-34 참조).

으며, 다양한 인간의 지능 중 언어적 지능이 가장 중요시되었다. 학교의 발달은 앎의 삶으로부터의 분리를 가속화시켰으며, 인간의 어느 한 영역이나 능력, 기능만을 강조하는 편향적인 교육이 이루어짐으로 통전적인 교육으로부터 멀어지게 되었다.

오늘날 멀티미디어 커뮤니케이션 시대는 과거 활자인쇄 커뮤니케이션 시대와는 전혀 다른 특징을 보이고 있다. 전자 미디어의 발달, 특히 인터넷의 발달은 구테베르그의 인쇄술 발달 이상의 커뮤니케이션 변혁을 일으키고 있다. 무엇보다 제2차 세계대전 이후 확산하게 된 텔레비전은 뉴 미디어의 시초로서 커뮤니케이션 체제에 큰 영향을 미치게 된다. 텔레비전은 라디오와는 달리 시각과 청각을 재결합시킨다. 시청각커뮤니케이션 이전 시대에는 시각과 청각이 분리되었다. 구전이 강조되는 시대에는 청각이, 문자커뮤니케이션 시대에는 문자를 보면서 읽는 시각이 중요한 역할을 수행하였다. 그런데 뉴 미디어의 등장으로 시각과 청각과 분리되지 않음으로 보다 원시사회의 인간적 커뮤니케이션으로 회귀할 수 있는 가능성을 보여주었다. 지금은 단지 시각에 의존하는 것이 아니라 오감, 즉 시각, 청각, 미각, 후각, 촉각 등을 사용하는 멀티미디어 커뮤니케이션이 가능해진 것이다.

커뮤니케이션의 패러다임의 변화는 인식의 패러다임의 변화를 의미하고, 이는 바로 교육의 패러다임을 의미한다. 언어나 문자를 매개로 한 커뮤니케이션에서의 인식은 개념중심의 논리적 인식이다. 그리고 이러한 형태의 커뮤니케이션에서의 교육은 강의와 판서를 중심으로한 교수방법을 통해 이루어진다. 그러나 멀티미디어 커뮤니케이션에서의 인식은 모든 감각기관이 작용하여 이미지를 획득하는 통전적 인식이라고 할 수 있다. 이러한 멀티미디어 커뮤니케이션에서의 교육은 다양한 매체를 사용하여 오감의 반응을 일으키는 방식으로 이루어진다. 이런 점에서 멀티미디어 커뮤니케이션 시대는 전통적인 교육이 지녔던 '논리중심의 인식,' '언어중심의 인식,' '개념중심의 인식' 을 넘어서는 새로운 통전적 교육인식론을 요청하고 있다. 최근 교육학의 새로운 동향들은 이러한 커뮤니케이션 패러다임의 변화와 맞물려 통전적 교육인식론에 대한 중요한 통찰을 주고 있다.

이는 교사교육에도 중요한 변화를 초래한다. 교사교육에서 교육방법은 매우 중요한 부분을 차지하는데, 전통적으로 교육방법은 교수방법으로 축소되어 이해되어져왔다. 교수방법 중에서도 특히 지적인 설득을 위주로 하는 수업을 강조하는 경향이 있어왔고, 이로 인해 강의가 주된 교수방법으로 정착하게 되었다. 반면에 강의가 아닌 것, 수업이 아닌 것, 교수가 아닌 것은 상대적으로 덜 중요하게 인식되었는데, 언어로 전달하는 말하기가 아닌 교사의 표정, 제스처, 눈맞춤, 미소, 침묵 등이 소홀히 다루어졌고, 교사와 학생의 만남, 교사의 삶과 영성, 수업시간 외의 다양한 상호작용 등이 무시되는 경향이 있어왔다. 그러나 커뮤니케이션의 패러다임 변화는 학습자에게 미치는 모든 영향력이 교육의 관심으로 부상되고, 교사교육은 언어적 커뮤니케이션(verbal communication)만이 아닌 다양한 비언어적 커뮤니케이션(non-verbal communication)을 포함하여야 함을 의미한다.

### 4) 개인주의에서 공동체에 대한 강조로

오늘날 교육, 그것이 일반 교육이든 종교교육이든, 모든 교육의 영역에서 감지되는 중요한 변화는 공동체를 강조하는 경향이다. 계몽주의 이후 근대 시민사회와 자본주의 사회는 개인주의를 그 바탕에 깔고 있다. 이는 근대주의에 결정적으로 영향을 미친 철학자 데카르트(1596-1650)의 사상에서 일차적으로 발견되어진다. 데카르트는 진리의 확실성을 추구하였는데 모든 것을 다 의심할 수 있지만 의심하고 있는 자신을 의심할 수 없다고 주장하였다. 이것이 그의 유명한 명제인 '나는 생각한다. 고로 나는 존재한다'(Cogito ergo sum)의 의미이다.[86] 즉 그는 인간정신을 사고의 중심에 위치시켰으며, 인간의 개별적 자아(self)를 강조하였는데, 개인을 자율적인 존재로 보았다.

---

86) Rene Descartes, *Discourse on the Method*, part 4, trans. Laurence J. Lafleur (Indianapolis: Bobbs-Merrill, 1960), 24.

이는 서구 근대 민주주의의 한 기초를 형성하는 개인주의(individualism)의 토대가 되는 사상이다.

그런데 오늘날에는 세계와 분리된 자아라든지 공동체와 분리된 개인이 있을 수 없음을 깨닫고 근대주의적 이원론(dualism)을 극복하고 공동체를 강조하는 경향이 있는 것이다. 자아(self)는 사회적, 문화적 상황, 역사적 맥락을 떠나서 존재하는 것이 아니고 공동체 안에 뿌리박혀 있음을 부인할 수 없다는 것이다. 자아는 세계 및 삼라만상과 어떤 형태로든 연계되어 있기 때문에 네트워크와 그물망(web)으로 연결되어 있는 존재로 이해되어야 한다. 지식도 마찬가지이다. 모든 지식은 사적인(private) 것이 아니라 공동체적(communal)인 것이다. 모든 지식은 함께 아는 자들(co-knowers)이 있음을 전제하는 것이고, 그렇기 때문에 모든 앎은 공동체적 성격을 지닌다.

기독교교육 분야에서는 존 웨스트호프(John Westerhoff)나 엘리스 넬슨(Ellis Nelson) 같은 학자들이 소위 '신앙공동체 이론'을 주장하였다. 이는 신앙은 교수-학습을 통해 이루어지기보다는 신앙공동체에 참여하여 경험함으로써 사회화되고 문화화되기 때문에 신앙을 논리적으로 변증하고 설득하는 것 이상으로 공동체 생활이 중요하다는 것이다. 웨스트호프는 오늘날 기독교교육이 기초부터 흔들리고 있다고 보면서 그러한 위기의 이유를 교육적 패러다임의 문제에서 찾고 있다. 그에 의하면 기존의 교회교육이 학교수업이라는 '학교식-교수 패러다임'(Schooling-instruction paradigm)에 근거하고 있는데 이러한 의도적인 수업으로는 신앙이 형성될 수 없음을 주장하고 있다.[87] 전통적 학교식-교수 패러다임은 의도적인 지식전달은 강조했지만 잠재적 교육과정이라고 할 수 있는 종교적 사회화(religious socialization)의 과정에는 관심을 기울이지 못하는 한계를 지니고 있다. 웨스트호프에 의하면 학교식-교수 패러다임에서는 종교에 관해서(about) 가르칠 수는 있지만

---

87) John H. Westerhoff III, *Will Our Children Have Faith?*, 정웅섭 역, 『교회의 신앙교육』(서울: 대한기독교서회, 1983), 32.

신앙을 가르칠 수는 없으며 결국 가르쳐지는 것은 지식으로서의 기독교 내용 뿐이다.[88] 그는 이런 패러다임의 대안으로서 '신앙공동체–문화화 패러다임'(a community of faith-enculturation paradigm)을 제안하고 있다.[89] 웨스트호프는 기독교교육의 자리를 학교 교실로부터 신앙공동체로 옮길 것을 주장하고 있는데, 신앙공동체 안에 참여함을 통해 한 인간이 공동체 안에서 문화를 내면화 하듯이 일종의 문화로서의 신앙을 형성하게 된다는 것이다.

이러한 공동체에 대한 웨스트호프의 강조는 의식, 경험, 활동들에의 참여를 강조하는 경향으로 나타나게 되는데, 이는 강의나 설교만이 아닌 예전(liturgy)의 중요성을 회복해야 한다는 주장과 이어진다.[90] 종교개혁 이후 근대시대에는 '말씀신학'이 중심이 되고 '설교'의 중요성이 부각되었지만, 상대적으로 덜 강조되어온 성례전이나 공동체의 여러 종교의식의 중요성이 회복되어야 한다는 것이다. 얼마나 잘 가르치느냐도 중요하지만 어떤 공동체에 속해 있느냐가 신앙형성에 관건인 것이다. 학교식 체제 속에서 수업을 통해 교사가 인지적 내용을 거의 일방적으로 가르쳤던 것이 근대주의 교육의 전형적인 모습이었다면, 신앙공동체(faith community) 안에 구성원들이 함께 참여하고 상호작용하는 공동체적 경험을 통해 신앙을 형성하게 되는 교육의 모델은 포스트모던 교육의 한 형태로 간주될 수 있을 것이다. 이러한 학교식 패러다임에서부터 신앙공동체 패러다임으로의 전환은 교사교육에 있어서 더 이상 '교사대학'이라는 '학교형 체제'에 안주되어서는 안된다는 것을 의미한다. '교사들'이 하나의 신앙공동체를 이루어야 하고, 교사교육 자체가 공동체적 교육이 되어야 하는 것이다.

---

88) *Ibid.*, 51.
89) *Ibid.*, 87.
90) *Ibid.*, 93-122.

5) 지성주의에서 감성에 대한 강조로

21세기 교육의 중요한 변화로서 감성에 대한 강조를 들 수 있다. 계몽주의 이후 근대 시기동안에 강조되어온 이성, 합리성, 지성의 지배에 대한 반작용이라고 할 수 있다. 소위 IQ(Intelligence Quotient)로 대변되는 지능주의, 주지주의는 인간의 여러 가지 능력 중에서 언어적, 수리적 능력에만 초점을 맞추는 경향이 있어왔다. 그래서 학교교육에서는 주지교과라는 것이 있어서 이 과목을 필수교과로 인식하고 상대적으로 많은 시간을 할애할 뿐 아니라 시간배당도 오전 시간대에 배당하는 등 특별한 대우를 해 온 것이 사실이다. IQ는 1905년 알프레드 비네(Alfred Binet)에 의해 고안된 지능 측정을 위한 도구인데, 이 검사에서 규정하는 지능은 인간의 전체 능력을 포함하는 것이 아니기 때문에 다른 영역의 능력을 제외시키는 결과를 가져오게 된다. 인간의 감성적 능력과 상상하는 능력, 인간관계의 능력 등에 대해서는 소홀히 다루는 경향이 있는 것이다.

이러한 지성주의에 대한 비판과 도전은 크게 흔히 EQ(Emotional Quotient)로 알려진 EI(Emotional Intelligence), 즉 감성지능에 대한 강조와 MI(Multiple Intelligences)인 다중지능에 대한 강조로 나타나고 있다. 다니엘 골만(Daniel Goleman)은 그의 책 『감성지능』(*Emotional Intelligence*)에서 뇌 연구를 통한 결과를 소개하고 있는데 감성이 인간의 능력에 있어서 차지하는 중요성을 강조하고 있다. 그는 감성지능이 자아인식 능력, 자기조절 능력, 자기동기화 능력, 감정이입 능력, 대인관계 기술을 가능케 하는 원천이라고 주장한다.[91]

EQ 또는 EI보다 교육에 더 큰 영향을 미치고 있는 이론이 다중지능론(MI 이론)이다. 하버드 대학의 교육학과 교수이면서 보스톤 의과대학의 신경정신과 교수이기도 한 하워드 가드너는 기존의 IQ 중심의 지능이론에 반대하면서 지능에는 다양한 요소들이 있다고 주장하면서 9가지 지능을 소개하고 있

---

91) Daniel Goleman, *Emotional Intelligence* (Bantam Books, 1997)

다.[92] 첫째로 언어 지능(linguistic intelligence)이 있다. 언어지능은 효과적으로 언어를 인식하고 사용할 수 있는 능력으로서 전통적으로 IQ 검사의 중요한 부분을 차지하여 온 것이다. 둘째는 논리수리적 지능(logical-mathematical intelligence)이 있다. 논리수리적 지능은 언어적 지능과 함께 IQ 검사의 주축을 이루어 왔다. 우리가 일반적으로 이러한 지능이 높은 아동을 '머리가 좋은' 아동으로 인식하지만 이 논리수리적 지능도 두뇌의 특정한 부분과 관련된다.[93] 셋째, 공간지능(spatial intelligence)이 있다. 공간지능은 공간문제를 해결할 수 있는 능력인데, "항해라든지 지도를 읽을 때 필요하고, 장기 게임을 하거나 다른 각도에서 보여진 물체를 시각화할 때도 요구되는 능력"이다.[94] 넷째, 신체운동적 지능(bodily-kinesthetic intelligence)이 있다. 이 지능은 몸 전체 또는 일부를 이용하여 효과적으로 표현하고 물체를 솜씨있게 다루는 능력으로서 전통적으로는 지능으로 이해되지 못했다. 물론 이 지능은 수학의 방정식을 푸는 것과 같은 '문제해결 능력'은 아니지만, 감정을 표현하고 게임을 하며 새로운 것을 창조해 내기 위해 몸을 움직이는 것은 분명히 신체활동의 인지적 능력을 포함하는 증거이다.[95] 다섯째, 음악지능(musical intelligence)이 있다. 이는 음악적 형식들을 인식하고 구별하며 변형하고 표현하는 능력이다.[96] 여섯째, 대인관계 지능(interpersonal intelligence)이 있다. 이 지능은 타인들이 가지는 기분, 기질, 동기, 의도 등을 파악하는 능력이다. 이는 지도자들에게서 확연히 발견되어지는 능력으로서, 높은 수준에 가면 이 지능은 타인이 감추고 있는 욕망이나 의도까지 파악할

---

92) 하워드 가드너가 1983년에 출판한 *Frames of Mind: The Theory of Multiple Intelligence*에서는 7가지 지능을 소개하지만, 그가 1996년에 출판한 *Intelligence: Multiple Perspectives*에서는 9가지 지능을 열거하고 있다.

93) *Ibid*, 44-45.

94) *Ibid.*, 46.

95) *Ibid*, 42.

96) Thomas Armstrong, *Multiple Intelligences in the Classroom* (Alexandria, VA: ASCD, 1994), 3.

수 있다.[97] 일곱째, 내면성찰 지능(intrapersonal intelligence)이 있다. 이 지능은 자기 자신을 아는 능력이며 이러한 자기 이해를 토대로 적절하게 행동할 수 있는 능력이다. 이러한 지능은 자기 자신에 대한 정확한 자아상을 지니며, 내적인 감정, 의도, 동기, 기질, 그리고 욕망을 아는 능력을 포함하며, 자기훈련, 자기이해, 자기존중의 능력까지도 포함한다.[98] 여덟째, 자연탐구 지능(naturalist intelligence)이 있다. 이는 동식물이나 주변 사물을 관찰하고 이를 분석하는 능력이다. 자연탐구 지능이 높은 사람은 자연친화적이고 식물이나 동물 채집을 좋아하고 이들을 분류하기를 좋아한다. 마지막으로 실존 지능(existential intelligence)이 있다. 이 지능은 인간실존의 이유와 삶과 죽음의 문제, 인간본성과 가치의 문제 등 존재의 의미를 성찰하고 종교적인 사고를 할 수 있는 능력이다.

하워드 가드너의 다중지능이론에 의하면 종래까지의 근대교육은 다양한 지능들 중 첫 번째와 두 번째, 즉 언어지능과 논리–수리적 지능만을 지나치게 강조해왔다. 그러나 그 외의 여러 지능들이 있으며 이는 상호 독립적으로 존재함으로써 한 지능이 높은 사람이 모든 지능이 높은 것을 의미하는 것은 아니라는 것이다. 그동안의 근대주의적 교육은 언어, 논리–수리 지능만 높은 아이들을 똑똑하다고 생각했는데, 이제는 다양한 영재가 있다는 것을 인정해야 하며 다양한 지능이 함께 존중되어야 한다고 가드너는 주장한다. 이러한 다중지능의 발견은 그동안의 교육이 매우 편협했음을 드러내고 다시금 통전적인 교육으로 회복하는 데에 의미있는 공헌을 하고 있다. 그동안 근대교육이 지나치게 지적인 교육으로 제한되어 왔다면, 지, 정, 의를 모두 포함하며 예술적, 신체적, 관계적, 내면적, 실존적 능력을 교육의 가치로 회복하는 전기를 마련하고 있다고도 할 수 있다. 가드너의 다중지능이론은 교회교육은 물론, 교사교육에 있어서도 이러한 편협성을 극복하고 보다 통전적인

---

97) Gardner, *Multiple Intelligences*, 48.
98) Armstrong, *Multiple Intelligences in the Classroom*, 3.

교사교육이 될 것을 요청하고 있다.

앞에서 열거한 다섯 가지 교회교육 배경의 변화, 즉 모더니즘에서 포스트모더니즘으로, 객관주의적 인식론에서 새로운 인식론으로, 활자인쇄 커뮤니케이션에서 멀티미디어 커뮤니케이션으로, 개인주의에서 공동체주의로, 그리고 주지주의에서 감성주의로의 변화는 이 시대에 맞는 새로운 교사교육을 요청하고 있다. 즉 학교형 패러다임으로 대표되는 근대주의 교육구조로서의 '학교식 교사교육'의 시대적 한계를 극복하는 대안적 교사교육을 요청하는 것이다.

### 2. 복음적 개혁신학의 요구: 신앙을 위한 교사교육

21세기 교회교육의 배경으로서 사상적 경향의 변화가 교사교육에 도전하는 것 외에, 교회교육의 교사교육은 보다 복음적 개혁신학의 요구에 부응할 것을 요청받고 있다.[99] 이는 교사교육에 대한 신학적 요청이며, 본 교단(장로교 통합)의 정체성이 분명한 교사교육에 대한 요청이기도 하다. 교회의 영적 부흥이나 교회학교의 영적 부흥은 모두 외부에서 어떤 새로운 것을 가져오는 것을 통해서가 아니라 그동안 소홀히 했던 본질에 충실할 때 따라 오는 것이다. 교회학교의 영적 부흥을 위한 교사교육의 대안 모색에서 개혁신학의 요구를 재고하는 것은 그 때문이다. 개혁신학의 요구는 한 마디로 '지식' 전달이나 '신념' 형성을 위한 교사교육이 아니라, '신앙'을 위한 교사교육'이다. 이 '신앙을 위한 교사교육'을 논함에 있어 이 장에서는 특히 신앙을 강조하는 교사교육이 되어야 한다는 측면에서 '신앙'을 위한 교사교육과 이러

---

99) 본 연구에서 '복음적 개혁신학'이라는 용어를 사용하는 것은 본 교단의 신학적 입장이 개혁신학적이면서 동시에 복음적임을 강조하기 위한 것이고 복음주의 진영을 포용함을 강조하는 의미이기도 하다.

한 교사교육은 단지 교수(teaching)에 머무르는 것이 아니라 교육(education)
이 되어야 함을 강조하기 위해 신앙을 위한 교사 '교육' 으로 나누어 살펴보
고자 한다.

### 1) '신앙' 을 위한 교사교육

복음적 개혁신학의 입장에서는 '신앙' 이 기독교교육의 중심 관심이다. 기
독교교육은 사람들로 하여금 '기독교신앙' 을 가진 사람 즉, 기독교인이 되
고, 또한 그들이 '신앙' 안에서 성숙하도록 돕는 데에 관심이 있다. 리차드
오스머(Richard Osmer)가 주장하듯이 기독교교육자는 '신앙' 이 일깨워지고
지원되고 도전될 수 있는 상황을 준비해야만 한다.[100] 이는 지식이나 신념
(belief)이 기독교교육의 중심이 아님을 의미한다.

기독교교육의 중심 관심인 신앙은 신념과 비슷한 것 같지만 다르다. 윌프
레드 캔트웰 스미스(Wilfred Cantwell Smith)가 『신앙과 신념: 그 차이』에서
신앙과 신념의 개념들이 역사적으로 어떻게 의미가 변천했는지를 분석함으
로써 그 의미의 차이를 설명하고 있다.[101] 그는 신앙은 마음(heart)을 드리는
것이며, 초월자에 대한 자기헌신을 포함하는 반면, 신념은 신앙이 표현되는
하나의 방식이라고 말한다. 즉 신앙은 전인에 관계되는 차원인 반면, 신념은
단지 지적인 차원과만 관련이 있다는 것이다.

기독교교육학자인 사라 리틀(Sara Little)은 그녀의 책 『기독교교수방법론』
(*To Set One's Heart: Belief and Teaching in the Church*)에서 신앙과 신념의
차이를 논의한다.[102] 리틀은 "신앙은 종교적으로 중요한 범주이며 신념과 동

---

100) Richard Robert Osmer, *Teaching for Faith* (Louisville: Westminster/John Knox Press, 1992), 12.

101) Wilfred Cantwell Smith, *Faith and Belief: The Difference Between Them* (Boston: Oneworld, 1998)

102) Sara Little, *To Set One's Heart*, 사미자 역, 『기독교교육교수방법론』(서울: 대한예수교장로 회총회출판국, 1988)

일한 것이 아니다"라고 주장하며, 신앙은 "신앙의 대상인 하나님과 항상 관계를 맺으려는 지향성"으로 보았다. 신앙과 신념은 상호작용적 관계에 있는데, 신념은 신앙의 한 요소로서 인지적인 측면을 강조하는 경향이 있다. 리틀은 개혁신학의 관점에서 신앙을 이해하고 있는데 신앙은 하나님으로부터의 선물이기에 인간의 노력에 의해 성취될 수 없는 것으로 본다. 그것은 하나님의 은혜에 대한 인간의 응답이다. 그러므로 그녀에게 있어서 신앙은 가르칠 수 있는 것이 아니라 기독교교육자가 지향해야할 목적이며, 기독교교육은 신앙을 '위한' 교육이다.

리차드 오스머(Richard Osmer)는 개혁신학의 관점에서 교회교육은 신앙을 위하여 존재한다고 주장한다. 그는 신앙은 '하나님 안에서 맺는 신뢰의 관계'로서 다양한 측면을 지니고 있는데, 리차드 니버(H. Richard Niebuhr)가 신앙을 입방체로 표현한 것을 근거하여 신념(belief), 관계(relationship), 헌신(commitment), 신비(mystery)의 차원으로 설명하고 있다. 이 때의 신념은 지적인 차원을 의미하는데, 교회교육은 신념만을 위한 것이 아니라 이 네 가지를 모두 포함하는 신앙을 위한 교육이 되어야 한다는 것이다.

요컨대 신앙은 다음의 네 가지 특성을 지닌다. 첫째, 신앙은 단지 정신(mind)과 관련되는 것이 아니라 마음(heart)과 관련된다. 스미스의 credo 개념의 분석이 보여주는 것처럼, 신앙은 '사람의 마음을 드리는 것'이다. 둘째, 신앙은 전인과 관련된다. 신앙은 단지 지적인 면만을 갖는 것이 아니고 정의적, 행동적, 의지적인 차원을 포함한다. 셋째, 신앙은 명제적이기보다는 관계적이다. 신앙은 교리적 명제에 대한 지적 동의가 아니라 초월자와의 관계이다. 마지막으로, 신앙은 인간의 노력을 통해서는 붙잡을 수 없는 신비를 포용한다. 따라서 기독교교육은 신앙을 창조하거나 직접적으로 신앙을 자라게 할 수 없다. 기독교교육은 그 안에서 하나님이 인간을 만나시는 장(context)을 준비하는 역할을 하도록 부르심을 받은 것이다.

신앙을 위한 기독교교육이라는 복음적 개혁신학의 요구는 교사교육에 그대로 적용될 수 있다. 교사교육이 신념의 차원에 머물러서는 안되며 신앙의 차원까지를 포함해야 하고, 학생들에게 신념을 전수하는 교육이 아니라 신앙의 변화를 일으키는 교육이 되도록 해야 한다. 이는 먼저 교사교육이 교사의 신앙에 초점을 두어야 할 것을 의미하기도 하는데, 종래의 전통적인 교사교육이 교육내용에 대한 숙지, 교육기술의 획득 등과 같은 지식과 신념에 초점이 있었다면 이를 넘어선 신앙에의 관심을 촉구하는 것이다.

### 2) 신앙을 위한 교사 '교육'

신앙을 위한 교사교육은 신앙이 교사교육의 중심 관심인 것을 전제할 뿐아니라, 단지 교수(teaching), 학교식 교육(schooling), 그리고 수업(instruction)보다는 '교육'(education)이 신앙을 위한 교사교육의 적절한 통로가 됨을 전제한다. 교육은 생각, 느낌, 행동을 포함하는 넓은 의미에서의 인간행동을 의도적으로 변화시키는 것으로 정의될 수 있다. 이런 의미에서 교육은 단지 교수, 수업, 학교식 교육뿐만 아니라 사회화나 문화화의 과정까지도 포함한다.[103] 기독교교육은 또한 사람들로 하여금 하나님을 알고 그 삶이 변형되어갈 수 있는 장을 준비하기 위한 의도적인 인간의 노력이라고 정의될 수 있다. 이 점에서 교수, 학교식 교육, 수업, 각각은 신앙을 양육하는데에는 불충분하다. 신앙과 신념에 대한 스미스의 구분에 의하면 지적인 차원에만 초점을 두는 교수, 학교식 교육, 그리고 수업은 근대적 의미의 신념형성과 관련될 뿐이다. 전인, 즉 인간의 전체 차원을 포용하는 기독교교육만이 신념형성은 물론이고 신앙을 형성하는 통로가 될 수 있기에, 교사교육에 있어서도 이러한 전체 차원을 포함하는 교육이 이루어져야 한다. 종래의 전통적인 교사교육이 지나치게 교수나 학교식 교육만을 강조하는 경향이 있어왔는데 이러한 한계를 극복할 필요가 있다.

먼저 교사교육(education for teachers)은 교사교수(teaching for teachers)와는 구분되어야 한다. 교수는 교육의 한 부분이다. 교육은 교수만이 아니라

---

103) Lawrence A. Cremin, *Public Education* (New York: Basic Books, 1976), 27.

학습(learning)을 포함한다. 교육의 한 부분으로서 교수는 교사의 가르치는 행위로 제한된다. 제프 애슬리(Jeff Astley)가 지적하듯이 "사람은 다양한 학습경험을 통해서 계속 배운다."[104] 교육은 교수보다 넓은 개념이다. 교육은 교수와 학습을 포함하며, 교사의 가르치는 행위는 물론 학생과 멘토의 대인관계적 상호작용도 포함한다. 이 점에서 교사교육은 계획된 교수-학습 과정만이 아니라 문화화 과정도 포함한다. 존 웨스터호프(John H. Westerhoff)는 그의 책 『우리 아이들이 신앙을 갖게 될 것인가?』(*Will Our Children Have Faith?*)[105]에서 수업을 학교식 교육과 동일시하면서 학교식-수업 패러다임은 기독교교육으로부터 사회화의 과정을 제외시킨다고 비판한다. 그는 비형식적인 잠재적 교육과정이 교회학교의 수업과 같은 형식적 교육과정보다 더 영향력 있다고 주장한다. 마리아 해리스(Maria Harris)가 주장하듯이 기독교교육은 코이노니아, 레이투르기아, 디다케, 케리그마, 그리고 디아코니아를 포함하는 교회의 전체 사역[106]을 대상으로 하는데 반하여, 좁은 의미의 교수는 단지 디다케만을 의미할 뿐이다. 이런 점에서 교사교육은 교수라는 한계를 극복하고 그 지평을 넓혀야 한다.

둘째, 신앙을 위한 교사교육은 학교식 교육과는 구별되어야 한다. 가브리엘 모란(Gabriel Moran)은 학교식 교육은 교육의 하나의 형태일 뿐이라고 주장한다. 모란은 학교식 교육은 "학교라고 하는 기관에게 가장 적합한 학습의 형태"임을 지적한다.[107] 교육은 교육의 비학교적 영역, 즉 학교 안에서도 발견될 수 있지만 다른 장에서 일어날 수 있는 학습의 다양한 형태를 포함한다. 해리스 역시 교육은 학교식 교육을 포함하며, 학교식 교육은 교육의 많

---


104) Jeff Astley, *The Philosophy of Christian Religious Education* (Birmingham, Ala.: Religious Education Press, 1994), 35.

105) John H. Westerhoff III, *Will Our Children Have Faith?* (New York: Harper Collins, 1976)

106) Maria Harris, *Fashion Me A People* (Louisville: Westminster/John Knox Press, 1989), 75-163.

107) Gabriel Moran, *Interplay: A Theory of Religion and Education* (Winona, Minn.: Saint Mary's Press, 1981), 14.

은 형태 중 하나임을 주장한다. 해리스에 의하면 학교식 교육(schooling)은
"교육이 일어날 수 있는 많은 가능한 형태 중 하나로서 일반적으로 학교라는
장소에서 일어나며, 지적인 수업과 교과서 읽기, 공부의 과정에 초점을 두고
있다."[108] 또한 해리스는 학교식 교육을 교수와 구분하는데, 학교식 교육을
"학교교수"(school teaching)라고 부르면서 학교식 교육은 교육의 형태를 불
필요하게 제한하고 있다고 지적한다. 학교교수는 인간이 서로 가르치는 수
많은 형태의 장소들을 무시하는 경향이 있다.[109] 사라 리틀도 학교식 교육과
교수의 차이를 언급하고 있다. "학교식 교육은 교수와 학습을 다루지만, 그
러나 교수와 학습이 일어나는 환경은 비단 학교만 있는 것이 아니다."[110] 이
렇게 볼 때, 전통적인 교사교육은 상당부분 '교사대학'이라는 학교식 교육
의 형태로 국한되어 있음을 부인할 수 없다. 학교식 교육이 교사교육의 한
요소는 될 수 있지만 전부와 동일시 되어서는 안된다. 교사교육은 학교교수
를 포함해야 한다.

셋째, 교사교육은 수업(instruction)과도 구별되어야 한다. 토마스 그린은
수업을 교수와 구별한다. 그에게 있어서 교수는 수업보다 넓은 개념이다. 그
린은 수업을 통하지 않고 이루어지는 수많은 교수의 사례가 있을 수 있다고
주장한다. 수업은 어떤 습관의 형성과 같은 행동적인 영역보다는 지식이나
신념의 획득에 더 관련되는 활동이다. 수업은 필수적으로 "사람들로 하여금
진리를 이해하도록 하기 위해 이유, 증거, 주장 등을 포함하는 커뮤니케이션
을 요청한다."[111] 그린에 의하면 수업은 교수의 한 부분이고, 교수는 수업을
포함한다고 보았다.

결론적으로, 신앙을 위한 교사 '교육'은 교수, 학교식 교육, 그리고 수업보

---

108) Harris, *Fashion Me A People*, 64-65.
109) *Ibid*, 118.
110) Little, *To Set One's Heart*, 30.
111) Thomas Green, *The Activities of Teaching* (New York: McGraw-Hill Book Company, 1971), 29.

다 넓은 개념으로서 이들을 포함한다. 그러나 전통적인 교사교육은 교수, 학교식 교육, 그리고 수업과 동일시되는 경향이 있어왔다. 해리스가 말하는 초대교회 다섯 가지 교육적 기능 중 디다케에 한정되는 것처럼 보인다. 디다케는 교사교육의 많은 사역들 중 하나일 뿐이다. 교사교육은 교사들을 위한 가르침(Didache) 외에도 교사들을 향한 말씀선포(Kerygma), 교사들이 함께 드리는 예배와 예전(Leiturgia), 그리고 교사들의 봉사와 섬김(Diakonia), 교사들의 공동체적 교제(Koinonia)를 포함한다.[112] 또한 교사교육은 인지적, 정의적, 의지적, 그리고 행동적 차원을 포함하는 전인과 관련된다. 따라서 교수, 학교식 교육, 그리고 수업을 포용하는 교사교육이야말로 인간의 전체 차원을 포함하는 '신앙'을 위한 교사 '교육'이 되는 것이다.

### 3. 교사교육의 새로운 모색: 리더십 개발

앞에서 논의한 21세기 교회교육 배경을 이루는 교육의 새로운 경향들의 도전에 응전하면서, 신앙을 위한 교사교육이기를 바라는 복음적 개혁신학의 요구에 부응하는 교사교육의 새로운 모델은 무엇인가? 전통적인 학교식 교사교육 모델의 한계를 극복하고 보다 공동체를 강조하며 지식의 전수만이 아닌 삶의 모든 영향력을 교사교육의 관심으로 삼을 수 있는 교사교육의 새로운 모델은 무엇인가? 필자는 이러한 교사교육의 대안적 모델로 '교사교육의 리더십 모델'을 제안하고자 한다.

---

118) 이런 점에서 교사교육은 그 교사가 속한 교회의 교회생활 전 영역에서 일어나는 것이다. 교육목회가 잘 이루어지는 교회에서 훌륭한 교사가 양성된다. 이것이 교회의 다른 목회적 교육과정이 교사교육과 연계되어야 하는 이유이다. 그리고 교사교육의 간접적 시행자로서 교역자의 중요성이 드러나며, 교역자들(교육담당 교역자 뿐아니라 담임목사 포함)이 교회사역 안에서 교사들의 '지시자'가 아닌 기독교적 리더십을 발휘하는 존재로서 교회공동체의 삶 속에서 리더로서의 교사를 양육하는 구조가 되어야 한다. 여기에서 '교회학교'라는 명칭도 '교회교육 공동체'로 바꾸어 볼 것을 제안할 수 있다.

여기서의 리더십 또는 리더십 개발의 의미는, 과거에도 종종 시도되었던 교사의 한 기능으로서 '리더십'이나 교사교육의 한 부분으로서 '리더십 훈련'의 의미가 아니라, 교사의 전체 자질과 역할을 리더로서 규정하고, 그러한 리더십을 개발하는 전 차원을 교사교육으로 보려는 것이다. 이런 맥락에서 본 연구에서는 '리더십'을 '리더를 통해 공동체의 구성원들에게 미쳐지는 모든 영향력'이라고 정의하고, 교사의 리더십이란 '리더인 교사를 통하여 공동체의 구성원들인 학생들에게 미쳐지는 모든 영향력'이라고 정의한다.[113] 여기에서는 먼저 교사교육의 새로운 모델이 왜 리더십 모델인지를 설명하고, 일반적 리더십의 개념과 최근 교육행정학 분야에서 부상하는 '교육 리더십' 개념을 소개한 후, 기독교적 리더십으로서 '교사의 리더십'과 '리더십 개발로서의 교사교육'을 교사교육의 새로운 모델로 제시하고자 한다.

### 1) 왜 리더십 모델인가?

전통적 교사교육의 대안이 왜 리더십 모델인가에 대해서는, 21세기 교회교육의 배경을 이루는 새로운 경향에 응전하는 측면과 복음적 개혁신학의 '신앙을 위한 교사교육' 요구를 수용하는 측면 양쪽에서 논의를 하고자 한다. 21세기에 등장한 새로운 교육의 경향들은 교회교육의 패러다임의 변화를 요청하고 있다. 근대주의 교육모델이라고 할 수 있는 '학교형 패러다임'이 지닌 한계를 지적하면서, 이의 대안적 패러다임이 요구하는 것이다. 학교형 패러다임은 앞에서 살핀 대로 근대주의 교육배경이라고 할 수 있는 모더니즘, 활자인쇄 커뮤니케이션, 주지주의, 개인주의, 객관주의 인식론에 뿌리박혀 있다. 그러나 21세기의 변화로 인하여, 특히 포스트모더니즘, 멀티미디

---

113) 리더십에 대한 이러한 정의는 일반적인 리더십에 대한 정의보다 광의의 정의라고 할 수 있고, '지도력'이라는 용어는 '지도하는 기술이나 능력' 정도로 이해되고 지나치게 제한된 의미로 사용되어왔기 때문에 본 연구에서는 보다 포괄적인 의미를 담고있는 '리더십'이라는 영어 표현을 그대로 사용하기로 한다.

어 커뮤니케이션, 감성에 대한 강조, 공동체에 대한 강조, 그리고 새로운 인식론으로의 변화로 인하여 학교형 패러다임은 더이상 오늘날을 사는 학생들에게 적합한 교육구조가 되지 못한다는 것이 드러나고 있다. 이러한 학교형 패러다임의 한계는 이미 이반 일리치(Invan Illich)의 『탈학교 사회』(*Deschooling Society*)[114]라는 저술을 통해서 예견되었다. 그리고 교회학교의 한계와 그 종식에 대해서는 웨스트호프가 그의 책 『교회와 신앙교육』(*Will Our Childern Have Faith?*)[115]에서 이미 주장하고 있다. 일반 학교든 교회학교든 학교형 패러다임의 한계에 대해서는 거의 의견을 일치를 보고 있다. 그러나 학교형 패러다임의 대안에 대해서 일치된 주장이 있는 것은 아니다. 특히 교사교육에 있어서 '학교형 패러다임'의 한계에 대해서는 거의 논의되고 있지 않는 실정이다. 이런 상황 속에서 필자가 '리더십 모델'을 그 대안으로 제시하는 데에는 분명한 이유가 있다.

무엇보다 리더십 모델이 21세기 지식정보사회와 지구촌 환경, 그리고 사상적 경향이 교회교육에 주는 도전에 가장 적합하게 응전할 수 있는 구조이기 때문이다. 21세기의 변화는 더 이상 경직된 학급이나 교실, 획일적인 시간표나 커리큘럼, 그리고 단선적인 구조의 책상배열이나 일방적이고 권위주의적인 의사소통 구조로 학생들을 통제하도록 허용하지 않는다.[116] 21세기의 변화는 새로운 역동적인 유형의 교육구조를 요청하고 있는데 그것은 학교가 교육공동체로 변화하는 것이다. 그리고 그러한 공동체를 이끌 교사를 양성하는 교사교육은 바로 리더십 개발의 형태를 갖게 된다. 결국 리더십 개발로서 교사교육의 새로운 모델은 학교의 변화, 학생의 변화, 교사의 변화와 유기적으로 연계되어 있다고 볼 수 있다. 이러한 리더십 모델이 학교형 교사교육의 대

---

114) Ivan Illich, *Deschooling Society* (N.Y.: Harper and Row, 1970)

115) Westerhoff, 『교회의 신앙교육』, 52-54.

116) 윌리엄 파이너(William Pinar)는 이러한 학교교육의 현상을 실존적, 정신분석학적으로 잘 분석하고 있다(William Pinar, "Sanity, Madness, and the School" in W. Pinar ed. *Curriculum Theorizing: The Reconceptualists* (Berkeley, 1975), 359-383).

안이 될 수 있는 것은 특별히 다음의 다섯가지 강조로 인한 결과이다.

첫째는 공동체(community)에 대한 강조는 리더십 모델을 요청한다. 학교와 학급을 공동체로 인식할 때 교사는 그 공동체의 리더가 되는 것이다. 전통적인 학교식 교육에서는 개인의 학업성취가 강조되었고 경쟁을 기반으로 하였다. 그러한 경쟁은 획일적인 기준이 있을 때 가능한 개념이다. 그러나 획일주의와 기초주의가 거부되는 포스트모던 사회에서는 개인주의적 경쟁보다는 협동과 합의, 대화가 중요하다. 공동체의 리더로서 교사를 세우는 가장 좋은 방법은 교사교육을 공동체적으로 하는 것이다. 단지 공동체에 관한 이론을 수동적으로 배우는 것이 아니라 공동체의 일원이 될 때 공동체를 가장 잘 배울 수 있고, 그런 사람이 공동체를 이끌 수 있는 리더십을 갖게 된다.

둘째는 전인(total being)에 대한 강조는 리더십 모델을 요청한다. 리더십 모델은 전인과 삶 전체를 강조하는 가장 좋은 모델이다. 전통적인 학교형 패러다임은 지식만을 강조하는 경향이 있다. 이는 머리만을 강조하고 인지적 능력만을 강조하고, IQ만을 강조하는 왜곡된 교육을 가져왔다. 그러나 공동체 안에서 리더와 구성원들은 전 삶을 공유하며, 지적인 영역만이 아니라 정서적이고 의지적, 행동적인 면을 나눈다. 이러한 학생들의 전 삶에 대한 관심은 교사교육에 있어서 교사들의 전 삶에 대한 관심으로부터 출발된다. 리더십 개발은 좁은 의미의 기술(skill)의 개발이 아니라 삶 전체로 관심을 확장하는 것이고, 구성원의 삶의 모든 영역 속에서 변화를 경험하도록 하는 것을 의미한다.

셋째, 영향력(influence)에 대한 강조는 리더십 모델을 요청한다. 21세기의 교육은 수업을 통해 일어나는 학습에만 관심을 갖는 것이 아니라 학생(구성원)들의 모든 삶의 영역에서 받게 되는 영향력에 관심이 있다. 영향력에 초점이 모아지면 이는 리더십과 직결될 수 있는데, 리더십이 "조직의 목적을 달성하기 위해 조직의 과업과 구성원에게 끼쳐지는 리더의 영향력"[117]이기 때

---

117) 윤정일 외, 『교육리더십』(서울: 교육과학사, 2004), 30.

문이다. 이러한 영향력은 공식적인 수업시간에만 일어나는 것이 아니고 교육적으로 의도하지 않은 비공식적 과정(잠재적 교육과정)을 통해서도 일어나는데 이는 리더십 모델에 의해서 가장 잘 설명될 수 있다. 교사교육에 있어서도 실제적으로 교사를 변화시키는 것은 교사가 교육의 과정을 통해서 받은 영향력이고, 이를 가능케 하는 것은 리더십 개발로서의 교사교육이다.

넷째, 커뮤니케이션(communication)에 대한 강조는 리더십 모델을 요청한다. 전통적인 학교형 패러다임에서는 교수(teaching)를 강조하는 경향이 있는데, 교수 외에도 얼마든지 커뮤니케이션이 일어나고, 이를 통해 변화가 일어난다. 이런 의미에서 모든 커뮤니케이션은 교육의 과정이 됨에도 불구하고 기존의 학교형 패러다임은 이를 소홀히 다루고 있다. 리더십 개발은 언어적, 비언어적 커뮤니케이션을 모두 포함하고, 쌍방적 커뮤니케이션과 커뮤니케이션의 네트워크를 강조한다. 매체(media)에 있어서도 전통적인 학교형 패러다임에서는 문자와 말, 강의를 강조하고 그것들로 제한되는 경향이 있지만, 리더십 모델에서는 모든 미디어가 커뮤니케이션의 수단이 된다. 교사교육에 있어서도 전통적인 학교식 교사교육은 강의위주지만 교육리더를 세우는 리더십 개발로서의 교사교육에서는 비언어적 커뮤니케이션을 포함해서 멀티미디어를 통한 다양한 커뮤니케이션을 강조한다.

다섯째, 관계(relationship)에 대한 강조는 리더십 모델을 요청한다. 전통적인 학교형 패러다임의 한계는 교육의 필수요소인 교사, 학생, 교육내용 간에 분리가 일어난다는 점이다. 비인격적 구조로 인하여 교사와 학생이 분리되고, 학교가 뿌리박혀 있는 객관주의적 인식론으로 인해 교사와 교육내용, 학생과 교육내용이 분리되고, 개인주의로 말미암아 학생과 학생들 사이가 분리된다. 그러나 리더십 모델은 관계를 강조하고, 관계 안에서 서로를 성장시키는 구조이다. 리더십 개발로서 교사교육에 있어서도 가장 중요한 것은 관계를 통한 교육이다. 리더에 관해서 배우는 것이 아니라 공동체 안에서 리더 역할을 경험하고, 그 공동체의 관계 안에서 배우는 것이다.

이상과 같은 21세기 교회교육에 주는 도전이 교사교육의 리더십 모델을 요청할 뿐만 아니라 복음적 개혁신학의 요구도 전통적인 학교식 교사교육의 대안으로 리더십 모델을 요청한다. 복음적 개혁신학의 요구는 '신앙을 위한 기독교교육'으로 요약되는데, 지식전수나 신념형성이 아닌 신앙을 중심관심으로 하는 기독교교육의 구조로 리더십 모델이 가장 적절하기 때문이다. 지식전수나 신념형성은 강의나 수업, 교수를 통해서 이룰 수 있지만, 신앙은 이런 학교식 체제로는 이룰 수 있는 것이 아니다. 만남이 있어야 하고 삶이 공유되어야 하며 공동체적인 교통이 필요하다. 예수님이 열 두 제자와 함께 소그룹 공동체를 이루고 그 안에서 삶을 공유함으로 신앙의 차원까지 변화시킨 것처럼 리더십 모델이 신앙을 위한 기독교교육에 적합한 구조이다. 이것은 21세기의 새로운 교육의 경향들에서 나타난 전인에 대한 강조, 공동체에 대한 강조, 관계에 대한 강조, 커뮤니케이션에 대한 강조, 영향력에 대한 강조와도 일맥상통한다. 21세기에도 지속되는 복음적 개혁신학의 요구와 변화하는 21세기의 교육의 경향에 적극적으로 응전하는 이 '리더십 모델'이야말로 전통적인 교사교육에 대한 최선의 대안이 된다.

그러면 이제 교사교육의 리더십 모델을 설명하기 위해 먼저 리더십의 개념으로부터 시작해서 기독교적 리더십, 교회학교 교사의 리더십, 그리고 리더십 개발로서의 교사교육을 구체적으로 논하기로 하자.

### 2) 리더십(leadership)의 개념

옥스퍼드 사전을 찾아보면 영어단어로 지도자(leader)라는 단어는 일찍이 1300년경에 출현했으나, 리더십(leadership)이라는 단어는 19세기 초반에야 등장하였다고 한다. 리더십은 한 마디로 정의하기가 어렵다. 리더십은 접근하는 입장에 따라, 그리고 강조하는 측면에 따라 다양하게 정의될 수 있는 개념이다. 예를 들면 리더십을 영향력의 행사, 설득의 형태, 권력관계, 목표달성의 수단, 역할분담, 구조의 마련 등과 같이 다양하게 정의되고 있다.[118]

---

118) *Ibid.*, 13.

한국교육행정학회에서 발간된 '교육지도성 및 인간관계론'에 예시된 지도성(리더십)의 정의를 열거하면 다음과 같다. 1)지도성은 집단과정(group process)의 핵심이다. 2)지도성은 인성과 그 영향이다. 3)지도성은 복종을 유도하기 위한 기술이다. 4)지도성은 영향력의 행사이다. 5)지도성은 행동이다. 6)지도성은 설득의 한 형태이다. 7)지도성은 권력관계이다. 8) 지도성은 목적달성의 수단이다. 9)지도성은 상호작용의 결과이다. 10)지도성은 분화된 역할이다. 11)지도성은 구조의 창출이다.[119]

이러한 다양한 리더십에 대한 정의들을 어느 정도 포함하고 있는 정의를 든다면, "리더십은 한 개인이 집단목적을 달성하기 위해서 집단 구성원에게 합법적으로 영향을 행사하는 과정"[120] 또는 "리더십이란 조직의 목적을 효율적으로 달성하기 위하여 조직의 과업과 구성원에게 끼쳐지는 조직 리더의 영향력"이라고 일단 정리할 수 있다.[121] 리더십에 관한 연구는 역사적으로 크게 세 가지 접근방식에 따라 이루어져 왔는데, 특성적 접근, 행동적 접근, 상황 적응적 접근 등이며 최근에는 변혁적 리더십에 관한 연구가 주목을 받고 있다.


### (1) 특성적 접근

특성적 접근(trait approach)은 리더십 연구에 있어서 가장 오래된 접근방법으로서 리더의 개인적 특성을 강조하는 입장이다. 스톡딜(R. M. Stogdill)이 리더십에 관한 연구문헌들을 분석한 결과에 의하면 1947년 이전까지는 리더십의 특성으로 나이, 신장, 체중, 체격, 용모, 언어유창성, 지능, 학교성적, 관련 지식, 판단력, 통찰력, 솔선수범, 인내심, 책임감, 사회경제적 지위, 사교성, 인기, 협동심 등을 포함한 다양한 요소들을 강조하고 있는데, 이를 능

---

119) 신중식, 노종희 외, 『교육지도성 및 인간관계론』(서울: 한국교육행정학회, 2003), 4-5.
120) *Ibid*, 8.
121) 윤정일 외, 『교육리더십』, 30.

력, 성취, 책임, 참여, 지위, 상황 등 크게 여섯 가지 영역으로 분류하였다.[122] 그러나 후에 신체적 특성이 중요한 영향을 미친다는 점은 지속적인 지지를 받기 어려운 것으로 나타났으며 리더의 인성적 특성, 즉 기민성, 독창성, 인격성, 통합성, 자신감 등은 여전히 중요한 영향을 주는 특성으로 드러나게 된다.[123] 이러한 리더십의 특성에 관한 요인들은 리더의 기술, 집단관리, 그리고 개인적인 특성으로 분류될 수 있다. 리더의 기술적 특성으로는 대인관계 기술, 전문적 기술, 행정적 기술, 지적 기술, 조직목표의 성취, 친화력, 그리고 집단과업에 대한 지원성을 들고 있다. 집단과의 관계에서의 특성은 집단응집성 유지, 조정의 팀웍 유지, 일정 수준의 성과 유지, 비공식집단의 관리 등을 들 수 있다. 리더의 개인적 특성으로는 책임감, 정서적 안정감, 인격적 통합성, 언어구사력, 지배성, 좋은 성품, 스테미나, 경험과 활동, 교양, 용기, 공정성, 창의성, 확신감 등을 들고 있다.[124] 그러나 특성이론으로는 리더십을 정확히 설명하기가 어렵다는 사실이 드러나기 시작했는데, 이는 리더와 집단간의 상호작용이 중요하기 때문이다.

### (2) 행동적 접근

1945년 오하이오 주립대학의 리더십 연구(Ohio State Leadership Studies)가 시작되면서, 리더십 연구에 있어서 특성적 접근이 아닌 행동적 접근이 활발하게 이루어졌다. 특성을 기초로 한 리더의 선발이 성공을 보장해주는 것이 아니고, 리더에게 요구되는 특성은 상황에 따라서 다르게 작용하며, 리더와 집단 간의 상호작용이 리더의 특성 자체보다 더 중요하다는 사실이 드러나기 시작했기 때문이다.[125] 오하이오 주립대학의 리더십 연구는 리더가 어

---

122) R. M. Stogdill, *Handbook of Leadership: A Survey of Theory and Research* (New York: The Free Press, 1974), 39-59.
123) *Ibid.*, 73-82.
124) 신중식, 노종희 외, 『교육지도성 및 인간관계론』, 20.
125) *Ibid.*, 21-22.

떤 특성을 가지고 있느냐보다 어떠한 행동을 하느냐에 관심을 집중하면서 '리더행동기술질문지'(Leader Behavior Description Questionaire: LBDQ)를 개발하게 된다. 이 연구의 결과 과업(지향성)이 높고 인화(지향성)이 낮은 경우는 '과업지향적 유형'으로, 과업이 낮고 인화가 높은 경우는 '인화지향적 유형'으로, 과업도 높고 인화도 높은 경우는 '효과적인 유형'으로, 과업도 낮고 인화도 낮은 경우는 '비효과적인 유형'으로 분류하고 있다. 리더십 연구에 있어서 행동적 접근은 리더의 행동을 유형화하는 데에는 성공했지만 '리더십 효과'를 잘 설명하지 못하는 한계가 있다. 이러한 한계를 극복하는 접근이 바로 상황적응적 접근이다.

### (3) 상황적응적 접근

상황적응적 접근(contingency approach)은 리더의 인성특성과 리더의 행동이 상황요인과 어떻게 결합되었느냐에 따라 효과가 달라진다는 입장이다. 허시와 블랜차드(Hersey & Blanchard)에 의하면 상황적 접근의 리더십은 다음과 같은 공식으로 표현될 수 있다고 한다. 즉 리더십의 세 가지 요소인 리더(leader:L)와 추종자(follower: F) 및 상황변수(situational variables: S)간의 함수관계(f)인 L=f(L · F · S)로 나타낼 수 있다는 것이다.[126]

Fiedler의 상황적 모형연구도 이 접근의 대표적 연구 중의 하나인데, 그에 의하면 리더십 유형은 리더의 동기 체제에 의해서 결정되며, 집단의 효과는 리더십 유형과 상황적 호의성(situational favorableness)이 어떻게 결합되느냐에 달려있다는 것이다.[127] 상황적 호의성은 리더가 조직 구성원들을 통제하고 영향력을 행사할 수 있는 정도를 의미하는데, 이것은 첫째, 리더와 조직 구성원간의 관계, 둘째, 과업의 구조화 정도, 셋째, 직위에 부여된 권력,

---

126) Paul Hersey and Ken Blanchard, *Management of Organizational Behavior* (N. J.: Prentice-Hall, 1988)
127) Fred E. Fiedler, *A Theory of Leadership Effectiveness* (N.Y.: McGraw-Hill, 1967)

이 세 가지 요인에 의해서 결정된다. 이 세 가지 요인들이 어떻게 결합되느냐에 따라 상황은 리더에 대해서 보다 호의적일 수도 있고 그렇지 않을 수도 있기 때문이다.[128] 이 접근은 리더의 특성이나 행동만이 아니라 상황에 따라 리더십 효과가 다를 수 있음을 밝힌 것이다.

### (4) 변혁적 리더십의 개념

최근 등장한 새로운 리더십 이론 중에서 중요한 것으로 변혁적 리더십 (transformational leadership)을 들 수 있는데, 이는 특히 교사의 리더십과 관련하여 중요한 통찰을 주고 있다.[129] 변혁적 리더십의 개념을 이해하기 전에 '변혁' 이라는 단어의 의미를 살펴볼 필요가 있다. 변혁(transformat-ion)이라는 말의 의미는 변천(transitions), 재생(renewals), 변경(alterations), 그리고 수정(adjustments) 등과 같은 변화과정을 표현하는 의미와는 개념이 다르다. "변혁"이란 또 다른 변형(metamorphosis), 혹은 한 상황이 질적으로 다른 상황으로의 변화를 의미한다.[130] 즉 변혁이란 한 체제 안에서의 변화가 아닌, 체제의 전체적인 변화를 의미하며, 양적인 것뿐만 아니라 질적인 변화를 의미한다는 것이다.

변혁적 리더십은 전통적 리더십이 지도자와 조직 구성원 간의 관계를 교환적 거래 관계로 보는 교환적 리더십(transactional leadership)에 치중하고 있다는 비판에서 출발한다. 변혁적 리더십의 개념은 특히 번스(Burns)에 의해서 발전했는데 그는 "변혁적 지도성은 지도자와 부하가 서로 보다 높은 수준의 도덕성과 동기유발의 상태로 고양시키는 과정"이라고 정의하고, 교환적 지도자가 부하들에게 타산적인 이해관계에 호소하여 동기을 유발하는 것과 대조시키고 있다.[131] 따라서 변혁적 리더십은 높은 수준의 도덕적인 가치

---

128) 신중식, 노종희, 『교육지도성 및 인간관계론』, 28-32.
129) 변혁적 리더십이라는 용어는 변형적, 변혁형, 변화지향적 지도성 등의 용어와 함께 사용되고 있다.
130) 이병진, 『교육리더십』, 104.
131) J. M. Burns, *Leadership* (N.Y.: Harper & Row, 1978), 19.

와 이상에 호소하여 추종자들의 의식을 더 높은 단계로 끌어 올리며, 그들을 전인격체로 대우하고 동기화시키고, 추종자들의 행동을 끊임없이 변화시켜 기대 이상의 직무성취를 가능케 하는 것을 의미한다. 이러한 변혁적 리더십의 발휘는 지도자와 추종자들이 높은 수준의 동기와 도덕성을 상호 공유하며 조직에 몰입할 때 가능한 것이다.[132]

교환적 리더십과 변혁적 리더십의 특징들을 비교하면 아래의 표로 요약될 수 있다. 이 도표에서 볼 수 있듯이 변혁적 리더십은 교환적 리더십보다 교사 리더십의 특징들을 잘 설명하고 있는데, 시간적으로 미래지향적이며, 규정보다 목적과 가치를 근거로 하며, 일방적 의사소통이 아닌 수평적, 다방향

〈표46〉 교환적 리더십과 변혁적 리더십의 비교[133]

| 관점 | 교환적 리더십 | 변혁적 리더십 |
| --- | --- | --- |
| 시간지향성 | 단기적, 현실 중시 | 장기적, 미래지향적 |
| 협조의 기제 | 규정, 규칙 | 목적과 가치의 일치 |
| 의사소통 | 수직적, 하향적 | 다방향적 |
| 보상체제 | 외적 | 내적 |
| 권력의 원천 | 지위로부터 얻음 | 구성원들이 부여함 |
| 의사결정 | 하향적 | 상향적 |
| 수용의 기제 | 지시적 | 합리적 설명 |
| 변혁에 대한 태도 | 회피적, 저항적 | 적극적 대응 |
| 행동화의 기제 | 이윤 | 비전과 가치관 |

---

132) 이런 점에서 배스(Bass, 1985)는 변혁적 리더십을 "조직이 설정된 성과의 중요성과 가치에 대해 보다 잘 인지하도록 구성원들의 의식수준을 높이는 과정이며, 구성원들로 하여금 개인적 이익을 초월하도록 유도하고 상위수준의 요구가 충족될 수 있도록 욕구를 활성화시키는 과정"이라는 정의하고 있다.

133) 신중식, 노종희, 『교육지도성 및 인간관계론』, 111.

적이고, 내적 보상을 추구한다. 권위는 구성원들이 부여하며, 상향적 의사결정 과정과 합리적 설명을 통해 수용하며, 적극적으로 변혁을 추구하며, 비전과 가치관에 터하여 행동하는 특성이 있다.

따라서 변혁적 리더십은 외부상황의 변화를 예측하고 감지하며, 그 흐름이 조직에 유리하게 전개될 수 있도록 비전을 제시하고 제도화하는 등, 조직의 상황을 주도하는 변화관리자로서의 리더의 중요성을 강조한다. 또한 변혁적 리더는 구성원의 잠재능력을 각성시키고 구성원에 대해 높은 기대 수준을 갖고, 구성원 스스로 동기를 유발하여 자아실현의 욕구를 충족시키고 만족감을 갖게 함으로써, 조직목표에 대한 높은 헌신성을 갖게 하는데 초점을 두고 있다.

교사의 리더십을 설명하는 데에 특정 리더십 이론을 적용하는 데에는 한계가 있다. 특성이론, 행동적 접근 이론, 상황적응적 접근 이론 각각이 갖는 장점이 있고, 그 나름대로의 정당성이 있다. 이는 교사 리더십이 교사가 지녀야하는 기본적인 자질이 필요하며, 그러면서도 교사와 학생, 그리고 교육환경과의 상호작용이 필요하기 때문이다. 그런데 교회학교 교사라는 특성을 생각할 때, 교사의 리더십은 이들 이론들과 함께 특히 변형적 리더십으로부터 많은 통찰을 얻게 된다. 교회학교 교사는 리더로서 자발적으로 모인 구성원들의 잠재력을 최대한 발휘하도록 내면적 동기를 유발하고 영적, 도덕적 비전을 추구하는 리더이기 때문이다. 그러나 리더로서 교회학교 교사는 이러한 일반 리더십 이론으로 설명할 수 없는 기독교적 리더십을 지닌 리더라는 정체성이 있다.[134]

---

134) 기독교적 리더십의 독특성을 강조하는 것은 필요하나 동시에 기독교적 지도자는 일반 리더십의 관점에서도 부합되어야 한다. 이런 점에서는 "기독교적 지도력도 일반적인 지도력과 크게 다르지 않다고 보아야 할 것이다"(사미자, "교회여성 지도력 개발에 관한 고찰", 『장신논단』 제17집(2001), 435)

### 3) 기독교적 리더십

교회학교 교사의 리더십은 일반 리더십의 이론으로는 설명되지 않는 기독교적 리더십의 특징을 지니고 있다. 기독교적 리더십은 성경적인 관점의 리더십을 의미하며, 예수 그리스도에 의해 대표되는 리더십이라고 할 수 있다. 이러한 기독교적 리더십은 세 가지 이미지를 갖고 있는데, 첫째는 섬김의 권위를 의미하는 '종'(Servant)이며, 둘째는 사랑의 인도자를 의미하는 '목자'(Shepherd)이며, 셋째는 과업과 관련하여 '청지기'(Steward)이다. 이 세 가지는 모두 성경적인 이미지로서 기독교지도자의 정체성을 보여주며, 예수 그리스도의 리더십을 표상해준다고 할 수 있다. 어떠한 리더십이건 리더십을 행사하기 위해서는 세 가지 요소가 충족되어야 하는데, 첫째는 권위가 있어야 한다는 것이고 둘째는 과업을 효율적으로 수행해야 하며 셋째는 사람들과의 관계가 원만해야 한다는 것이다. 그런데 위의 세 가지 리더십의 이미지는 이러한 필요를 충족시키고 있다.

### (1) 종의 리더십

기독교 리더십의 가장 핵심적인 특징은 섬김의 리더십이고 종의 리더십이다. 리더십의 필수요소는 권위이고 성경적인 리더십도 권위가 있어야 한다. 왜냐하면 권위가 있어야 순종하게 되고 따르기 때문이다. 그러나 성경적인 권위는 군림하는 권위가 아닌 섬김의 권위이다.[135] 누가복음 22:24-27은 거꾸로선 피라밋을 보여주고 있다. 이방인의 지도력은 군림하는 것이고 '누가 더 크냐', '누가 더 높은가'에 관심이 있지만 예수 그리스도는 "너희는 그렇

---

135) 섬기는 만큼 낮아진 만큼 권위가 상실되는 것이 아니라 오히려 그만큼 권위가 생기는 것이다. 섬김을 받는 사람은 결국에는 섬기는 종과 같은 지도자에게 마음에서부터 우러나오는 순종과 충성을 드리게 되어 있다. 오늘날 '누가 크냐'라고 하는 세상적인 지도력에 대한 경쟁이 교회까지 물들이고 있지만, 진정한 섬김만이 진정한 권위를 갖게 해 준다. 어느 모임이나 명목적인 지도자가 아니라 실제적인 지도자는 그 모임 중에서 가장 잘 섬기는 사람이라고 할 수 있다. 공식적인 지도자와 실제적인 지도자가 다를 수 있기 때문이다.

지 않을지니 너희 중에 큰자는 젊은 자와 같고 두목은 섬기는 자와 같을지니라”고 말씀하신다. 세속의 가치관에 젖어있는 사람들은 한마디로 ‘상향성’을 추구하는데 관심이 있지만, 기독교인은 ‘하향성’을 추구하는 사람들이다. 주님은 “인자의 온 것은 섬김을 받으려 함이 아니라 도리어 섬기려 하고 자기 목숨을 많은 사람의 대속물로 주려 함이니라”(막 10:45)고 하셨다. 주님께서 친히 하나님과 동등됨을 버리시고 자기를 낮추사 십자가에 죽기까지 낮아지신 분이시다(빌 2:6-8).

최근 *Servant Leadership*이라는 책을 통해 ‘종의 리더십’을 리더십이론으로 정착시킨 사람은 로버트 그린리프(Robert Greenleaf)일 것이다. 그린리프는 “서번트와 지도자, 이 두 역할을 한 사람이 완벽하게 해 낼 수 있을까? 설사 그럴 수 있더라도, 그 사람이 요즘과 같은 세상에서도 제대로 능력을 발휘할 수 있을까? 나는 이 두 질문에 자신있게 ‘그렇다!’ 라고 대답할 수 있다”고 책의 첫 부분에 쓰고 있다.[136] 그린리프는 서로 상치되는 것 같은 두 단어, 서번트와 지도자가 사실은 일맥상통하는 단어임을 밝히고 있다. 그는 서번트 리더를 정의하면서, “서번트 리더는 처음에는 서번트이다. 진정으로 섬기고 싶어하는 마음, 먼저 섬기고 싶어하는 마음에서 시작한다. 그런 마음을 가진 뒤에야 앞에서 끌어가고 싶은 뜨거운 열망을 갖는 사람이다.”[137]이러한 서번트 리더십은 오늘날과 같은 지식정보사회에서 꼭 필요한 리더십이라고 할 수 있는데, 조직 구성원의 개성과 창의성이 존중되고 참여와 협력의 쌍방적 리더십이 요청되기 때문이다.[138]

서번트 리더십 이론의 몇 가지 중요한 원리가 있는데, 첫째가 ‘목표 집중과 신뢰’ 인데 리더는 분명한 비전을 보여주고, 구성원들을 성장시킴으로 그들로부터 신뢰를 획득하는 것이다. 둘째가 ‘경청과 이해’ 인데 섬김의 가장

---

136) Robert K. Greenleaf, *Servant Leadership*, 강주헌 역, 『리더는 머슴이다』(서울: 참솔, 2001), 24.
137) *Ibid.*, 33.
138) *Ibid.*, 10.

중요한 요소로서 구성원들의 필요에 민감한 것을 의미한다. 이를 위해서는 조직 구성원들의 말을 경청하고 이를 이해하는 것이 중요한데 이를 통해 그들로 하여금 조직에 더 깊이 참여할 수 있도록 격려할 수 있다. 셋째가 '다양화와 권한이양' 인데 피라밋 구조와 같이 권한을 집중시키는 것이 아니라 네트워크형과 같이 모든 구성원들에게 권한을 위임하고 그들의 잠재력을 최대한 발휘할 수 있도록 돕는다. 넷째는 '공동체 조직' 인데 조직 내에서 개인주의적인 경쟁을 유발하기보다는 상호 협동하는 분위기를 창조하는 것이다. 이를 위해서는 쌍방적 커뮤니케이션 체제를 확립하여야 하고 조직이 바로 공동체(community)임을 인식하도록 하는 것이다.[139]

### (2) 목자로서의 리더십

성경에 나타나는 또 하나의 리더십 이미지는 목자이다. 세상에서는 과업을 수행하기 위해 사람을 수단시하고 사람을 도구로 생각하지만 성경은 사람을 목적으로 이해하고 존중하며 인격적으로 대하고 사랑할 것을 말씀한다. 그에 해당되는 비유는 목자이다. 구약성경에서 하나님은 그의 백성인 이스라엘의 목자로서 묘사되고 있으며, 신약에서도 예수 그리스도는 목자(요10장)로 인식되고 있다. 맥코믹과 다벤포트(Blaine McCormic & David Davenport)는 Shepherd Leadership에서 시편 23편에 나타나는 목자로서의 리더십을 설명하고 있는데, 목자의 리더십을 전인적인 리더십으로 정의한 뒤 머리와 손과 마음이 통합된 총체적인 삶으로서 생각하고 행동하는 것을 의미한다고 하였다. 문병하는 이러한 목자로서의 리더십의 특징을 세 가지로 요약하고 있다.[140] 첫째는 유효성(availability)으로서 목자가 항상 양과

---

139) 권용근은 "서번트 리더십에 근거한 교회학교 교사지도력 개발 원리에 관한 연구"(제33차 한국 기독교학회 학술대회 자료집, 2004)에서 이러한 네 가지 서번트 리더십의 이론을 교사지도력 개발에 적용시키고 있는데, 섬김을 위한 가르침, 경청과 이해, 공동체 교육, 그리고 섬김의 교육방법으로 설명하고 있다(220-229).
140) 문병하, "21세기 한국교회를 위한 영적 리더십"(제33차 한국 기독교학회 학술대회 자료

함께 있으므로, 언제든지 양의 필요에 응답할 수 있고, 양은 목자를 의지할 수 있는 관계를 의미한다. 둘째는 희생(sacrifice)으로서 목자가 양을 위해 값을 치루는 것을 의미한다. 이는 요 10:11-12에서 잘 나타나는데, 이 점에서 선한 목자는 삯군과 대조된다. "나는 선한 목자라 선한 목자는 양들을 위하여 목숨을 버리거니와 삯군은 목자도 아니요 양도 제 양이 아니라 이리가 오는 것을 보면 양을 버리고 달아나나니" 셋째는 신뢰(trust)로서 양이 목자를 신뢰하는데, 그 이유는 오랜 기간동안 목자가 모범을 보여주었고, 관계 속에서 상호 신뢰가 가능하기 때문이다.

### (3) 청지기로서 리더십

기독교적 리더십은 인간관계 지향적이기 때문에 과업수행에 관심이 부족하다는 지적은 기독교 리더십에 대한 오해로부터 말미암는 것이다. 기독교 리더십은 또 다른 하나의 이미지를 지니고 있는데, 종과 목자 외에 청지기라는 이미지이다. 이는 종의 이미지와 연속성을 갖기도 하지만 보다 과업을 수행하는데 있어서 '탁월성'을 추구하는 측면을 강조한다. 이를 위해서는 지도자가 자신의 과업을 하나님 앞에서 생각할 수 있어야 한다. 왜냐하면 지도자로 부르시고 그 과업을 맡기신 분은 하나님이시기 때문이다. 교회의 지도자는 자신이 하고 싶어서 하는 것도 누군가가 권했기 때문에 하는 것도 아니다. 하나님이 지도자로 부르시고 사명을 맡기신 것이다. 고전 4:1-4에 기록된 것처럼 지도자는 "그리스도의 일군이요 하나님의 비밀을 맡은 자"이다. 이것이 "섬김의 덕 외에도 교회의 지도자는 자신의 일을 수행할 때 사랑의 논리에 근거해야 하며 영적 감화력이나 성실성과 정직성 그리고 청빈함과 도덕적 우월성을 소유한 사람이어야" 하는 이유이다.[141]

---

집, 2004), 240-242.
141) 사미자, "교회여성 지도력 개발에 관한 고찰," 장신논단 제17집, 장로회신학대학교 출판부, 2001, 436.

청지기로서 리더십은 오직 하나님 앞에서 자신을 발견하는 자만이 가능하고, 이 때만이 '충성스러울' 수 있다. 이는 기독교 리더십의 위치를 말해주는데, 지도자가 구성원들과의 관계에서만 자신을 확인하는 것이 아니라 하나님 앞에 있는 존재, 하나님의 소명을 받은 존재로서 인식하는 것이다. 이런 의미에서 지도자는 오직 하나님 앞에서 성실하게 최선을 다하는 사람이고, 그렇기 때문에 지도자에게 가장 중요한 것은 날마다 '홀로' 있는 시간이다. 하나님과 하나님의 말씀 앞에서 자신을 돌아보며 자신의 사역을 돌아보는 자가 충성스러운 청지기가 될 수 있는 것이다.

기독교 리더십은 종으로서 리더십, 목자로서 리더십, 그리고 청지기로서 리더십이라는 삼중적 리더십이라고 할 수 있다. 예수 그리스도는 종으로, 목자로, 청지기로서의 리더십을 실천하셨고 모범을 보이셨다. 섬김과 사랑과 탁월성이 함께 있고, 낮아지시면서도 인도하시고 과업을 온전히 이루시는 리더십이다. 리더로서 교회학교 교사가 지녀야 하는 리더십은 바로 이런 기독교 리더십이다. 그리고 이런 리더로 세우는 교사교육은 이 세 가지 차원을 포함하는 리더십 개발이 되어야 한다.

4) 교회학교 교사의 리더십과 리더십 개발로서의 교사교육

'교육리더십'이라는 개념은 최근의 개념이다. 물론 전통적인 교육에서도 교사의 지도력을 중요시 여겼으나 이는 교사의 여러 가지 역할과 기능 중 집단을 통솔하는 능력이 필요함을 강조하는 정도였다. 그러나 21세기의 환경의 변화는 교사를 교육리더로 인식하게 만들었고 교육학 분야에서 교사 리더십의 분야가 관심의 대상으로 떠오르게 되었다. 리더십 개발로서의 교회학교 교사교육은 일반적인 리더십 이론과 특히 기독교적 리더십 이해, 그리고 이러한 교육리더십 개념에 근거한 것이다.

(1) 교육리더십과 교사

21세기에 우리가 경험하고 있는 교육환경의 변화는 교육에 있어서 전통적인 교사(teacher)의 역할을 리더(leader)의 역할로 이해하도록 촉진하고, 소위 교육리더십(educational leadership)이라는 관점으로 교사를 바라보고 교사교육을 이해하도록 하고 있다. 지금까지 교육에서의 리더십 논의는 주로 학교장이나 교사 외의 교육행정직에 관한 것으로 제한되어 왔으나 최근에는 교육활동의 주체인 교사에게 가장 필요한 것으로 인식하고 있다.[142] 교육리더십을 정의하면 "조직 구성원들이 한 인간으로서 자아를 실현할 수 있도록 환경적 조건을 제공하고, 구성원의 성장과 조직의 목표를 조화시킬 수 있는 능력과 자질"이라고 할 수 있다.[143] 전통적 리더십은 조직의 효과성을 향상시키기 위하여 사람을 어떻게 활용할 것인가(수단적 관점)에 초점을 두고 있는 반면, 교육리더십은 조직 구성원의 성장을 위하여 구성원을 어떻게 세워줄 것인가(목적적 관점)에 초점을 두고 있다.

이러한 변화는 IT산업의 발전에 기초한 e-learning의 등장 등 교육공학적 발전과도 맥을 같이하고 있다. 이제는 교육구조가 교사 중심에서 학습자 중심으로, 개인적 과제 수행에서 공동체적 과제 수행으로, 수동적 학습구조에서 능동적 학습구조로의 변화가 일어나고 있는 것이다. 이러한 교육조직에서의 변화요구를 커닝햄과 코데로(Cunningham & Cordeiro)는 오른쪽 표로 전통적인 교육과 21세기의 교육을 비교하고 있다.

호일(Hoyle)은 전통적인 교육조직이 어떻게 미래사회의 변화에 적응해 나가는 교육조직으로 변화하는 지를 분석하고 있는데, 전통적인 교육조직은 교육과정, 교육방법, 교육조직, 교육수요자의 학교 선택권 등에서 경직성을 보이고 폐쇄적인 특징을 가지고 있으나, 미래의 사회변화에 적응해 나가는

---

142) 이병진, 『교육리더십』, 3.
143) *Ibid.*, 26.

〈표47〉 교육조직의 변화 요구[144]

| 에서 | 으로 |
| --- | --- |
| 교사 중심 | 학습자 중심 |
| 지식과 기능의 획득 | 지적사고와 지식의 응용 |
| 개인적 과제 | 집단적 과제 |
| 수동적 학습 | 능동적 학습 |
| 인쇄물 | 테크놀로지 |
| 성적중심 | 성취중심 |
| 국가 단위의 전망 | 세계 단위의 전망 |
| 개인의 노력 | 집단의 노력 |
| 학습의 추상화 | 학습의 구체화 |
| 훈련이나 연습을 통한 암기 | 문제해결 |
| 필기시험 | 수행평가 |
| 교과 중심 | 교과를 초월하거나 통합 |

새로운 교육조직은 교육의 일련의 과정에 있어서 융통적이고 개방적이며, 상호의존적인 특징을 가지고 있다고 보았다.[145] 이러한 교육조직에의 요구는 21세기의 급속한 지식정보화사회에 따라 더욱 가속화될 것으로 전망하고, 이러한 교육조직에서는 전통적인 교사상이 아닌 교육리더(educational leader)로서의 교사가 요청되는 것이다.

대프트(Daft)는 리더십에 있어서 구 패러다임과 새 패러다임을 선명하게

---

144) Cunningham, W. G. & Cordeiro, P. A. *Educational Administration: A problem-based approach* (Bacon:Allyn Bacon, 2000), 71.

145) 이러한 구조의 패러다임 변화는 모든 영역에서 일어나고 있는데, 경영에서 일어나고 있는 구조적 변화는 교육의 구조적 변화와 매우 유사한 성격을 지닌다. 경영의 구조적 차원에서의 패러다임 변화는 기계론적 패러다임에서 인간주의 패러다임으로의 이동으로 설명할 수

대조시킴으로써 변화의 특징을 잘 설명하고 있는데, 21세기의 새로운 환경 속에서 여전히 구 패러다임의 리더십을 행사하는 문제점을 지적하고 있다. 구 패러다임이 산업화시대로 특징지워질 수 있고, 안정과 통제, 경쟁을 강조하며, 물적인 것과 획일성을 강조한다면, 신 패러다임은 정보화시대로 불리워질 수 있는데, 변화와 권한위임, 협동이 강조되고, 인적 및 관계에 대한 강조, 그리고 다양성이 중요한 패러다임이다.[146]

　　김영태는 『교사 지도성 탐색』이라는 책에서 교사의 지도성 개념을 새롭게 확립하고 있는데, 교사의 지도성을 종전까지 교장의 지도성에 제한하여 사용하였던 다양한 개념들, 즉 교육 지도성, 수업 지도성, 조직 지도성, 장학 지도성, 행정 지도성, 지역사회 지도성, 정치 지도성 등과 관련하여 설명하고 있다. 그의 교사 지도성 개념에 의하면 교육의 모든 측면이 교사의 지도성과 연계되는 것으로 보여진다. 그는 교사 지도자의 역할을 교사의 역할과 비교하여 설명하고 있는데, "교사의 일반적인 역할에 학교 전반적인 역할을 보탠 것이 교사 지도자의 역할"이라고 말한다.[147] 교사는 물론 학생에게 영향을 주지만, 그 지도성의 대상 범위가 학생으로만 제한되는 것이 아니라 동료 교사, 학교 행정가, 학부모, 지역사회에도 영향을 준다고 보았다.[148]

---

있는데, 계층조직은 네트워크 조직으로 변화하고, 수직적인 상명하달식의 커뮤니케이션 구조는 쌍방적, 다원적 커뮤니케이션 구조로 변화하며, 엄격한 단선적 경영 대신에, 조직 구조에 있는 모든 구성원이 활동을 이끌고 목표를 계획하는 권리와 책무가 따르는 다중적 경영으로 이동한다. 따라서 권력은 분배되며 역할도 고정적이기보다는 융통성을 지니게 되고, 과업중심의 기계적 구조에서 과정중심의 유기적 구조로 변화하게 된다(P. Whitaker, *Primary Schools And The Future* (Buckingham: Open University Press, 1997), 21.

146) R. L. Daft, *The leadership Experience* (USA: Thomson, 2002), 9. 이병진, 『새로운 교육의 패러다임: 교육리더십』, 25에서 재인용.

147) 김영태, 『교사 지도성 탐색』, 121.

148) 김영태는 교사 지도성의 실천 덕목을 구체적으로 제시하고 있는데, 과정에 대한 도전(challenging the process), 공유된 비전을 촉진함(inspiring a shared vision), 다른 사람을 행동하도록 북돋아줌(enabling others to act), 방법을 시범보임(modeling the way), 그리고 열성을 격려함(encouraging the heart) 등이다.

이상과 같은 교육리더십에 관한 일반 교육학에서의 논의는 교회학교 교사들의 리더십과 리더십 개발의 의미를 갖는 교사교육에 중요한 통찰을 주는데, 학급 또는 분반을 공동체로, 학생을 구성원으로, 그리고 교사를 리더로, 교사교육을 리더십 개발로 이해할 수 있는 단초를 제공하고 있다.

(2) 교사의 리더십과 리더십 개발로서 교사교육

교회학교 교사는 교회 전체 공동체 안에서는 목회자의 리더십 안에 있지만, 교회교육에서는 목회자와 다름없는 리더십을 지닌다. 소위 '반 목회'라는 개념은 이런 목회적 리더십을 강조하는 표현이라고 할 수 있다. 교회학교 교사는 분반공부 시간에 공과책을 가르치는 교수 기능만을 수행하는 사람이 아니다. 소그룹 공동체의 리더로서 공동체 구성원의 전인적 삶에 관심을 갖고 그들을 하나님의 사람으로 세워나가야 할 사명이 있다. 교사의 리더십과 리더십 개발로서 교사교육이 갖는 중요한 특징들을 열거하면 다음과 같다.

첫째, 교회학교 교사의 리더십은 좁은 의미의 지도력 개발과는 구별되어야 한다. 교사리더십은 전체 교사의 역할을 포함하는 개념으로서 분반공부 지도라고 하는 수업 지도성은 물론이고, 반 목회로 일컬어지는 조직 지도성, 그리고 학생들의 문제를 상담함으로 치유하는 상담 지도성, 잠재적 교육과정까지를 포함한 교육 지도성, 그리고 동료 교사들과의 팀웍과 교사회 전체에 공헌하는 것을 포함하는 행정 지도성, 학부모들과의 관계는 물론 학생의 사회생활에까지 영향을 미치는 지역사회 지도성 등을 포함하는 개념이다. 이렇게 광의의 개념으로 교사의 리더십을 이해할 때 교사의 리더십 개발로서 교사교육은 종전의 교사대학으로서 교사교육이 지니는 내용의 범위보다 더 광범위한 영역을 지닌다.

둘째, 교육리더로서 교사의 개념은 단지 교수(teaching)에 초점을 맞춘 교사의 개념보다 교육현실을 훨씬 더 잘 설명할 수 있다. 교육이 이루어지는 현장은 공식적으로 계획된 가르침이 이루어지는 것보다 매우 복잡한 양상을 갖는다. '의도된 계획'과는 다른 역동적인 상호작용이 일어나기 때문에 그 모든 현상 속에서 리더십을 갖도록 하는 것이 보다 실제적인 도움이 될 수 있다. 전통적인 교사는 형식적인 교육과정을 전제한 개념이라면, 교육리더로서 교사는 형식적 교육과정만이 아니라 잠재적 교육과정 속에서도 그룹을 이끌어가는 능력을 함의하고 있다. 교사리더십의 개발을 위한 프로그램에는 잠재적 교육과정에 대한 이해와 실제적인 리더십이 발휘될 수 있도록 하는 교육내용이 포함되어야 한다.

셋째, 교사의 리더십은 영향력이 미쳐지는 모든 것을 포함한다. 교회교육 안에서의 영향력은 교사, 학생, 교육내용, 그리고 환경 간의 모든 상호작용을 통해 일어나게 되는데, 이 모든 영향력을 바람직한 영향력으로 변화시켜 '삶의 변화'를 일구어낼 책임이 리더로서 교사에게 있다. 교사는 모든 바람직한 상호작용을 극대화하기 위해서 교사 자신이 직접적인 영향을 미치지 않는다고 할지라도 조직 안의 요소들의 역동적인 상호작용을 효율적으로 활용할 수 있어야 하는 것이다.

넷째, 교사의 리더십은 교사 자신의 지속적인 신앙성숙과 분명한 기독교적 리더십의 발휘를 통해 강화되어진다. 이를 위해서는 교사가 학생들의 양육자가 되기 전에 자신도 피양육자가 되어서 지속적으로 '보다 그리스도를 닮는' 리더로서 성장하여야 한다. 리더십의 강도와 크기는 어느 정도 섬김의 깊이가 이루어졌는가, 열정적으로 사랑하는가, 그리고 하나님 앞에서 자신의 소명을 인식하느냐에 달려있다. 얼마나 교사가 리더십을 행하느냐보다 더 중요한 것은 얼마나 교사가 진정한 리더가 되느냐 하는 것이다.

다섯째, 교사의 리더십은 모든 커뮤니케이션을 통하여 이루어진다. 여기에는 공과책이라는 인쇄활자나 강의라는 언어적 커뮤니케이션만이 아니라 멀티미디어를 통한 다양한 표현, 음향과 조명, 분위기와 환경, 교사의 표정과 눈 맞춤, 그리고 제스처 등을 포함한다. 그렇기 때문에 교사리더십의 개발은 이런 다양한 커뮤니케이션 방식에 익숙하여야 하며, 상황에 가장 적합하고 강력한 커뮤니케이션 방식을 사용할 수 있도록 준비되어야 한다.

여섯째, 교사의 리더십은 전통적인 교사상보다 훨씬 더 '인격적인 관계'

(personal relationship)를 강조한다. 교사와 학생이 하나의 팀을 이루며 공동체를 형성하면 할수록 리더십은 강해지고, 그 영향력도 강해진다. 인격적 관계를 강조하는 리더로 세우기 위해서는 리더십 개발단계에서부터 인격적인 관계가 강조되어야 한다. 이는 기존의 교사대학처럼 일시적으로 모이는 형태가 아닌 지속적인 만남과 관계형성이 보장되는 유형으로의 변화가 필요함을 의미한다.

일곱째, 교사의 리더십과 그 영향력은 지적인 영역만으로 한정되지 않는다. 감정적인 영향력이 매우 중요하며, 행동을 통한 영향력이 보다 강력할 것이다. 이런 점에서 리더십은 지,정,의를 포함하는데 전통적인 교사교육은 다분히 지적인 영역에 국한되는 경향이 있어왔다. 리더십 개발에서 지, 정, 의는 모두 중요하게 다루어져야 할 것이다.

여덟째, 교사의 리더십 모델은 학생들의 집단을 학급 또는 분반으로 이해하는 것이 아니라 공동체로 이해할 것을 요청하고 있다. 학생들은 바닷가의 모래와 같이 서로로부터 독립적인 개별적 존재가 아니고 그물망(web)이나 네트워크(network)처럼 상호연계되어 있는 공동체적 존재이다. 교사는 그러한 공동체의 지도자로서 모든 요소들의 상호교류를 증진하고, 보다 견고한 공동체 형성을 위하여 노력하여야 한다.

아홉째, 교사의 리더십 모델은 전통적인 교사교육보다 훨씬 더 참여를 강조한다. 학교식 교육에서는 학생들이 관객과 같은 피동적, 수동적 존재로 인식하는 경향이 있다. 그러나 교사의 리더십 모델은 학생들이 비전을 갖고 참여하고 함께 경험함으로서 변화될 수 있도록 돕는다. 교사교육에 있어서도 교사들이 직접 참여하여 그들의 리더십을 개발할 수 있도록 고려하여야 한다.

열째, 교사의 리더십 모델은 교회학교 교육과 분리된 채, 별도의 교사교육을 실시하는 것이 아니라 교사가 교회교육의 대상으로서 직접 교육을 경험하도록 교육하는 것을 추구한다. 즉 교회교육에 관하여 가르치는 것(teaching about Church education)이 아니라 교사교육 안에서 교회교육을 체험하는 프락시스 모델이 되어야 한다.

(3) 예수님의 교사 리더십 개발: 제자훈련

예수님의 제자훈련은 교사교육의 가장 온전한 모델인데 이는 리더십 개발 모델이라고 할 수 있다. 열두 제자는 다름 아닌 리더로서의 교사들이었고 예수님의 제자훈련은 바로 리더십 개발로서 교사교육이었다.[149] 이들 제자들은 결국 사도로서의 교사가 되어 초대교회의 기독교교육(교육목회)의 사명을 감당하였다고 할 수 있다. 예수님의 리더십 개발로서의 교사교육은 전통적인 학교식 교사교육과 비교할 때 다음 몇가지 특징을 지닌다.

첫째, 예수님의 리더십 개발로서의 교사교육에서는 예수님(교사)과 진리(교과)가 분리되지 않는다. 예수님은 '내가 곧 진리이다' (요 14:6)라고 말씀하신다. 예수님이 예수님과 분리되어 존재하는 어떤 진리를 제자들에게 전달하시는 것이 아니라 예수님 자신이 진리이심을 말씀하신다. 여기에서는 앎(knowing)이 존재(being)와 분리되지 않는다. 인식론(epistemology)은 존재론(ontology)과 분리되지 않는다.

둘째, 예수님의 리더십 개발로서의 교사교육에서는 예수님(교사)과 제자(학생)들이 분리되지 않는다. 예수님이 자주 말씀하신 내용 중의 하나가 "내 안에 거하라"는 것이다. 요15장에서는 포도나무와 가지의 비유를 통해 이를

로버트 콜만(Robert E. Coleman)은 그의 책 『주님의 전도계획』(*The Master Plan of Evangelism*)에서 예수 그리스도의 제자훈련의 8가지 원리를 소개하고 있는데, 이는 예수님의 리더십 개발의 원리들이기도 하다. 동시에 제자들을 교사로 양성하는 교사교육의 8가지 원리로 이해될 수 있다. 첫째는 '선택의 원리' 인데 집중의 원리라고도 할 수 있다.,집중이야말로 리더가 영향을 강하게 미치는 방식이다. 둘째는 '동거의 원리' 인데 이는 리더십이 행사되는 방식을 의미한다. 공동체의 형성이야말로 리더십이 일어나는 장이 된다. 예수님 자신이 학교이며, 교육과정으로서 그는 서기관들처럼 형식적인 학교체제로 교육한 것이 아니라, 생활을 함께 나누고 자연스러운 방법을 사용하였으며, 인격적인 사귐을 통해 제자들에게 영향을 주었다. 셋째는 '헌신의 원리' 인데 예수님은 제자들에게 헌신을 요구하셨고 리더와 추종자의 관계를 맺으셨다. 넷째는 '분여의 원리' 인데, 예수님은 자신의 사랑을 제자들에게 나누어 주었다. 사랑은 리더십이 행사되고 구성원들에게 영향을 주는 가장 확실한 통로가 된다. 특히 주님은 서번트 리더로서 스스로 하나님의 보좌를 버리고, 자기를 비어 종의 형체로 이 땅에 오셔서 섬김의 삶을 사셨고, 자신의 목숨까지 나누므로 이 원리를 실천하셨다. 다섯째는 '시범의 원리' 로서 제자훈련은 지식을 전달하는 것이 아니라 먼저 본을 보임으로써 이루어짐을 의미한다. 이것이 전통적인 교육과는

말씀하고 있다. 특히 "너희가 내 안에 거하고 내 말이 너희 안에 거하면"(요 15:7)은 예수님과 제자들의 관계를 분명히 보여준다. 예수님의 리더십 교육에 있어서 교육이란 '동거' 하는 것이다. 함께 있는 것이 단지 교육을 위한 준비가 아니라 그것 자체가 교육이며 리더십의 실천이다.

셋째, 예수님의 리더십 개발로서의 교사교육에서는 제자(학생)와 진리(교과)가 분리되지 않는다. 진리는 제자들의 머리 속에 축적되어지는 무엇이 아니라 그들의 삶의 실존과 관련되는 것이다. 진리를 아는 것과 자유케 되는 것은 분리되지 않는다(요 8:32). 또한 예수님은 늘 객관주의와 실증주의를 넘어선 '믿음의 상상' 에로 초대하신다. 도마에게 '보지 않고 믿는 것' 의 가치를 말씀하신다. 교과를 가르치는 것이 목적이 아니라 영향력을 일으키시는 것이 목적이기에 모든 요소가 교육의 요소가 될 수 있다. 넷째, 예수님의 리더십 개발로서의 교사교육에서는 제자(학생)와 제자들(학생들)이 분리되지 않는다. 열두 명의 제자들은 한 공동체이다. '누가 큰가?' 계속해서 다투는 개인주의적인 제자들을 한 공동체로 엮어 하나 되게 하신다. 예수님은 공동체의 리더로서 공동체의 하나 됨을 추구하시는데 그 하나 됨의 과정이 바로 교육의 과정이다.

---

다른 방식이다. 리더는 영향력을 통하여 교육한다. 사실 예수님의 가르치심이 권세 있었던 것은 그의 가르침은 언행일치의 모습이었고, 삶의 실천에서 우러나오는 것이었기 때문이다. 실제로 가르쳐지는 것은 교사의 가르침이 아니라 그의 생활과 행동인 것이다. 여섯째는 '위임의 원리' 로서 제자훈련은 교수하기만 하는 것이 아니라 사역을 부여하는 것을 뜻한다. 예수님은 제자들로 하여금 직접 전도하게 하셨고, 실천을 통해 배우게 하였다. 그렇기에 학습의 장은 교실만이 아니라 삶의 현장이며, 배움과 사명은 분리되지 않는다고 할 수 있다. 일곱째는 '감독의 원리' 로서 예수님은 이러한 제자훈련의 과정에서 점검을 계속하였다는 것이다. 이것이 리더로서의 책임이다. 제자들에게 사역을 위임하면서도 그것을 감독하며 실천에서의 구체적인 문제들을 해결해 주는 과정은 제자 훈련에서 필수적인 작업이라고 할 수 있다. 끝으로는 '재생산의 원리' 로서 리더십 개발은 소비적인 구조가 아니라 생산적인 구조라는 것이다. 예수님은 제자들로 하여금 리더로 세우심으로 또 주님을 믿고 따르는 사람들을 생산하도록 하셨다. 리더십 개발을 통한 재생산, 이것은 미련하게 보이는 방법일지 모르나 이것이 예수님의 방법이요 사도바울의 방법, 즉 바울-디모데-충성된 사람들-또 다른 사람들에 이르는 재생산 방법이라는 것이다. (Robert Coleman, 홍성철 역, 『주님의 전도계획』(서울: 생명의 말씀사, 1980)참조.

## Ⅵ. 교회학교 영적 부흥을 위한 교사교육의 새로운 패러다임: 리더십 모델

교회학교 영적 부흥을 위한 새로운 교사교육은 단순히 기존의 교사교육의 문제점을 보완한다든지 수정하는 정도를 의미하지 않는다. 이는 패러다임의 전환을 의미한다.[150] 패러다임의 변화는 일종의 근본구조의 변화요, 대전제와 기본원리의 변화라고 할 수 있다. 이러한 패러다임의 변화를 교사교육에 적용하여 학교식의 전통적 교사교육 모델의 대안으로 제시하는 것이 '리더십 모델' 이다. 리더십 모델로서의 교사교육에는 다음과 같은 다섯 가지의 변화가 있는데, 학교식 교사교육에서 공동체적 교사교육으로, 지식전수 교사교육에서 양육중심의 교사교육으로, 교과교사 양성구조에서 교육리더를 위한 교사교육으로, 수업 중심 교사교육에서 커뮤니케이션 중심 교사교육으로, 그리고 이론위주의 교사교육에서 실천과 참여의 교사교육으로의 변화이다. 리더십 모델은 이 다섯 가지 새로운 교사교육으로 구성된다.

### 1) 공동체적 교사교육

교사교육은 결코 교사대학과 동일시 할 수 없다. 교사대학은 전체 교사교육의 한 부분이요 한 기능에 불과하다. 대학이라는 학교식 구조로서는 지식의 전달에는 효과가 있으나 교사의 인격성숙과 영성훈련, 그리고 실천적 교수능력의 함양에는 적합하지 않다. 웨스터호프가 지적한대로 '학교-수업형 패러다임' (schooling-instructional paradigm)보다는 '신앙공동체-문화화 패러다임' (faith community-enculturation paradigm)이 교사교육에 있어서 더

---

150) '패러다임' (paradigm)이란 말은 쿤(Kuhn)이 그의 저서 『과학혁명의 구조』(*The Structure of Scientific Revolutions*)에서 사용한 데 기원을 두고 있는데, '자연과학에서의 기본개념, 증거의 기준, 연구의 기법, 이론-실제의 관계 등을 구조적으로 결정하는 사고의 틀 혹은 양식' 으로 설명할 수 있다.

바람직할 것이다. 새로운 교사교육이 추구하는 교사상은 단순히 '지식전달자' 이거나 전통적인 '스승상' 이 아니다. 학교교육의 유형에 따른 교사상(像)은 일차적으로 효과적인 지식의 전달자를 추구한다고 할 수 있다. 즉 교과내용의 개념을 어떻게 명확하게 효과적으로 인식시키느냐에 관심의 초점이 있다. 이를 위해서 교사에게 요구되는 두 가지 측면이 있는데 하나는 교과내용에 대한 이해이고 다른 하나는 그것을 효과적으로 전달할 수 있는 교육적인 기술이다. 흔히 수학교육, 영어교육, 물리교육을 생각하듯이 기독교교육을 생각하는 것이다. 학교교육에서 수학을 잘 알고 그것을 잘 교육할 수 있는 교사를 찾고 있는 방식이다. 기독교를 잘 알기 위해서는 신학을 배워야 하고 잘 교육하는 기술을 획득하기 위해서는 교육학을 배워야 한다고 생각한다.

학교식 교사교육의 가장 심각한 문제점은 이론과 실천의 분리현상이다. 예컨대 교사대학을 생각해보자. 교사의 실천현장과 분리된 '대학' 을 개설하여, 교사의 삶이나 인격과 분리된 교사교육의 내용을 전달받아, 교육내용의 구조와 분리된 교육방법의 기술을 익혀서, 교사공동체와 분리된 교사 개개인이 잘 가르칠 수 있다고 생각하는 구조이다. 이렇게 되면 교사교육은 개인주의적이요 비인격적이요 비참여적인 구조를 지니게 된다. 오늘날 '학교' 가 지니는 가장 큰 문제가 바로 학생들을 가정과 사회로부터 분리시켜 잘 가르칠 수 있다고 믿는 전제이다. 우리가 교회교육이 보다 공동체적 구조가 되어야 하고 관계가 강조되어야 한다고 믿는다면 교사교육의 구조가 먼저 공동체적 구조를 지녀야 한다.

여기에서 말하는 공동체적 교사교육은 교사대학의 한 과목으로서 '공동체훈련' 과는 그 개념이 다르다. 교사들이 교육 공동체에 참여함으로 자연스럽게 사회화(socialization)되고 문화화(enculturation)되는 과정 속에서 교사의 자질이 형성될 수 있는 교사교육의 차원을 의미한다. 사실 교사에게 필요한 자질이나 인격, 품성, 그리고 지도력, 대인관계의 방식, 상담의 태도 등은 단기간의 '교사대학' 식 교육으로 이룰 수 없는 영역이다. 평상시의 지속적인 교사모임을 교육적인 구조로 바꾸고 교회교육 부서 자체를 교육적인 공동체로 형성해 감으로써 그 과정(process)속에서 획득되어 질 수 있는 덕목들이라고 할 수 있다. 그렇기 때문에 교사교육의 범위를 넓혀서 평소 교사와의 만남과 교육부서의 제반 교육활동을 교사교육의 관점에서 고안하고 계획할 필요가 있다. 교사월례회 때마다 단지 업무보고나 회의진행만 하는 것이 아니라 학생들의 변화를 점검해본다든지 상담사례를 나누거나 실패된 분반공부의 경험들을 발표하고 그 대안을 함께 모색해보는 것도 좋은 방법이 될 것이다. 사실 이러한 교육적인 분위기가 교사교육을 수행하게 되고 교사들의 태도에 점진적인 변화를 가져오게 된다. 이것을 자연스럽게 이끌어가는 주체는 한국교회 상황에서는 교육부서 담당 교역자나 교육목사, 담임목사 등이다. 이것은 여기서 논의되는 교사교육의 새로운 모델이 이러한 교사교육을 직접 수행하는 교역자들에게도 먼저 실천적으로 전달되어야 하는 것을 의미한다. 다시말해 교사교육의 이전 단계로 교역자가 교사에게 교육리더십을 가지게 되는 것이다. 리더십 모델에서는 우리가 갖고 있는 '학교식' 사고방식을 극복하고 '공동체적'으로 교사교육을 접근함으로 전혀 새로운 교사교육의 지평을 열 수 있을 것이다.

## 2) 양육중심의 교사교육

교회학교 교사교육이 리더십 개발로서 공동체 안에서 학생들을 양육하고 전인적인 관심을 갖고 그들을 섬기는 리더로서의 교사를 양성하는 것이라면, 한국교회의 교사교육은 오늘날 상아탑식의 대학이라는 학교형 패러다임에서부터 기본적으로 한국교회가 필요로 하는 교육리더를 양육하는 양육형 패러다임(nurturing paradigm)으로 전환하여야 한다. 한국교회가 요청하는 교사상(像)이 있고, 교사의 자질과 능력이 있는데 교사교육은 이를 갖출 수 있도록 양육하는 과정이 되어야 한다. 물론 신학적, 교육학적 지식과 기술도 필요하지만 이는 전체 교사 양성과정의 일부일 뿐이다. 교사교육은 획일적인 과정이라기보다는 각 교사의 삶의 여정을 돕고 하나님 나라의 일꾼으로 세워나가는 과정이다. 지식전수의 교사교육에서 양육체제의 교사교육으로 패러다임 전환이 이루어지기 위해서는 몇 가지 변화가 요청된다.

첫째, 교사교육은 '신앙성숙의 과정'이 되어야 하며, '영적 지도자가 되는 과정'이어야 한다. 종전의 교사교육에서는 교사들의 신앙적인 성숙은 개인적이고 사적인 일로 간주하며, 교사라고 하는 지위가 요청받는 기능을 가르치는 데에 초점을 두어 왔다. 그러나 교사교육의 목적이 소공동체의 신앙적 리더의 양성이라면 무엇보다 신앙성숙이 교사교육 커리큘럼의 근간을 이루어야 한다. 둘째, 교사교육은 관계적인 구조 안에서 이루어져야 한다. 리더십 개발로서의 교사교육은 교육담당자와 학생으로서의 교사와의 인격적인 만남이 전혀 이루어지지 않는 대형 강의실에서 이루어질 수 있는 성질의 것이 아니다. 때로 대규모 강의방식이 필요할 때도 있지만, 양육이 이루어지기 위해서는 피드백이 가능한 소그룹 형태가 바람직하며 교수는 이 소그룹의 리더로서의 역할을 감당하게 된다. 굳이 학교용어를 사용한다면 담임제로 부를 수도 있는데, 과목내용의 교수 외에도 생활전반을 통해 변화를 추구하여야 할 것이다. 과거에는 공식적인 교육과정(formal curriculum)만을 중시하는 경향이 있었는데, 수업시간 외에 이루어지는 잠재적 교육과정(hidden curriculum)을 통해 더 깊은 양육이 이루어질 수 있다. 셋째, 실천현장에서의 양육과 지도가 필요하다.[151] 교사들의 실제적인 교육적 기술과 능력이 평가되고 이것이 피드백되어 보다 온전한 교사교육이 이루어지도록 실천현장에서의 점검이 필요하다. 예컨대 교육실습의 과정이나 인턴교사로서의 사역, 그리고 교사로서의 삶과 경험을 교육적인 관점에서 평가하고 추후 지도하는 것을 통해 보다 실천적인 능력이 있는 교육리더로 양성될 수 있다.

전통적인 교사교육이 전혀 교사의 영성이나 양육을 다루지 않은 것은 아

---

151) 이디모데는 교역자를 양성하는 신학교육에서도 이러한 현장교육을 강조하고 있는데, "현장교육은 목회 준비과정에서 하나의 기초적 요소로서 교실에서 조달하지 못하는 학습경험을 제공하는 요소"라고 주장한다.(이디모데, 『신학교육의 현장교육』(서울: 대한예수교장로회총회교육부, 1981), 63.

니다. 한 두 교과목이나 교사특강, 교사헌신예배, 교사수련회 등을 통해서
다루고 있다. 그러나 기본 구조는 여전히 지식전수의 구조를 지니고 있으면
서 교사의 영성은 보완적으로 다루는 경향이 있는 것이다. 새로운 교사교육
은 이 구조를 바꾸어 기본적 구조를 양육체제로 하고 이에 더하여 다양한 과
목을 통하여 보완하는 형태가 바람직하다. 이는 교사교육에 있어서 존재론
적인 영역이 교수론적인 영역보다 더 중요하다고 생각하기 때문이다. 교사
의 가르침 이전에 교사의 삶이 교육한다. 이는 '전달매체가 전달내용이다'
라는 마샬 맥루한의 커뮤니케이션 원리와 상통한다. 그런 점에서 교사가 무
엇을 소유(having)하도록 하는 것에 초점을 맞추기 이전에 교사의 존재
(being)가 새로워질 수 있도록 돕는 것이 중요하다. 교사교육의 가장 근본적
인 뼈대는 '교사됨'의 교육이다. 이는 교사가 가르치는 내용을 숙지하거나
가르치는 방법을 익숙하게 터득하는 것 이전에 교사 자신의 신앙고백이 분
명하고 지속적으로 하나님과의 교제를 갖고 그 하나님께 헌신하고 지속적으
로 소명을 확인할 수 있는 것이 보다 중요함을 의미한다. 이런 점에서 종전
에는 교사교육의 범주에 전혀 포함시키지 않았던 교사의 기본적인 신앙생활
의 양육이 어쩌면 가장 중요한 교사교육의 커리큘럼으로 인정되어야 한다.
이는 일반 교육과는 다른 기독교교육이 지니는 독특성 때문이라고도 할 수
있다. 기독교교육에서의 교사교육은 아래 그림과 같이 네 가지 중요한 차원
을 갖는다.

　위의 그림에서 보여주듯이, 교회교육에서 교사는 하나님과의 관계, 학생
과의 관계, 내용과의 관계, 매체와의 관계라는 네 가지 중첩적인 관계를 지
닌다. 종래의 교사교육은 상당부분 교육내용과의 관계 또는 매체와의 관계
에 집중하는 경향이 있었고 보다 근본적인 하나님과의 관계와 학생과의 관
계에서 성숙할 수 있는 교사교육이 이루어지지 못했다. 리더십 모델에서는
탐구와 방법적인 기술을 포함하면서도 지속적인 신앙양육이 이루어질 수
있는 교사교육의 형태가 될 필요가 있다.

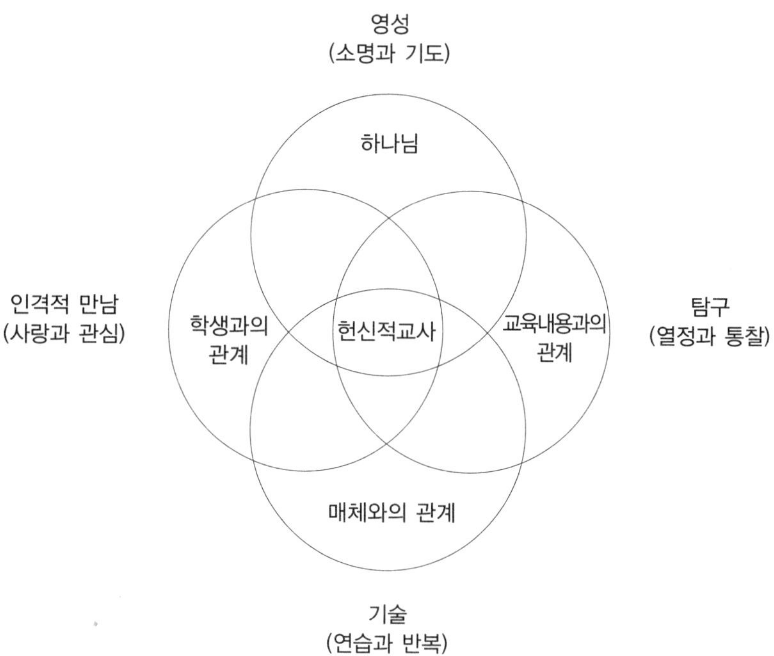


## 3) 소그룹리더를 세우는 교사교육

교회학교에서 교사는 단순한 '교사'(teacher)가 아니라 '리더'(leader)이다. 교사라고 할 때에는 주로 '교과'를 가르치는 기능을 가장 중요시 한다. 그래서 수학교사가 되기 위해서는 사범대학의 수학교육과를 입학하는데, 그 과정에서 가장 강조하는 것은 어떻게 하면 수학을 잘 가르칠 수 있는가이다. 그러나 교회학교의 교사는 단순한 교과교사가 아니다. 학생들에 대한 목회적 리더십을 수행하는 소그룹의 리더로서의 역할이 중요하다. 교과목 교사보다는 담임 교사의 역할과 가깝고, 중고등학교의 과목별 전문교사의 개념보다는 초등학교에서 전 교과를 다 가르치면서 한 학급을 맡아 지도하는 교사가 보다 근접한 유형이라고 할 수 있다.

리더십 개발로서의 교사교육은 미리 설정된(pre-set) 교육과정에 철저히 매이는 방식이 되어서는 안된다. '학문중심교육과정'이나 '교과중심교육과정'은 가르칠 학문이나 교과가 고정되어 있어서 그것들을 가르치는 것이 목적이 되고 학생들은 그 도구가 되기가 쉽다. 그러나 리더십 모델에서는 구성원들의 필요에 민감할 것이 요청된다. 교육은 교과중심이라기보다는 구성원 중심으로 이루어진다. 그러나 이는 과제나 과업을 무시하는 것을 의미하지는 않는다. 구성원의 필요와 가르칠 내용으로서의 주제를 가장 잘 연결시킬 수 있는 능력을 갖는 것을 의미한다. 이를 위해서 교사교육은 성경에 충실하여야 하며 동시에 구성원들과 그들이 속해 있는 문화에 대해서 민감해야 한다. 리더십 개발은 구성원들을 리더로 세우기 위해서 경직되는 것이 아니라 융통성(flexibility)을 갖는 것이다. 이는 리더로서의 교사의 역할이 교재의 내용을 전달하는 한 가지가 아니라 실로 다양하기 때문이다.

헥과 윌리암스(Heck & Williams)는 『21세기 교사의 역할』이라는 책에서 리더로서 교사의 다양한 역할을 설명하고 있는데 이를 요약하면 다음과 같다.[152] 인간으로서 교사: 보호하는 역할, 동료로서 교사: 지원하는 역할, 동역자로서 교사: 보완적인 역할, 이해자로서 교사: 양육하는 역할, 학습촉진자로서 교사: 상호작용의 역할, 연구자로서 교사: 실험하는 역할, 프로그램 개발자로서 교사: 창조하는 역할, 관리자로서 교사: 계획하는 역할, 교사되기: 열망하는 역할, 의사결정자로서 교사: 문제해결의 역할, 전문지도자로서 교사: 도전하는 역할 등이다. 이제는 교사를 단순히 교과를 잘 가르치는 역할로서만 인식할 것이 아니라 복합적인 역할을 지닌 교육리더(educational leader)로서 인식하고, 리더를 세우는 교사교육을 실천하여야 할 것이다.

---

152) Shirley Heck & Ray Williams, *The Complex Roles of the Teacher: An Ecological Perspective* 황기우 역, 『21세기 교사의 역할: 생태학적 관점』(서울: 원미사, 2002)

4) 커뮤니케이션 중심의 교사교육

기존의 수업(instruction)중심으로 이루어졌던 교사교육이 리더십 모델에서는 커뮤니케이션(communication)중심으로 확대된다. 수업이라는 개념은 강사가 다분히 일방적으로 언어를 매개로하여 지식을 전달한다는 의미를 담고 있다. 그리고 수업이라는 공식적인 공간과 시간 안에서 이루어지는 가르침을 의미한다. 그러나 커뮤니케이션의 관점에서 생각할 때 학생에게 영향력(influence)을 주는 모든 과정이 교육적 관심의 대상이 된다. 리더십 모델로서의 교사교육은 바로 교사들에게 커뮤니케이션을 통해 영향을 주어 보다 좋은 리더로 세우는 것이고, 이 과정에서 이루어지는 모든 커뮤니케이션 과정이 리더십 개발로서의 교사교육 안에 포함되어진다. 이런 관점에서의 교사교육은 교사대학이나 교사세미나와 같은 공식적인 수업 상황에서만 일어나는 것이 아니다. 교회생활에서 교역자나 교사들 간의 자연스러운 대화의 시간과 만남의 시간, 멘토링이나 소그룹 모임과 같은 관계를 통해 얼마든지 교사교육이 이루어질 수 있다.

커뮤니케이션에는 언어적 커뮤니케이션이 있고 비언어적 커뮤니케이션이 있는데 리더십 개발로서의 교사교육은 언어적 커뮤니케이션에 국한되지 않는다. 비언어적 커뮤니케이션, 예컨대 몸짓, 제스처, 눈맞춤, 또한 지도자의 열정, 확신, 사랑, 겸손, 성실, 개방성, 친절, 이 모든 것이 교사됨을 가르치고, 교사를 진정한 리더로 세우는 교사교육의 내용이요 과정(process)이 된다. 또한 커뮤니케이션에는 일방적 커뮤니케이션이 있고 쌍방적 커뮤니케이션이 있는데, 종전의 수업이 주로 일방적 커뮤니케이션에 기초되어 있다면, 커뮤니케이션 모델은 쌍방적 커뮤니케이션을 강조한다. 왜냐하면 커뮤니케이션(communication)이라는 단어 안에 이미 공동체(community)가 들어 있기 때문에 쌍방향이고 다방향이어야 한다는 것이 전제되어 있다. 리더로서 교사교육담당자가 항상 송신자(sender)가 되고 추종자로서 교사가 항상 수신자(receiver)가 되는 것이 아니라 서로가 송신자가 되고 수신자가 되어서 커뮤니케이션 함으로 서로를 세워나가는 구조가 되어야 한다.

일반적으로 교육과정을 말할 때에 세 가지 교육과정으로 분류하는데, 공식적 교육과정(formal curriculum), 잠재적 교육과정(hidden curriculum), 그리고 영의 교육과정(null curriculum)이다. 그런데 커뮤니케이션 모델은 공식적 교육과정만이 아니라 잠재적 교육과정, 심지어는 영의 교육과정도 진지하게 고려한다. 교사대학의 과목에 포함된 것들을 공식적 교육과정이라고 한다면 휴식시간이나 교사 상호간의 관계 속에서 학습되는 것이 잠재적 교육과정이며, 교사교육에서 다루어야 함에도 잠재적으로도 취급되지 않는 영역을 영의 교육과정이라고 말할 수 있다. 흔히 교사교육을 생각할 때 무슨 과목을 개설할 것인가를 떠 올리는데, 이는 많은 교사교육의 영역 중 작은 한 부분임을 인식해야 한다. 커뮤니케이션과 영향력의 관점에서 교사교육을 접근하면 무엇을 잘 가르치는 것보다 더 중요한 것은 과연 배우는 학생들로서 교사들에게 어떤 커뮤니케이션이 일어났고, 그들에게 어떤 영향이 나타날 것인가라는 학습(learning)에 더 초점이 있다. 이런 의미에서 교사교육은 언어적, 비언어적 상호작용을 포함하며, 다양한 커뮤니케이션의 형태가 포함된다.

커뮤니케이션 모델에서는 미디어 사용에 있어서도 문자미디어만이 아니라 다양한 미디어를 활용함으로 멀티미디어 커뮤니케이션이 이루어지는데, 말이나 문자, 인쇄활자 등과 같은 미디어는 물론, 시청각미디어와 그보다 더 복합적인 기능을 수행하는 전자미디어들을 사용하는 커뮤니케이션을 통해 교사교육이 이루어질 수 있다. 이는 시각이나 청각만을 의존하던 커뮤니케이션 방식에서 시각과 청각을 동시에 사용하고, 인간의 오감을 다양하게 활용함으로 더 강렬한 영향을 미칠 수 있음을 의미한다. 그리고 지적인 커뮤니케이션만이 아니라 감정의 커뮤니케이션을 통한 교육도 가능함을 인정하는 것이다. 이때까지의 교육이 머리의 교육이었다면 리더십 모델은 마음의 교육으로의 변화를 지향한다. 이러한 커뮤니케이션 모델은 감동이 있고 마음으로부터 배우는 교사교육을 가능케 할 것이다.

5) 실천과 참여의 교사교육

학문과 현장, 이론과 실천 사이의 깊은 괴리가 교사교육에서도 심각한 문제점으로 나타나고 있다. 교사교육이 학문중심, 이론중심이기에 언제나 교사교육은 원론적인 수준에 머무르는 경향이 있고, 교사교육담당자는 개개교사들이 이것들을 실천에 '응용' 해 주기를 기대하지만 현장은 '현장의 논리'에 의해서 움직여지기에 결국 그들이 그동안 사용해온 방식에 머무르게 된다. 그러나 리더십 개발로서의 교사교육은 기본적으로 실천과 참여를 중요하게 여긴다. 리더십 개발의 생명은 실제적인 리더의 역량을 발휘할 수 있도록 변화시키는 데에 있다. 교사로 하여금 리더십에 대해 배우게 하는 것이 목적이 아니고 교사로 하여금 리더가 되게 하는 것이 목적이고, 교육의 현장에서 변화의 능력으로 나타나는 것이 목적이다. 이를 위해서는 교사교육이 실천에서 시작하여 실천으로 끝나야 한다. 이론은 실천의 변화를 위한 것이기에 실천과 괴리된 이론은 더 이상 생명력을 지니고 있지 않다. 이는 이론이 필요없음을 의미하는 것이 아니다. 현장에서부터 문제가 도출되어 이를 이론적으로 성찰하고 다시금 현장에서 변화를 일으킬 수 있는 모습으로 교사교육에서 다루어져야 한다.

원래 교육은 앎(knowing)과 삶(living)이 분리되지 않는 통전적 형태였다. 원시 수렵사회에서는 물고기를 잡는 방법을 배우는 것은 바로 앎이었고 삶이었다. 그러나 학교제도가 발달하면서 학교는 삶으로부터 앎을 분리시키게 되었다. 학교는 유한계급의 자녀들이 삶에서부터 분리된 공간에서 유희로서의 앎을 추구하는 장이 되었다. 그러나 진정한 교육은 앎과 삶이 하나 되게 하는 것이다. 리더십 개발로서의 교사교육은 이론과 실천, 앎과 삶이 분리되는 것이 아니라 이것이 하나임을 입증할 수 있어야 한다. 이런 의미에서 교사교육은 과감히 강의식 형태가 아니라 워크샵(workshop) 형태로 전환될 필요가 있다. 그리고 실제적으로 교사가 주도적으로 참여하여 실습할 수 있는 구조로 바뀌어야 한다. 최근 대학에서 많이 사용하기 시작하는 '수업클리닉'도 참조할 수 있을 것이다. 교사 개개인의 가르치는 모습을 비디오에 담아, 내용전개방식이나 언어 전달방식을 물론, 표정, 제스처, 유머 기술 등을 개선할 수 있는 작업이 이루어져야 한다. 이런 점에서 임상을 강조하는 의사 양성과정은 교사 양성과정에서 중요하게 고려하여야 한다. 의과대학 시절부터 실습을 중요시하며 인턴과정과 레지던트 과정을 통해 구체적인 실습과 임상훈련을 한다. 그런 실천적 노력이 현장에서의 변화 능력을 가장 잘 보장할 수 있는 것이다. 리더십 개발로서의 교사교육은 다름 아닌 교사가 실천의 장에서 능력있는 리더로 활동하는 것을 보증하는 것이 되어야 한다.

# VII. 결론

## 1. 요약 및 결론

한국교회 교회학교의 영적 부흥을 위해서 가장 중요한 두 가지 요소가 있다면 첫째는 수평적인 차원으로 학생들과 분명한 접촉점을 갖는 것과 둘째는 수직적인 차원으로 하나님의 은혜를 통하여 신앙이 형성되도록 돕는 것이다. 첫째가 인격적, 문화적 접촉점이라고 한다면 둘째는 초월적, 영적 접촉점이라고 할 수 있다. 교사교육의 리더십 모델은 이 두 가지 요소를 가장 잘 갖출 수 있는 모델로서, 전통적인 학교형 패러다임과는 달리 교사와 학생의 관계 강화와 학생의 신앙성숙을 통해 전인적인 삶이 변화하도록 돕는 데에 유익한 모델이다.

본 연구는 이러한 교사교육의 새로운 대안을 제시하기 위해 크게 세 가지 부분으로 나누어 연구과제를 수행하였다. 제1부는 서론으로서 교회학교의 침체현상과 교사교육에 관하여 논하였는데, 최근 교회학교 학생수 추이 분석을 통하여 교회학교의 침체현상을 분석하였다. 지난 5년간의 교회학교 학생수는 분명한 감소현상을 보이고 있는데, 이는 인구의 자연 감소현상보다도 급격하게 이루어지고 있는 것으로 나타났다. 이러한 감소현상의 원인 중에서 가장 중요한 요인으로 교사요인이 지목되었으며, 이 교사요인을 변화시키는 교사교육은 교회학교의 영적 부흥을 가져올 수 있는 가장 중요한 요소라는 것을 논하였다.

제2부는 교사교육의 이론적 배경과 교회학교 교사교육 현황 분석 및 평가를 다루었는데, 일반교육학과 기독교교육학에서 교사교육에 관한 이론적 논의 및 선행연구를 소개하면서 교회학교 교사상으로 전문성과 영성을 포함하는 통전적 교사상을 제시하였다. 또한 한국교회 교회학교 교사교육의 현황을 분석하기 위해 실시한 설문조사 결과를 분석하였는데, 교사를 대상으로 한 설문조사와 교역자를 대상으로 한 설문조사를 통해 비교적 상세히 한국

교회 교회학교 교사교육의 실태를 파악하였다. 그리고 3개 지역교회의 교사교육 사례와 총회 교육자원부의 교사교육 사례를 분석하였고 그 결과를 논의하였다. 이러한 설문조사와 사례분석을 기초로 전통적인 한국교회 교회학교 교사교육을 진단하고 평가하였는데, 전통적인 교사교육이 많은 공헌을 한 것도 사실이지만, 전통적인 '스승상'의 교사상을 지니고 지식교육에 치중되어 있는 한계성을 지니는데, 이것은 무엇보다 '교사대학'으로 상징되는 '학교형 패러다임'임을 드러내었다.

제3부는 교사교육의 대안으로서 리더십 모델을 제안하고 있는데, 리더십 모델로서의 교사교육이 요청되는 배경을 서술하였다. 무엇보다 21세기 교회교육의 배경으로서 모더니즘에서부터 포스트모더니즘으로의 변화, 활자인쇄 커뮤니케이션에서 멀티미디어 커뮤니케이션으로의 변화, 주지주의에서 감성에 대한 강조로의 변화, 개인주의에서 공동체에 대한 강조로의 변화, 그리고 객관주의 인식론에서 새로운 인식론으로의 변화 등이 어떻게 기존의 학교형 교사교육이 아닌 대안적 교사교육으로서 리더십 모델을 요청하는지를 설명하였다. 또한 복음적 개혁신학의 요구로서 '신앙을 위한 기독교교육'이 학교형 교사교육보다는 리더십 모델로서의 교사교육을 요청하고 있음을 설명하고, 이러한 논의와 최근 일반교육학에서 부상하는 '교육리더십' 개념을 통하여 교사교육의 리더십 개발 모델을 제안하였다. 리더십 모델의 개관을 다섯 가지의 교사교육의 형태로 제시하였다. 다섯 가지 교사교육은 공동체적 교사교육, 양육중심 교사교육, 소그룹 리더 양성 교사교육, 커뮤니케이션 중심 교사교육, 그리고 실천과 참여의 교사교육이다. 그리고 마지막으로 리더십 모델이 어떻게 교사교육의 학교형 패러다임과 대조되는지를 기술하면서, 교사교육의 새로운 방안들을 구체적으로 제시하였다.

오늘날 한국교회 교회학교는 침체현상을 경험하고 있지만 교사교육의 대안적 모델인 교사교육의 리더십 모델은 교사들을 역동적인 리더로 세움으로서 교회학교를 활성화시키고 영적 부흥을 일으킬 수 있는 에너지의 원천을 제공할 수 있다. 전통적인 학교형 패러다임의 교사교육의 한계를 극복하는 이러한 리더십 모델로서의 교사교육은 21세기의 변화에 부응하는 것이며, 동시에 복음적 개혁신학의 요구에 부응하는 것으로서 열 두 제자 공동체의 리더이신 예수 그리스도의 교사교육을 본 받는 것이기도 하다. 한국교회 교회학교 교사들이 리더십 개발로서의 교사교육을 통하여 진정한 기독교교육 리더(Christian education leader)로 세움받고 이들을 통하여 한국교회 교회학교의 영적 부흥이 이루어지기를 소망한다.

### 2. 연구의 한계성 및 제언

본 연구는 한국교회 교회학교의 영적 부흥을 위한 교회학교 교사교육에 관한 연구로서 전통적 교사교육의 현황 및 한계성을 분석하고 그 대안으로 리더십 모델로서의 교사교육을 제안하는 연구이다. 한국교회 교회학교의 영적 부흥이라는 큰 주제를 '교사교육'이라는 제한된 영역에서 다룬 이 연구는 그 제약으로 인해 다음과 같은 몇 가지 한계성을 지닌다.

첫째로 본 연구는 교회학교의 양적 침체 현상의 원인으로서의 전통적인 교회학교 교사교육의 한계를 분석하고 그 대안 모색에 집중하고 있으므로 본 연구의 궁극적 목적이라고 할 수 있는 교회학교의 영적 부흥과 교사교육의 직접적이고 구체적인 인과관계를 설명하고 있지는 않다. 물론 리더십 개발로서의 교사교육은 교회교육의 본연의 모습을 회복하며 소공동체로서의 분반과 대공동체로서의 교회학교를 활성화시킴으로 교회학교의 영적 부흥을 가져올 것이 분명하지만 이를 설명하는 데에 초점을 두고 있지 않으므로 이 부분이 소홀히 다루어진 것은 본 연구의 한계라고 볼 수 있다. 영적 부흥과 교사교육과의 인과관계를 구체적으로 규명하는 것은 이 리더십 모델의 실천을 통해 규명될 수 있는 바 이 인과관계 연구는 별도의 연구로 미룰 수밖에 없다.

둘째로 본 연구는 리더십 개발로서의 교사교육을 다루는데, 교사의 리더십과 깊은 관계가 있는 교역자의 리더십에 관해 깊이 있게 연구하지 못하는 한계성을 지닌다. 교육담당 교역자는 교사교육의 담당자이며 교사 리더십 개발의 실무 책임자라고 할 수 있는데, 본 연구는 교사 리더십에 일차적 관심이 있기 때문에 간접적으로만 교사교육 담당자의 리더십을 다룰 수 밖에 없었다. 또한 교사양성과정인 교사교육으로서의 리더십 개발에 초점을 맞춘 나머지 교사의 선발요인이나 그 과정에 대한 논의도 별도로 다루고 있지 못하다. 이는 담임 목회자의 목회철학과 전체 목회 구조와 연계될 수 밖에 없는데 그러한 논의는 별도의 연구를 통해 구체화되어야 할 것이다.

셋째로 본 연구가 전통적인 학교식 교사교육의 한계를 지적하고 그 대안으로 교사교육의 리더십 모델을 제안하고 있으나 그 밖의 다른 모델의 가능성에 대한 논의나 그러한 모델들과의 차이를 규명하고 있지 못하다는 한계성을 지닌다. 과연 '리더십 모델'만이 유일한 대안인가에는 의문의 여지가 있다. 현재 국내외적으로 시도되고 있는 다양한 대안적 교사교육의 유형들을 살피고, 이에 대한 신학적, 기독교교육학적 논의를 통해 한국교회 교사교육의 대안으로의 적합성을 진단하거나, 시도될 수 있는 가능성을 지닌 대안들에 대한 논의가 생략되어 있다. 이러한 연구들은 교회학교에 대한 다양한 대안 모색 논의와 연결지어 별도로 연구해볼 만한 가치가 있는 주제일 것이다.

마지막으로 본 연구의 후속연구로 제안하고 싶은 것은 교사교육의 리더십 모델에 근거한 보다 구체적인 커리큘럼과 교육 프로그램 작성에 관한 연구이다. 교회현장에서 직접 사용할 수 있는 실제적인 교육내용 및 교육방법까지 제시할 수 있는 연구가 필요하다. 또한 앞에서 본 연구의 한계성으로도 지적했지만 교사교육의 담당자가 되어야 할 교육담당 교역자 및 교회교육사, 교육담당 목사, 그리고 담임목사의 교육적 리더십을 다루는 연구가 필요하다. 이는 교역자 양성기관인 신학교육의 커리큘럼과도 연계되는 문제인데 리더십 개발로서의 신학교육을 통한 교역자 리더십 제고를 위한 연구도 궁극적으로 교사의 리더십을 개발하는 것과 유기적 관련을 가짐으로서 교회학교의 영적 부흥을 위한 중요한 연구가 될 것이다.

Adams, A. M., Effective Leadership for Today' s Church, Phil., The Westerminster Press, 1978.

Adams, M. & Adams, J., Developing Leadership for the Church' s Teaching Ministry, G.E.S., 1978.

Astley, Jeff. The Philosophy of Christian Religious Education. Birmingham, Alabama: Religious Education Press, 1994.

Babin, Pierre. The New Era in Religious Communication. Minneapolis: Fortress Press, 1991.

Blazier, K. D., Building an effective church School: Guide for the Superintendent and Board of Christian Education, Judson Press, 1976.

Bower, R. K., Administring Christian Education, Erdman Co., 1964.

Bowman, L. E., Planning for Teacher Education in the Parish, Geneva Press, 1967.

Brown, C. C., Developing Christian Education in the Smaller Church, Nashville: Abingdon Press, 1982.

Byrne, H. W., Improvig Church Education, Religious Education Press, 1979.

Cober, K. L., Shaping the Church' s Educational Ministry: Manual for the Board of Church Education, Judson Press, 1971.

Coombs, A. W., "The Personal Approach to Good Teaching" in R. T. Hyman ed., Contemporary Thought on Teaching . New Jersey: Prentice-Hall, 1971.

Donald G. Emler, Revisioning the DRE. Birmingham: Religious Education Press, 1989.

Cornford, Francis M. The Republic of Plato. London: Oxford University Press, 1941.

Cremin, Lawrence A. Public Education. New York: Basic Books, Inc., Publishers, 1976.

Crewdson, Joan. Christian Doctrine in the Light of Michael Polanyis Theory of Personal Knowledge: A Personal Theology. Lewiston: The Edwin Mellen Press, 1994.

Cully, Iris V. Planning and Selecting Curriculum for Christian Education. Valley Forge, PA: Judson Press, 1983.

Doll, William E. Jr. A Postmodern Perspective on Curriculum. New York: Teachers College Press, 1993.

Eisner, Elliot. The Educational Imagination. New York: MacMillan, 1985.

________. Cognition and Curriculum Reconsidered. New York: Teachers College, Columbia University, 1994.

Eusden, John Dykstra and Westerhoff III, John H. Sensing Beauty: Aesthetics, the Human Spirit, and the Church. Cleveland, Ohio: United Church Press, 1998.

Everding Jr., Edward H. View Points: Perspectives of Faith and Christian Nurture. Harrisburg: Trinity Press International, 1998.

Evans, C. Stephen. Faith Beyond Reason: A Kierkegaardian Account. Grand Rapids, Michigan: William B. Eerdmans Publishing Company, 1998.

Foster, Charles R. Educating Congregation: The Future of Christian Education. Nashville: Abingdon Press, 1994.

Foster, Charles R. and Theodore Brelsford. We Are the Church Together: Cultural Diversity in Congregational Life. Valley Forge, PA: Trinity Press, 1996.

Fowler, James. Stages of Faith: The Psychology of Human Development and the Quest for Meaning. San Francisco: Harper & Row, 1981.

Gardner, Howard. The Unschooled Mind. New York: BasicBooks, 1991.

________. Multiple Intelligences: The Theory in Practice. New York: BasicBooks, 1993.

Eugene C. Roehlkepartain. Teaching Church: Moving Christian Education to Center Stage. Abingdon Press, 1993.

Gangel, K. O., 24Ways to Improve Your Teaching, Victor Books, 1974/78.

Gorden, T., Teacher Effectiveness Training: TET, P.H.Wyden Co., 1974.

Green, T. F., The activities of Teaching, McGrow-Hill Co., 1971.

Griggs, H., Teaching Teachers to Teach: A Basic Manual For Church Teacher, Nashbill: Abingdon Press, 1981.

Green, Garrett. Imagining God: Theology and the Religious Imagination. San Francisco: Harper & Row, Publishers, 1989.

Green, Thomas F. The Activities of Teaching. New York: McGraw-Hill Book Company, 1971.

Grenz, Stanley J. A Primer On Postmodernism. Grand Rapids: William B. Eerdmans Publishing Company, 1996.

Griggs, Donald L. Teaching Teachers To Teach. Nashville: Abingdon Press, 1980.

Groome, Thomas H. Christian Religious Education: Sharing Our Story and Vision. San Francisco: HarperSan Francisco, 1980.

________. Sharing Faith: A Comprehensive Approach to Religious Education and Pastoral Ministry. San Francisco: HarperCollins, 1991.

Harris, Maria. Teaching & Religious Imagination: An Essay in the Theology of Teaching. SanFrancisco: HarperCollins, 1987.

________. Fashion Me A People. Louisville: Westminster John Knox, 1989.

Hart, F. W., Teachers and Teaching. New York: MacMillan Co., 1934.

James Michael Lee. The Flow of Religious Instruction. Alabama: REP, 1973.

Johnson, Mark. The Body in the Mind: The Bodily Basis of Meaning, Imagination, and Reason. Chicago: The University of Chicago Press, 1987.

Lee, James Michael. ed. Handbook of Faith. Bermingham: REP, 1990.

________. The Flow of Religious Instruction Birmingham, Alabama: Religious Education Press, 1973.

Leith, John H. An Introduction to the Reformed Tradition. Atlanta: John Knox Press, 1977.

________. The Reformed Imperative: What the Church Has to Say that No One Else Can Say. Philadelphia: The Westminster Press, 1988.

Little, Sara. The Role of the Bible in Contemporary Christian Education. Richmond: John Knox Press, 1961.

________. To Set Ones Heart: Belief and Teaching in the Church. Atlanta: John Knox, 1983.

LeFevre, P. D., The Christian Teacher, Abingdon Press, 1988.

McKim, Donald K. Major Themes in the Reformed Tradition. Grand Rapids, Michigan: Eerdmans Publishing Co., 1992.

McLuhan, Marshall. Understanding Media, the Extensions of Man. New York: McGraw- Hill Book Company, 1964.

Osmer, Richard R. Teaching For Faith. Louisville: Westminster/John Knox Press, 1967.

Palmer, Parker J. To Know As We Are Known: Education As a Spiritual Journey. San Francisco: Harper & Row, 1983.

________. The Courage To Teach: Exploring the Inner Landscape of a Teachers Life. San Francisco: Jossey-Bass Publishers, 1998.

Pazmino. R. W., God our teacher: Theological Basics in Christian Education. Michigan: Baker Academic, 2002.

Pinar, William ed. Curriculum Theorizing: The Reconceptualists. Berkeley: McCutchan, 1975.

Polanyi, Michael. Personal Knowledge: Towards a Post-Critical Philosophy. Chicago: The University of Chicago Press, 1962.

________. Tacit Dimension. Garden City: Doublenday & Company, 1966.

________. Knowing and Being. Marjorie Grene ed. Chicago: The University of Chicago Press, 1969.

Pullias, E. V. and Young, J. D., A Teacher is Many Thing. Seoul: Pan Korea Book, 1973.

Rusbuldt, R .E., Basic Teacher Skills: Handbook for Church School Techers, Judson Press, 1981.

Shaller, L. E., The Change Agent: The Strategy of Imnovative Leadership, Abingdon Press, 1972.

Slattery, Patrick. Curriculum Development in the Postmodern Era. New York: Garland Publishing, Inc., 1995.

Sloan, Douglas. Faith and Knowledge: Mainline Protestantism and American Higher Education. Louisville, Kentucky: Westminster John Knox Press, 1994.

________. Insight-Imagination: The Emancipation of Thought and the Modern World. Westport, CT: Greenwood Press, 1983.

Stanley J. Grenz. A Primer On Postmodernism. Grand Rapids: Eerdmans, 1996.

Technique. O., The Skillful Teacher: on Technique, trust, and Responsiveness in the Classroom. San Francisco: Jossey-Bass, 1990.

Thomas, E. J. & Biddle, B. J., Role Theory: Concepts and Research. John Wiley and Sons, 1966.

Timothy A. Lines, Functional Images of the Religious Educator. Birmingham: Religious Education Press, 1992.

Wallker, H. E., Teaching Yourself to Teaching(Multimedia Selfinstruction Kit), Abingdon Press, 1936.

Westerhoff III, John H. Will Our Children Have Faith? New York: HarperCollins Publishers, 1976.

Westerhoff III, John H. & William H. Willimon. Liturgy and Learning Through the Life Cycle. Akron: OSL Publications, 1980.


〈번역서〉

Robert K. Greenleaf. Servant Leadership. 강주헌 역.『리더는 머슴이다』. 서울: 도서출판 참솔, 2001.

Roy B. Zuck. Teaching a Jesus Taught. 박경환, 서장국 역.『예수님의 티칭 스타일』. 서울: 디모데, 2000.

Parker J. Palmer. To Know as we are Known.『가르침과 배움의 영성』. 서울: 한국기독학생회출판부, 2000.

________. "The Courage to teach." 이종인 역.『가르칠 수 있는 용기』. 서울: 한문화, 2000.

Burgess. H. W. An Invitation to Religious Education. 오태용 역.『기독교교육론』. 서울: 정경사, 1984.

Doll, William E. A Postmodern Perspective On Curriculum. 김복영 역.『교육과정과 포스트모더니즘의 시각』서울: 교육과학사, 1997.

Eisner, Elliot. The Educational Imagination. 이해명 역.『교육적 상상력』서울: 단국대학교 출판부, 1991.

________. Cognition and Curriculum Reconsidered. 김대현, 이영만 역.『표상형식의 개발과 교육과정』서울: 교육과학사, 1994.

Fowler, James W. Stages of faith. 이재은 역.『신앙의 단계들』. 서울: 대한기독교

출판사, 1986.

Green, Garrett. Imagining God. 장경철 역. 『하나님 상상하기』. 서울: 한국장로
교출판사, 1996.

Harris, Maria. Fashion Me a people. 고용수 역. 『교육목회커리큘럼』. 서울: 한국
장로교출판사, 1997.

Little, Sara. To set One' s heart. 사미자 역. 『기독교교육교수방법론』. 서울: 대한
예수교장로회총회출판국, 1988.

Loder, James E. The Transforming Moment. 이기춘 · 김성민 공역. 『삶이 변형되
는 순간』. 서울: 한국신학연구소, 1988.

Migliore, L. Daniel. Faith Seeking Understanding. 장경철 역. 『기독교 조직신학
개론』 서울: 한국장로교출판사, 1994.

Palmer, Parker J. The Courage to teach. 이종인 역. 『가르칠 수 있는 용기』. 서울:
한문화, 2000.

________. To known as we are known. 이종태 역. 『가르침과 배움의 영성』. 서
울: 한국기독학생회출판부, 2000.

Polanyi, Michael. Personal Knowledge. 표재명, 김봉미 역. 『개인적 지식』. 서울:
아카넷, 2001.

Wyckoff, D. Campbell. Theory and design of christian education curriculum. 김
국환 역. 『기독교 교육과정의 이론과 설계』. 서울: 성광문화사, 1990.


〈국내서적〉

김정규, 권낙원. 『교사와 교육』. 서울: 형설출판사, 1988.

길병휘 외 공저. 『교사교육: 반성과 실제』. 서울: 교육과학사, 2004.

김영태. 『교사 지도성 탐색』. 서울: 창지사, 1999.

김희자. 『교사론』. 서울: 대한예수교장로회총회, 1998.

류동훈. 『교사론』. 서울: 창지사, 2004.

박상진 외. 『교회교육백서』. 서울: 한국장로교출판사. 2002.

손원영. 『기독교교육의 재개념화』. 서울: 대한기독교서회, 2002.

신중식 외 공저. 『교육지도성 및 인간관계론』. 서울: 한국교육행정학회, 2003.

오인탁, 정웅섭. 『교회 교사교육의 현실과 방향』. 서울: 대한기독교출판사,
1987.

오천석. 『스승』. 서울: 교육과학사, 1972.

윤정일, 이훈구, 주철안. 『교육리더십』. 서울: 교육과학사, 2004.
이병진. 『새로운 교육의 패러다임 교육리더십』. 서울: 학지사, 2003.
이종재 외. 『한국인의 교직관』 한국교육개발원 연구보고 RR-142, 1981.
전우섭. 『죽음보다 강한 사랑』. 서울: 카리스월드, 2003.
정범모, 『교육과 교육학』. 서울: 배영사, 1980.
정태범 외. 『교사론』. 서울: 교육과학사, 2003.


〈학위논문〉
김효숙. "자기쇄신에 근거한 리더십 개발에 관한 한 연구." 미간행 석사학위논
　　　문. 장로회신학대학교 대학원, 2002.


〈논문〉
권용근. "서번트 리더쉽에 근거한 교회학교 교사 지도력 개발 원리에 관한 연
　　　구." 『한국교회의 새로운 리더십과 신학적 과제』. 제33차 정기학술대회
　　　자료집. 한국기독교학회, 2004.
문병하. "21세기 한국교회를 위한 영적 리더십." 『한국교회의 새로운 리더십과
　　　신학적 과제』. 제33차 정기학술대회 자료집. 한국기독교학회, 2004.
사미자. "교회 여성 지도력 개발에 관한 고찰." 『장신논단』17집. 2001. 12. 장로
　　　회신학대학교출판부.


〈기타〉
대한예수교장로회총회교육부교육원. "교사양육과정-새 교사대학 지도자지침
　　　서". 대한예수교장로회총회교육부. 2001.
한국 갤럽 "한국인 종교분포 현황," 2004.

# 교회학교 교사교육 개선을 위한 설문조사
## - 교사용 -

교회교육에 있어서 가장 중요한 요소가 교사의 역할이고, 좋은 교사를 양성하는 교사교육일 것입니다. 본 설문조사는 교회학교 교사교육을 개선하여 한국교회의 교회교육을 보다 활성화시키기 위한 것입니다. 바쁘시더라도 성실하게 답해주시면 연구에 큰 도움이 되겠습니다. 감사합니다.

2004년 9월   일
장로회신학대학교 기독교교육연구원

■ 다음의 질문을 읽고 해당되는 곳에 O 표를 하거나 의견을 적어주시기 바랍니다.

### A. 일반적인 사항

1. 귀하의 성별은 무엇입니까?
   1) 남          2) 여

2. 귀하의 출생 년도는 언제입니까?   19____ 년

3. 귀하가 세례(또는 입교)받은 년도는 언제입니까?  _________ 년도

4. 귀하의 교사경력은 몇 년입니까?
   1) 2년 미만            2) 2년 이상–5년 미만
   3) 5년 이상–10년 미만      4) 10년 이상–20년 미만
   5) 20년 이상

5. 귀하가 담당하고 있는 부서는 무엇입니까?
   1) 영,유아부           2) 유치부
   3) 아동부(유년부, 초등부, 소년부 포함)
   4) 중고등부           5) 대학청년부
   6) 성인노인부          7) 기타:

6. 귀하의 교회가 위치하는 지역은 어디입니까?
   1) 서울             2) 수도권 신도시
   3) 대도시            4) 중소도시
   5) 농어촌            6) 기타:

7. 귀하가 속해있는 교회의 성인출석인원은 어느 정도입니까?
   1) 100명 미만
   2) 100명 이상–300명 미만
   3) 300명 이상–500명 미만
   4) 500명 이상–1000명 미만
   5) 1000명 이상–3000명 미만
   6) 3000명 이상–10000명 미만
   7) 10000명 이상

**B. 설문내용**

1. 귀하의 교회에서는 교사교육을 실시하고 있습니까?
    1) 실시한다            2) 실시하지 않는다


2. 실시한다면 어떤 형태입니까? 있는대로 고르십시오.
    1) 교사대학            2) 교사수련회            3) 교사부흥회
    4) 교사헌신예배        5) 교사위로(친교)회      6) 교사세미나
    7) 기타:


3. 실시하지 않는다면 그 이유는 무엇입니까?
    1) 교회의 규모가 너무 작아서
    2) 교육에 관심이 부족해서
    3) 외부의 다른 교사교육에 참여하기 때문에
    4) 필요를 느끼지 않기에
    5) 참석율이 저조해서
    6) 기타:


4. 귀하가 생각하는 교사의 가장 중요한 자질은 무엇입니까? 두 가지를 고르
    십시오.
    1) 영적인 깊이가 있는 교사
    2) 인격적으로 훌륭한 교사
    3) 성경을 많이 아는 교사
    4) 가르치는 기술이 탁월한 교사
    5) 학생들과 잘 어울리는 교사

5. 귀하에게 영향을 준 교회학교 교사는 어떤 분이었습니까?

    1) 영적인 깊이가 있는 교사

    2) 인격적으로 훌륭한 교사

    3) 성경을 많이 아는 교사

    4) 가르치는 기술이 탁월한 교사

    5) 학생들과 잘 어울리는 교사

    6) 영향을 준 교회학교 교사가 없다


6. 교사의 이미지가 어떠해야 된다고 생각합니까? 세 가지만 골라 주십시오.

    1) 부모        2) 코치        3) 과학자        4) 비평가

    5) 이야기꾼    6) 예술가    7) 비전제시자    8) 혁명가

    9) 치료자    10) 사역자


7. 교사교육에서 가장 강조되어야 할 영역은 무엇이라고 생각합니까?

    1) 성경지식            2) 신앙성숙

    3) 인격도야            4) 교수기술

    5) 학생이해


8. 귀하가 교사교육에서 가장 도움을 받았던 과목은 무엇입니까?

    1) 성서관련 과목            2) 신학관련 과목

    3) 기독교교육 이론 과목    4) 학생이해 관련 과목

    5) 교회교육 실제 과목        6) 기타:

9. 현재의 교사교육은 이론과 실제 중 어느 쪽을 강조한다고 생각합니까?

    1) 이론에 치중되어 있다.

    2) 실제에 치중되어 있다.

    3) 이론과 실제가 균형을 이루고 있다.

    4) 두 가지 다 실패하고 있다.

    5) 기타:


10. 귀 교회에서 실시하는 정기적인 교사교육의 회수는 어느 정도입니까?

    1) 년 1회         2) 년 2회

    3) 년 3회 이상       4) 년중 무휴로

    5) 실시하지 않고 있음


11. 귀하가 받은 교사교육은 1년에 몇 시간 정도입니까?

    1) 5시간 미만

    2) 5시간 이상 - 10시간 미만

    3) 10시간 이상 - 15시간 미만

    4) 15시간 이상 - 20시간 미만

    5) 20시간 이상

    6) 교사교육을 받지 않았다


12. 귀 교회에는 신임교사양성교육과 교사계속교육이 별도로 개설되어 있습니까?

    1) 구분되어 둘 다 개설되고 있다.

    2) 둘 중 하나만 실시되거나 통합되어 실시되고 있다.

    3) 둘 다 실시되고 있지 않다.

    4) 기타:

13. 귀 교회에서는 교사가 되기 위해 예비(신임)교사교육을 받는 것이 필수
적입니까?

　1) 필수적이다.　　　　　　　　2) 선택사항이다.

　3) 예비(신임)교사교육이 없다.　　4) 기타:


14. 교사가 된 후 계속 교사교육을 받는 것이 필수적입니까?

　1) 필수적이다.　　　　　　　2) 선택사항이다.

　3) 계속 교사교육이 없다.　　　4) 기타:


15. 현재 교사교육으로 충분한 교사교육이 이루어진다고 생각합니까?

　1) 매우 충분하다.

　2) 충분한 편이다.

　3) 그저 그렇다.

　4) 불충분한 편이다.

　5) 매우 불충분하다.


16. 현재의 교사교육이 교육현장에 대해 어느 정도 적합성을 지닌다고 생각
합니까?

　1) 매우 적합하다.

　2) 적합한 편이다.

　3) 그저 그렇다.

　4) 적합하지 않은 편이다.

　5) 전혀 적합하지 않다.

17. 교회 내 교사교육 외에 도움이 되었던 교회 밖 교사교육은 무엇입니까?

    1) 총회교육자원부의 교사대학 과정

    2) 노회 주관의 교사교육

    3) 타 단체의 교사교육

    4) 도움받은 교사교육이 없음

    5) 기타:

18. 기존의 교사교육에 문제점이 있다면 무엇이라고 생각합니까? 세 가지를
    고르십시오.

    1) 교육기간이 너무 길다       2) 교육기간이 너무 짧다

    3) 교육과목이 너무 많다       4) 교육과목이 너무 적다

    5) 교육내용이 너무 이론적이다    6) 교육내용이 너무 실제적이다

    7) 가르침의 깊이가 부족하다     8) 기타:

19. 귀 교회의 교사교육에서 가르치는 사람은 누구입니까?

    1) 외부 전문가          2) 담임목사 또는 부목사

    3) 담당 부서 교역자       4) 동료교사

    5) 기타:

20. 교사교육에서 사용하는 교육방법은 무엇입니까?

    1) 주로 강의에 의존함

    2) 강의 외에 다양한 교수방법을 사용함

    3) 기타:

21. 강의 외에 교사교육 방법으로 가장 많이 사용하는 것 세 가지를 고르십시오.

    1) 토의        2) 세미나        3) 사례발표

    4) 워크샵        5) 현장방문        6) 멘토링

    7) 기타:

22. 교사교육을 주관하는 부서는 무엇입니까?

    1) 교사교육부가 별도로 있음        2) 교육위원회 또는 교육부

    3) 교회학교 각 부서        4) 기타:

23. 귀 교회의 교사들이 참여하는 성경학교(수련회) 강습회는 어떤 형태입니까?

    1) 노회에서 주최하는 강습회

    2) 교회 밖 단체(기관)에서 주관하는 강습회

    3) 교회 자체 강습회

    4) 기타:

24. 자신의 교수행위를 어떻게 교정받고 있습니까?

    1) 가르치는 모습을 비디오로 찍어서 평가받을 기회가 있다.

    2) 자신이 거울을 보면서 고치려고 노력한다.

    3) 별도의 기회를 갖고 있지 않다.

    4) 기타:

25. 교사교육은 어느 차원에서 진행되는 것이 가장 좋다고 생각합니까?

    1) 교회학교 각 부서        2) 개 교회 차원

    3) 노회        4) 총회

    5) 기타:

26. 귀하의 교사직 수행을 위해 동료 또는 선배 교사로부터 어떤 도움을 받고 있습니까?

    1) 멘토와 같은 교사의 도움을 받고 있다.

    2) 종종 교사직에 대한 진지한 대화를 나눈다.

    3) 일상적인 대화를 나누는 수준이다.

    4) 거의 교제가 없는 편이다.

    5) 기타:

27. 귀하는 앞으로 어떤 방면의 교육을 더 받기를 원합니까?

    1) 성경지식        2) 신학지식

    2) 가르치는 기술        3) 학생 이해

    5) 문화 이해        4) 교사의 신앙성숙

    5) 기타:

28. 귀하는 어떤 형태의 교사교육이 필요하다고 생각합니까?

    1) 교사대학과 같은 정기적이고 제도화된 교육

    2) 비정기적인 교사수련회나 세미나

    3) 교사 자체 연구 모임

    4) 노회나 연합회 차원의 정기적인 교사교육

    5) 교사부흥회

    6) 기타:

29. 귀하는 자신의 신앙성숙을 위해서 어떤 노력을 기울입니까?

　　1) 예배드리는 것 외에 거의 아무것도 하지 못한다.

　　2) 개인적으로 경건의 시간을 갖고 있다.

　　3) 소그룹 성경공부반이나 제자훈련에 참여하고 있다.

　　4) 신앙서적들을 읽는다.

　　5) 기타:


30. 귀하는 어떤 사람이 성공적인 교사라고 생각하는가?

　　1) 학생을 많이 출석시키는 교사

　　2) 성경지식을 많이 알고 있는 교사

　　3) 신앙적으로 본이 되는 교사

　　4) 학생을 깊이 사랑하는 교사

　　5) 신념을 갖고 소신껏 가르치는 교사

　　6) 기타:


■ 교사교육의 개선을 위한 제언을 간단히 적어 주십시오.


- 감사합니다 -

## 교회학교 교사교육 개선을 위한 설문조사
### - 교역자용 -

교회교육에 있어서 가장 중요한 요소가 교사의 역할이고, 좋은 교사를 양성하는 교사교육일 것입니다. 본 설문조사는 교회학교 교사교육을 개선하여 한국교회의 교회교육을 보다 활성화시키기 위한 것입니다. 바쁘시더라도 성실하게 답해주시면 연구에 큰 도움이 되겠습니다. 감사합니다.

2004년 9월   일
장로회신학대학교 기독교교육연구원

■ 다음의 질문을 읽고 해당되는 곳에 O 표를 하거나 의견을 적어주시기 바랍니다.

### A. 일반적인 사항

1. 귀하의 성별은 무엇입니까?
   1) 남      2) 여

2. 귀하의 출생 년도는 언제입니까?   19____ 년

3. 귀하는 교육부서 지도 교역자로서 경력이 몇 년입니까?

　　1) 1년 미만　　　　　　2) 1년 이상–2년 미만

　　3) 2년 이상–3년 미만　　4) 3년 이상–5년 미만

　　5) 5년 이상


4. 귀하의 교회학교 교사경력은 몇 년입니까?

　　1) 2년 미만

　　2) 2년 이상–5년 미만

　　3) 5년 이상–10년 미만

　　4) 10년 이상–20년 미만

　　5) 20년 이상


5. 귀하가 담당하고 있는 부서는 무엇입니까?

　　1) 영,유아부　　　　　2) 유치부

　　3) 아동부(유년부, 초등부, 소년부 포함)

　　4) 중고등부　　　　　5) 대학청년부

　　6) 성인노인부　　　　7) 기타:


6. 귀하의 교회가 위치하는 지역은 어디입니까?

　　1) 서울　　　　　　　2) 수도권 신도시

　　3) 대도시　　　　　　4) 중소도시

　　5) 농어촌　　　　　　6) 기타:

7. 귀하가 속해있는 교회의 성인출석인원은 어느 정도입니까?

　1) 100명 미만

　2) 100명 이상-300명 미만

　3) 300명 이상-500명 미만

　4) 500명 이상-1000명 미만

　5) 1000명 이상-3000명 미만

　6) 3000명 이상-10000명 미만

　7) 10000명 이상

**B. 설문내용**

1. 귀하의 교회에서는 교사교육을 실시하고 있습니까?

　1) 실시한다　　　　2) 실시하지 않는다

2. 실시한다면 어떤 형태입니까? 있는대로 고르십시오.

　1) 교사대학　　　　2) 교사수련회

　3) 교사부흥회　　　4) 교사헌신예배

　5) 교사위로(친교)회　　6) 교사세미나

　7) 기타:

3. 실시하지 않는다면 그 이유는 무엇입니까?

　1) 교회의 규모가 너무 작아서

　2) 교육에 관심이 부족해서

　3) 외부의 다른 교사교육에 참여하기 때문에

　4) 필요를 느끼지 않기에

　5) 참석율이 저조하기 때문에

　6) 기타:

4. 귀하가 생각하는 교사의 가장 중요한 자질은 무엇입니까? 두 가지를 고르
   십시오.
   1) 영적인 깊이가 있는 교사
   2) 인격적으로 훌륭한 교사
   3) 성경을 많이 아는 교사
   4) 가르치는 기술이 탁월한 교사
   5) 학생들과 잘 어울리는 교사

5. 귀하에게 영향을 준 교회학교 교사는 어떤 분이었습니까?
   1) 영적인 깊이가 있는 교사
   2) 인격적으로 훌륭한 교사
   3) 성경을 많이 아는 교사
   4) 가르치는 기술이 탁월한 교사
   5) 학생들과 잘 어울리는 교사
   6) 영향을 준 교회학교 교사가 없다

6. 교사의 이미지가 어떠해야 된다고 생각합니까? 세 가지만 골라 주십시오.
   1) 부모        2) 코치        3) 과학자        4) 비평가
   5) 이야기꾼     6) 예술가      7) 비전제시자     8) 혁명가
   9) 치료자       10) 사역자

7. 교사교육에서 가장 강조되어야 할 영역은 무엇이라고 생각합니까?
   1) 성경지식        2) 신앙성숙        3) 인격도야
   4) 교수기술        5) 학생이해

8. 교사교육에서 가장 중요하게 다루어야 할 과목은 무엇입니까?

    1) 성서관련 과목         2) 신학관련 과목

    3) 기독교교육 이론 과목    4) 학생이해 관련 과목

    5) 교회교육 실제 과목      6) 기타:


9. 현재의 교사교육은 이론과 실제 중 어느 쪽을 강조한다고 생각합니까?

    1) 이론에 치중되어 있다.

    2) 실제에 치중되어 있다.

    3) 이론과 실제가 균형을 이루고 있다.

    4) 두 가지 다 실패하고 있다.

    5) 기타:


10. 귀 교회에서 실시하는 정기적인 교사교육의 회수는 어느 정도입니까?

    1) 년 1회          2) 년 2회

    3) 년 3회 이상      4) 년중 무휴로

    5) 실시하지 않고 있음


11. 귀 교회에서 실시하는 교사교육은 1년에 몇 시간 정도입니까?

    1) 5시간 미만

    2) 5시간 이상- 10시간 미만

    3) 10시간 이상- 15시간 미만

    4) 15시간 이상- 20시간 미만

    5) 20시간 이상

    6) 교사교육을 실시하지 않는다.

12. 귀 교회에는 신임교사양성교육과 교사계속교육이 별도로 개설되어 있습
    니까?
    1) 구분되어 둘 다 개설되고 있다.
    2) 둘 중 하나만 실시되거나 통합되어 실시되고 있다.
    3) 둘 다 실시되고 있지 않다.
    4) 기타:

13. 귀 교회에서는 교사가 되기 위해 예비(신임)교사교육을 받는 것이 필수
적입니까?
    1) 필수적이다.                    2) 선택사항이다.
    3) 예비(신임)교사교육이 없다.      4) 기타:

14. 교사가 된 후 계속 교사교육을 받는 것이 필수적입니까?
    1) 필수적이다.                 2) 선택사항이다.
    3) 계속 교사교육이 없다.        4) 기타:

15. 현재 교사교육으로 충분한 교사교육이 이루어진다고 생각합니까?
    1) 매우 충분하다.
    2) 충분한 편이다.
    3) 그저 그렇다.
    4) 불충분한 편이다.
    5) 매우 불충분하다.

16. 현재의 교사교육이 교육현장에 대해 어느 정도 적합성을 지닌다고 생각
    합니까?
    1) 매우 적합하다.
    2) 적합한 편이다.
    3) 그저 그렇다.
    4) 적합하지 않은 편이다.
    5) 전혀 적합하지 않다.


17. 교회 내 교사교육 외에 실시하는 교회 밖 교사교육은 무엇입니까?
    1) 총회교육자원부의 교사대학 과정
    2) 노회 주관의 교사교육
    3) 타 단체의 교사교육
    4) 도움받은 교사교육이 없음
    5) 기타:


18. 기존의 교사교육에 문제점이 있다면 무엇이라고 생각합니까? 세 가지를
    고르십시오.
    1) 교육기간이 너무 길다          2) 교육기간이 너무 짧다
    3) 교육과목이 너무 많다          4) 교육과목이 너무 적다
    5) 교육내용이 너무 이론적이다    6) 교육내용이 너무 실제적이다
    7) 가르침의 깊이가 부족하다      8) 기타:


19. 귀 교회의 교사교육에서 가르치는 사람은 누구입니까?
    1) 외부 전문가              2) 담임목사 또는 부목사
    3) 담당 부서 교역자          4) 동료교사
    5) 기타:

20. 교사교육에서 사용하는 교육방법은 무엇입니까?

　　1) 주로 강의에 의존함

　　2) 강의 외에 다양한 교수방법을 사용함

　　3) 기타:


21. 강의 외에 교사교육 방법으로 가장 많이 사용하는 것 세 가지를 고르십시오.

　　1) 토의　　　　　2) 세미나　　　　3) 사례발표

　　4) 워크샵　　　　5) 현장방문　　　6) 멘토링

　　7) 기타:


22. 교사교육을 주관하는 부서는 무엇입니까?

　　1) 교사교육부가 별도로 있음　　　　2) 교육위원회 또는 교육부

　　3) 교회학교 각 부서　　　　　　　　4) 기타:


23. 교사교육(양성 및 계속교육)이 목회의 다른 교육과정과 연계되어 있습니까?

　　1) 교사가 되기 위해서는 이수해야 하는 교육과정이 있다.

　　2) 교사들을 위한 성서대학이나 목회 프로그램이 있다.

　　3) 연계되어 있지 않다.

　　4) 기타:


24. 교사교육에 교사들이 참여하는 비율이 어느 정도입니까?

　　1) 30% 미만

　　2) 30% 이상 – 50% 미만

　　3) 50% 이상 – 70% 미만

　　4) 70% 이상 – 90% 미만

　　5) 90% 이상

25. 귀 교회의 교사들이 참여하는 성경학교(수련회) 강습회는 어떤 형태입니까?

1) 노회에서 주최하는 강습회

2) 교회 밖 단체(기관)에서 주관하는 강습회

3) 교회 자체 강습회

4) 기타:

26. 교사교육은 어느 차원에서 진행되는 것이 가장 좋다고 생각합니까?

1) 교회학교 각 부서　　　　　2) 개 교회 차원

3) 노회　　　　　　　　　　4) 총회

5) 기타:

27. 앞으로 교사교육에서 더 강조해야 할 영역은 무엇입니까?

1) 성경지식　　　　　　　　2) 신학지식

2) 가르치는 기술　　　　　　3) 학생 이해

5) 문화 이해　　　　　　　　4) 교사의 신앙성숙

5) 기타:

28. 귀하는 어떤 형태의 교사교육이 필요하다고 생각합니까?

1) 교사대학과 같은 정기적이고 제도화된 교육

2) 비정기적인 교사수련회나 세미나

3) 교사 자체 연구 모임

4) 노회나 연합회 차원의 정기적인 교사교육

5) 교사부흥회

6) 기타:

29. 귀하는 어떤 사람이 성공적인 교사라고 생각하는가?

　　1) 학생을 많이 출석시키는 교사

　　2) 성경지식을 많이 알고 있는 교사

　　3) 신앙적으로 본이 되는 교사

　　4) 학생을 깊이 사랑하는 교사

　　5) 신념을 갖고 소신껏 가르치는 교사

　　6) 기타:


30. 교사교육의 개선을 위한 제언을 간단히 적어 주십시오.


- 감사합니다 -